公路工程资料员培训教材

本书编写组　编

中国建材工业出版社

图书在版编目(CIP)数据

公路工程资料员培训教材 /《公路工程资料员培训教材》编写组编. —北京:中国建材工业出版社,2010.1(2020.5重印)

ISBN 978-7-80227-689-5

Ⅰ.①公… Ⅱ.①公… Ⅲ.①道路工程—技术档案—档案管理—技术培训—教材 Ⅳ.①G275.3

中国版本图书馆CIP数据核字(2010)第002135号

公路工程资料员培训教材

本书编写组　编

出版发行:中国建材工业出版社

地　　址:北京市海淀区三里河路1号

邮　　编:100044

经　　销:全国各地新华书店

印　　刷:北京紫瑞利印刷有限公司

开　　本:787mm×1092mm　1/16

印　　张:20

字　　数:538千字

版　　次:2010年1月第1版

印　　次:2020年5月第5次

定　　价:68.00元

本社网址:www.jccbs.com.cn　　微信公众号:zgjcgycbs

本书如出现印装质量问题,由我社营销部负责调换。电话:(010)88386906

对本书内容有任何疑问及建议,请与本书责编联系。邮箱:dayi51@sina.com

内容提要

本书主要介绍了公路工程资料员的工作职责及公路工程资料编制与管理的方法。全书主要内容包括概论，公路工程可行性研究及报告，公路工程综合文件，公路工程施工文件，公路工程监理文件，公路工程计量、支付文件，公路工程竣工文件等。

本书既可作为公路工程资料员上岗培训的教材，也可供公路工程专业技术管理人员工作时参考使用。

公路工程资料员培训教材

编写组

主　编: 梁　允

副主编: 许斌成　宋延涛

编　委: 畅艳慧　蒋林君　张家驹　焦安华
王　委　闫文杰　张青立　李　慧
王洁蕾　窦连涛　于　钊　苗　旺
崔奉卫　黄志安　卢晓雪　张　迪
陈有杰　王　冰　代洪卫　李良因
葛红艳　徐梅芳

前　　言

工程资料是工程建设过程中形成的各种形式记录，并按一定原则分类、组卷，最后移交城建档案部门归档的整个建设工程的历史记录。公路工程项目多、工程量大、施工工期长，所涉及的资料方方面面、系统庞杂，其主要包括公路工程可行性研究文件、综合文件、施工文件、监理资料文件、计量支付文件、竣工文件等，其作用是为公路建设管理者的决策提供真实、直接的工程信息，为现有公路新建、扩建、维修、管理提供翔实的依据，为明确公路工程质量责任提供准确、直接的信息等。

现在有许多想从事工程建设行业的人士，很想在短时间内对工程建设资料的编制与管理有全面的了解，但他们又很少有直接接触工程施工的机会，也就很难在较短的时间里掌握工程资料管理的知识和组卷的方法。而且现在有很多工程施工企业，乃至建设单位、监理单位的工程资料管理水平极不平衡，仍存在严重的偏差，例如：对种类繁多、数量巨大、来源广泛的工程资料无法科学地分类；对现行标准规范的了解程度不够，缺乏灵活运用的方式方法；缺乏必要的工程资料管理经验等。

因此，如何使读者掌握完整地收集、积累公路工程中各个阶段形成的资料，并科学地管理这些资料的技能就成为本书主要诠释的要义。为了满足公路工程资料员填报各种资料表格的需要，满足工程建设单位、监理单位、施工企业对资料进行科学的归档、管理的需要，我们组织有关专家学者编写了本培训教材。

与市面上同类书籍相比较，本教材具有以下几方面特点：

(1)本教材把看似纷乱复杂的工程资料问题梳理成有机的条文，将会成为工程管理人员工作时的得力工具。通俗地说，本教材实际上回答了这样一些工程建设过程中的实际问题：公路工程资料包括哪些内容；这些工程资料由哪些单位积累、收集、完成；如何收集这些资料；对这些工程资料如何立卷、归档；工程资料积累过程中应注意哪些问题，以及各参建单位在工程资料管理过程中的职责。

(2)本教材紧贴现场，以具体填表式样为例，联系实际地回答了：谁来填写表格；填写哪些表格；如何填写这些表格(包括：根据什么填写这些表格；填表的流程是什么；填表的要求是什么)；表格还需要哪些附件；填写完成的表格送交哪里，以及填写表格的注意事项等，具有很强的指导性和实用性。

(3)本教材对工程资料填写内容与要求力求做到标准化。工程资料作为体现工程建设各个相关单位执行标准的规范程度的载体，必须保证内容与要求达到现行规范的规定，同时必须不断地完善。因此，本教材的编写以国家颁布的最新的施工技术、安全技术规范为依据，如《公路工程质量检验评定标准》(JTG F80—2004)、《公路工程施工监理规范》(JTG G10—2006)、《公路工程技术标准》(JTG B01—2003)、《公路土工试验规程》(JTG E40—2007)、《公路路基施工技术规范》(JTG F10—2006)、《公路工程竣(交)工验收办法》等，力求做到工程资料填写内容与要求标准、务实与最新。

本教材在编写过程中，得到了广大专家的指导和支持，在此表示衷心的感谢，同时由于工程建设中资料系统庞杂，涉及面广，书中错误及不妥之处在所难免，诚请广大读者批评指正，以便我们不断地改正和完善。

本书编写组

目　　录

第一章 概 论

第一节 公路建设工程概述

一、公路建设的地位与作用

公路是人流、物流的载体，为人流、物流的移动提供了基础条件。公路建设在国民经济和社会发展中具有重要的地位。公路交通是综合运输体系中的重要组成部分，它的覆盖面广、通达深，既具有干线运输的功能，又具备集散功能，同时又是其他运输方式的延伸，具有小、快、灵的特点，有着其他运输形式不可替代的作用。加强公路建设与管理，是经济发展的先行和基础，是经济、文化交流的保证。

二、公路的等级划分

1. 根据公路的功能和交通量划分

(1)根据公路的功能划分：

1)高速公路，专门供汽车分向、分车道行驶，并全部控制出入的多车道公路。

2)一级公路，供汽车分向、分车道行驶并根据需要控制出入的多车道公路。

3)二级公路，供汽车行驶的双车道公路。

4)三级公路，主要供汽车行驶的双车道公路。

5)四级公路，主要供汽车行驶的双车道或单车道公路。

(2)根据公路的交通量划分：

1)高速公路。

——四车道适应车流量(全部将各类汽车折合小型客车，以下同)日均25000～55000辆；

——六车道适应车流量日均45000～80000辆；

——八车道适应车流量日均60000～100000辆。

2)一级公路。

——四车道适应车流量日均15000～30000辆；

——六车道适应车流量日均25000～55000辆。

3)二级公路。

——适应车流量日均5000～15000辆。

4)三级公路。

——适应车流量日均2000～6000辆。

5)四级公路。

——双车道适应车流量日均2000辆以下；

——单车道适应车流量日均400辆以下。

2. 根据公路的行政等级划分

(1)国道，具有全国性政治、经济意义的主要干线公路。包括国际公路、国防公路、连接首都和各省、自治区首府和直辖市的公路，连接各大经济中心、港站枢纽、商品生产基地和战略要地的公路。

(2)省道，连接省内中心城市和重要经济区的公路，以及不属于国道的省内重要公路。

(3)县道，连接全县主要乡镇和重要经济区的公路，以及不属于国道、省道的县际公路。

(4)乡道，主要为乡镇内部经济、文化、行政服务的公路，以及不属于县道以上公路的乡与乡之间或乡与外部联络的公路。

通常情况下，高速公路属于国道、省道。

3. 按路面的等级划分

(1)高级：沥青混凝土路面或水泥混凝土路面。

(2)次高级：沥青贯入或路面式沥青碎石路面。

(3)中级：砂石路面。

(4)低级：泥结碎石或土路。

三、公路等级选用的基本原则

(1)公路等级的选用应根据公路功能、路网规划、交通量，并充分考虑项目所在地区的综合运输体系、远期发展等，经论证后确定。

各级公路设计交通量的预测应符合下列规定：

1)高速公路和具干线功能的一级公路的设计交通量应按 20 年预测；具集散功能的一级公路，以及二、三级公路的设计交通量应按 15 年预测；四级公路可根据实际情况确定。

2)设计交通量预测的起算年应为该项目可行性研究报告中的计划通车年。

3)设计交通量的预测应充分考虑走廊带范围内远期社会、经济的发展和综合运输体系的影响。

(2)一条公路，可分段选用不同的公路等级或同一公路等级不同的设计速度、路基宽度，但不同公路等级、设计速度、路基宽度间的衔接应协调，过渡应顺适。

1)各级公路设计速度的规定见表 1-1。

表 1-1　各级公路设计速度

公路等级	高速公路			一级公路			二级公路		三级公路		四级公路
设计速度(km/h)	120	100	80	100	80	60	80	60	40	30	20

①高速公路特殊困难的局部路段，且因新建工程可能诱发工程地质病害时，经论证并报主管部门批准，该局部路段的设计速度可采用 60km/h，但长度不宜大于 15km/h，或仅限于相邻两互通式立体交叉之间，与其相邻路段的设计速度不应大于 80km/h。

②一级公路作为干线公路时，设计速度宜采用 100km/h 或 80km/h。

一级公路作为集散公路时，根据混合交通量、平面交叉间距等因素，设计速度宜采用60km/h 或 80km/h。

③二级公路作为干线公路时，设计速度宜采用 80km/h。

二级公路作为集散公路时，混合交通量较大、平面交叉间距较小的路段，设计速度宜采用 60km/h。

二级公路位于地形、地质等自然条件复杂的山区，经论证该路段的设计速度可采用 40km/h。

2)各级公路路基宽度应符合表 1-2 规定。

表 1-2　　**各级公路路基宽度**

公路等级		高速公路、一级公路									二级公路、三级公路、四级公路					
设计速度/(km/h)		120			100			80		60	80	60	40	30	20	
车道数		8	6	4	8	6	4	6	4	4	2	2	2	2	2 或 1	
路基宽度/m	一般值	45.00	34.50	28.00	44.00	33.50	26.00	32.00	24.50	23.00	12.00	10.00	8.50	7.50	6.50（双车道）	4.50（单车道）
	最小值	42.00	—	26.00	41.00	—	24.50	—	21.50	20.00	10.00	8.50	—	—	—	

注：1. “一般值”为正常情况下的采用值；“最小值”为条件受限制时可采用的值。

2. 八车道高速公路路基宽度“一般值”为设置左侧硬路肩、内侧车道采用 3.50m 时的宽度。

八车道高速公路路基宽度“最小值”为不设置左侧硬路肩、内侧车道采用 3.75m 时的宽度。

①各级公路路基宽度为车道宽度与路肩宽度之和，当设有中间带、加(减)速车道、爬坡车道、紧急停车带、错车道等时，应计入这些部分的宽度。

②二级公路因交通量、交通组成等需设置慢车道的路段，设计速度为 80km/h 时，其路基宽度可采用 15.0m；设计速度为 60km/h 时可采用 12.0m。

③四级公路宜采用双车道路基宽；交通量小的路段，可采用单车道 4.50m 路基宽。

④确定路基宽度时，中央分隔带宽度、左侧路缘带宽度、右侧硬路肩宽度、土路肩宽度等的“一般值”和“最小值”应同类项相加。

(3)预测的设计交通量介于一级公路与高速公路之间时，拟建公路为干线公路时，宜选用高速公路；拟建公路为集散公路时，宜选用一级公路。

(4)干线公路宜选用二级及二级以上公路。

第二节　公路工程资料员职责要求

一、资料员任职资格

公路工程资料员必须具备一定的知识，否则将很难胜任。根据公路工程实践，项目资料员必须具备以下条件：

(1)资料员必须具有公路工程相关专业中等专业以上的文化程度，具有一定的文书处理能力。

(2)必须具有工程识图及结构构造的相关知识，了解现场施工程序及各种关键数据。

(3)资料员必须了解施工企业承包方式、合同签订、施工预算、现场经济活动分析管理的基本知识。

(4)资料员应了解与工程项目设计、施工验收和安全生产有关的法律法规及规范。

(5)资料员除应具有一定的计算机应用能力外，还应了解国家和项目所在地各级政府有关档案管理的规定。

二、资料员岗位职责

资料员负责工程项目的资料档案管理、计划、统计管理及内业管理工作。

1. 负责工程项目资料、图纸等档案的收集、管理

(1)负责工程项目的所有图纸的接收、清点、登记、发放、归档、管理工作：在收到工程图纸并进行登记以后，按规定向有关单位和人员签发，由收件方签字确认。负责收存全部工程项目图纸，且每一项目应收存不少于两套正式图纸，其中至少一套图纸有设计单位图纸专用章。

(2)收集整理施工过程中所有技术变更、洽商记录、会议纪要等资料一并归档；负责对每日收到的管理文件、技术文件进行分类、登录、归档；负责项目文件资料的登记、受控、分办、催办、签收、用印、传递、立卷、归档和销毁等工作；负责做好各类资料积累、整理、处理、保管和归档立卷等工作，注意保密的原则；来往文件资料收发应及时登记台账，视文件资料的内容和性质准确及时递交项目经理批阅，并及时送有关部门办理。

确保设计变更、洽商的完整性，要求各方严格执行接收手续，所接收到的设计变更、洽商、须经各方签字确认，并加盖公章。设计变更(包括图纸会审纪要)原件存档。所收存的技术资料须为原件，无法取得原件的，详细背书，并加盖公章。作好信息收集、汇编工作，确保管理目标的全面实现。

2. 参加分部分项工程的验收工作

(1)负责备案资料的填写、会签、整理、报送、归档：负责工程备案管理，实现对竣工验收相关指标(包括质量资料审查记录、单位工程综合验收记录)备案处理。严格遵守资料整编要求，符合分类方案、编码规则，资料份数应满足资料存档的需要。

(2)监督检查施工单位施工资料的编制、管理，做到完整、及时，与工程进度同步：对施工单位形成的管理资料、技术资料、物资资料及验收资料，按施工顺序进行全程督查，保证施工资料的真实性、完整性、有效性。

(3)按时向公司档案室移交：在工程竣工后，负责将文件资料、工程资料立卷移交公司。文件材料移交与归档时，应有"归档文件材料交接表"，交接双方必须根据移交目录清点核对，履行签字手续。移交目录一式二份，双方各持一份。

(4)指导工程技术人员对施工技术资料(包括设备进场开箱资料)的保管：指导工程技术人员对施工组织设计及施工方案、技术交底记录、图纸会审记录、设计变更通知单、工程洽商记录等技术资料分类保管并交资料室。指导工程技术人员对工作活动中形成的，经过办理完毕的，具有保存价值的文件材料，一项基建工程进行鉴定验收时归档的科技文件材料，以及已竣工验收的工程项目的工程资料分级保管交资料室。

3. 负责计划、统计的管理工作

(1)负责对施工部位、产值完成情况的汇总、申报，按月编制施工统计报表：在平时统计资料基础上，编制整个项目当月进度统计报表和其他信息统计资料。编报的统计报表要按现场实际完成情况严格审查核对，不得多报、早报、重报、漏报。

(2)负责与项目有关的各类合同的档案管理：负责对签订完成的合同进行收编归档，并开列编制目录。做好借阅登记，不得擅自抽取、复制、涂改，不得遗失，不得在案卷上随意画线、抽拆。

(3)负责向销售策划提供工程主要形象进度信息：向各专业工程师了解工程进度、随时关注工程进展情况，为销售策划提供确实、可靠的工程信息。

4. 负责工程项目的内业管理工作

(1)协助项目经理做好对外协调、接待工作：协助项目经理对内协调公司、部门间的工作，对外协调施工单位间的工作。做好与有关部门及外来人员的联络接待工作，树立企业形象。

(2)负责工程项目的内业管理工作：汇总各种内业资料，及时准确统计，登记台账，报表按要求上报。通过实时跟踪、反馈监督、信息查询、经验积累等多种方式，保证汇总的内业资料反映施工过程中的各种状态和责任，能够真实地再现施工时的情况，从而找到施工过程中的问题所在。对产生的资料进行及时的收集和整理，确保工程项目的顺利进行。有效地利用内业资料记录、参考、积累，使企业发挥它们的潜在作用。

(3)负责工程项目的后勤保障工作：负责做好文件收发、归档工作。负责部门成员考勤管理和日常行政管理等经费报销工作。负责对竣工工程档案整理、归档、保管，便于有关部门查阅调用。

5. 工程资料的复印

(1)工程资料一般不得复印，但下列文件除外：非密级文件、投标标书、票据、凭证、少量一次性非常规表格等以及非复印不可，又具有应急性、单件性或少量性的其他资料。

(2)工程资料的复印由资料员统一管理；凡是受控文件不得擅自复印。必须复印应经主管领导批准。

(3)需要复印的文件材料，有关部门应预先考虑其使用前景，适当增加自存数，避免临时突击复印。

(4)如单位另有复印部门，则工程资料复印前必须先填写复印申请单，由部门负责人签证，复印主管部门应同时做好记录。未经签证的文件，复印部门可以拒印。

(5)如需转发复印上一级单位文件，必须按有关规定办理相关手续，否则不得复印。密级文件复印须经本单位主管领导批准。复印的文件如无批准证明，资料员可不予复印。

6. 单位印章的管理

(1)印章是本单位对内对外行使权利的凭证。使用本单位印章必须严格执行上级的有关规定和印鉴管理规定。

(2)使用本单位印章必须登记齐全、完整，必须详细登记用印时间、单位、用印人、批准人以及用印内容等事项。

(3)印章都要有专人保管；印章使用必须符合用印范围。除正常的业务报表外，凡需使用党政印章者，必须经党政领导批准，未经党政领导批准的，印鉴管理部有权拒绝用印。

第三节 公路工程资料管理

在工程建设过程中形成的各种形式的信息记录称为资料，包括基建文件、监理资料、施工资料和竣工图。

一、基建文件

(1)建设单位在工程建设过程中形成的文件称为基建文件，分为工程准备文件和竣工验收等文件。

1)工程准备文件。工程开工以前，在立项、审批、征地、勘察、设计、招标投标等工程准备阶段形成的文件。

2)竣工验收文件。建设工程项目竣工验收活动中形成的文件。

(2)公路工程建设过程中，基建文件的管理规定。

1)基建文件必须按有关行政主管部门的规定和要求进行申报、审批，并保证开、竣工手续和文件完整、齐全。

2)工程竣工验收应由建设单位组织勘察、设计、监理、施工等有关单位进行，并形成竣工验收文件。

3)工程竣工后,建设单位应负责工程竣工备案工作。按照关于竣工备案的有关规定,提交完整的竣工备案文件,报竣工备案管理部门备案。

(3)公路工程建设过程中,基建文件的管理流程如图 1-1 所示。

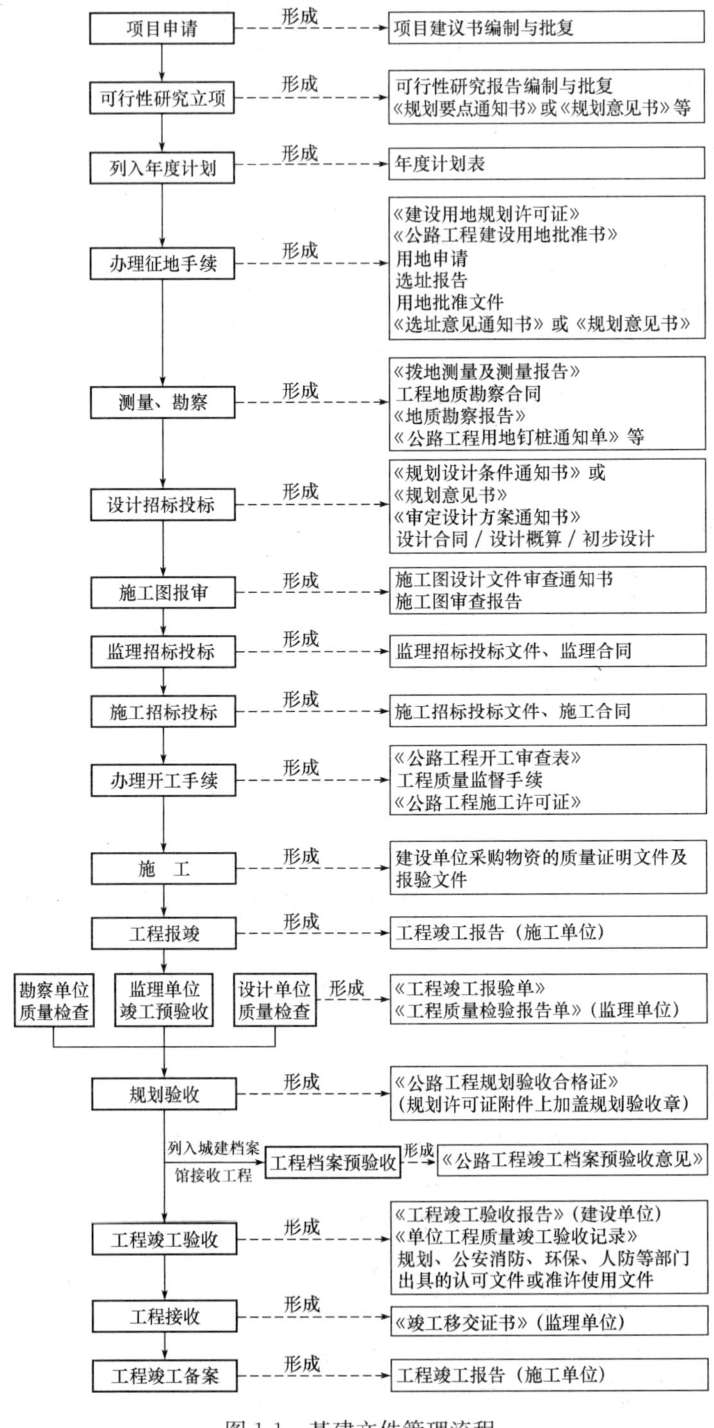

图 1-1　基建文件管理流程

二、监理资料

1. 监理资料的内容

工程监理资料主要包括以下几方面内容：

(1)施工准备阶段监理。

1)准备工作。

2)监理工作内容。

(2)施工阶段监理。

1)质量监理。

2)施工安全监理。

3)施工环境保护监理。

4)费用监理。

5)进度监理。

6)合同其他事项管理。

(3)交工验收与缺陷责任期监理。

(4)工地会议。

1)工地会议形式记录。

2)第一次工地会议。

3)工地例会。

4)专题工地会议。

(5)公路机电工程监理。

1)施工准备阶段监理。

2)施工阶段监理。

3)试运行阶段监理。

4)缺陷责任期监理。

2. 施工管理常用表格

公路工程施工监理用表是依据相关要求和规定选择制定的。这里仅列举常用的三个监理用表。

(1)《中间交工证书》。

1)《中间交工证书》是交工验收报验、报审的一道管理程序，也是控制分项工程质量的关键，并且对交工验收的报验、报审有较强的时限要求。

2)一个分项工程完工后，施工单位经自检合格，填报《中间交工证书》，提出交工报告。

3)监理单位接到交工报告后，对按工程量清单完成的分项工程，按《验评标准》的要求进行系统的检查验收。

4)监理工程师检查验收合格后，应及时将报告返回施工单位，不得影响正常的工程施工。施工单位只有接到《中间交工证书》的批件后，才能进行下道工序的施工。

(2)《检验申请批复单》。监理工程师应对承包人完成每一分项工程后填报的检验申请批复单进行检验，签认合格后，承包人方能进行下道工序施工，并可作为支付依据，填写《中间计量表》。

(3)《施工放样报验单》。

1)施工单位在每工序施工前应进行施工放样，填写施工放样报验单。施工放样报验单应详细填写桩号和位置、工程部位和放样内容。路基工程施工在备注栏应注明距路床顶面的距离。

2)测量监理工程师接到施工放样报验单后,应对放样内容进行查验,并在查验结果栏填写查验结论。

3)查验结果必须明确实际放样误差是否在允许范围内。如果各项实测误差均在允许范围内或符合设计要求,应签认"放样合格,同意进行施工"。若查验结果不合格,应重新进行放样。

3. 监理资料管理流程

公路工程监理过程中,监理资料的管理流程如图 1-2 所示。

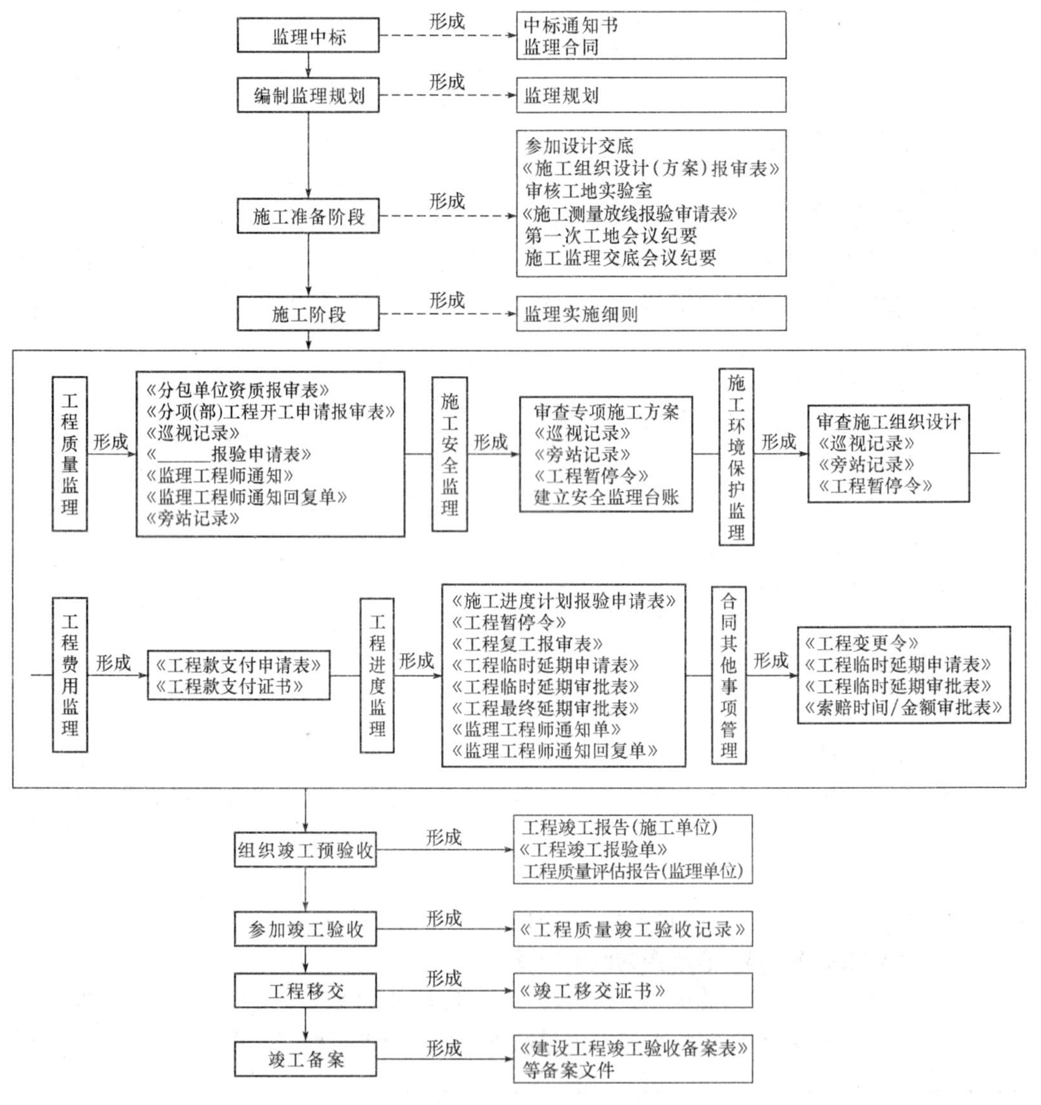

图 1-2 监理资料管理流程

三、施工资料

施工资料是施工单位在工程施工过程中形成的资料。

(1)施工资料应实行报验、报审管理。施工过程中形成的资料应按报验、报审程序,通过相关施工单位审核后，方可报建设(监理)单位。

(2)施工资料的报验、报审应有时限性要求。工程相关各单位宜在合同中约定报验、报审资料的申报时间及审批时间，并约定应承担的责任。当无约定时，施工资料的申报、审批不得影响正常施工。

(3)工程实行总承包的，应在与分包单位签订施工合同中明确施工资料的移交套数、移交时间、质量要求及验收标准等。分包工程完工后，应将有关施工资料按约定移交。

(4)施工资料报验程序。

1)开工报告。各合同段在工程开工前及相应的单位工程、分部工程或分项工程开工前，高级驻地监理工程师均应要求承包人提交工程开工报告并进行审批。工程开工报告应提出工程实施计划和施工方案；依据技术规范的要求，列明工程的质量控制指标及检验频率和方法；说明材料、设备、劳力及现场管理人员等资源的准备情况及阶段性配置计划；提供放样测量、标准试验、施工图等必要的基础资料。

2)工序自检报告。监理工程师应要求承包人的自检人员按照专业监理工程师批准的工艺流程和提出的工序检查程序，在每道工序完工后首先进行自检，自检合格后，申报专业监理工程师进行检查认可。

3)工序检查认可。每道工序完成后，专业监理工程师应紧接着承包人自检或在承包人自检的同时检查验收并签认，对不合格的工序应要求承包人进行缺陷修补或返工。前道工序未经检查认可，后道工序不得进行施工。

4)中间交工报告。当单位工程、分部工程或分项工程完成后，承包人的自检人员应再进行一次系统的自检，汇总各道工序的检查记录以及测量和抽样试验的结果，提出交工报告。

5)中间交工证书。专业监理工程师应按照工程量清单对已完工的单项工程进行一次系统的检查验收，必要时应进行测量或抽样试验。检查合格后，提请高级驻地监理工程师签发《中间交工证书》。未经中间交工检验或交工检验不合格的工程，不得进行下道工序的施工。

6)中间计量。签发了《中间交工证书》的工程可以进行计量，由高级驻地监理工程师签发《中间计量表》。但竣工资料不全时应暂缓计量支付。

1. 如何划分公路等级？
2. 公路等级的选用原则是什么？
3. 公路工程资料员应具备哪些任职条件？
4. 公路工程资料员主要负责哪些工作？

第二章　公路工程可行性研究及报告

第一节　公路工程基本建设程序

公路工程基本建设程序是指基本建设项目从规划立项到竣工验收的整个建设过程中，各阶段建设活动的先后顺序和相互关系的法则。它是工程项目科学决策和顺利进行的重要保证。科学的基本建设程序能指导基本建设工作有计划、有步骤地进行，它是基本建设管理的核心内容。从事公路工程建设活动，必须严格执行基本建设程序，坚持先勘察、后设计、再施工的原则。

(1)公路工程点多、线长、面广，建设周期长，同时建设规模大，投资额大，施工环境复杂。因此，公路建设应当按照下列程序进行：

1)根据规划进行初步可行性研究，编制项目建议书。

2)根据批准的项目建议书，进行工程可行性研究，编制可行性研究报告。

3)根据批准的可行性研究报告，编制初步设计文件。

4)根据批准的初步设计文件，编制施工图设计文件。

5)根据批准的施工图设计文件，编制项目招标文件。

6)根据批准的项目招标文件、资格预审结果和公路建设计划，组织项目招标投标。

7)根据国家有关规定进行征地拆迁等施工前准备工作，编制项目开工报告。

8)根据批准的项目开工报告，组织项目实施。

9)项目完工后，编制竣工图表和工程决算，办理项目验收。

10)竣工验收合格后，组织项目后评价。

(2)《公路建设监督管理办法》规定，除国家另有规定外，公路建设应当按照图 2-1 所示程序进行。

(3)公路从规划、建设到竣工、投入运营，经历了决策立项、设计、施工、验收等多个环节，其质量的形成是一个有序的系统过程，各环节的质量直接影响到工程质量。

第二节　项目可行性研究

一、项目建议书及项目立项

项目建议书是初步选择投资项目的依据，是建设某一项目的建议性文件，是对拟建项目的轮廓设想，主要内容如下：

(1)关于投资项目建设的必要性和依据。阐明拟建项目提出的背景、拟建地点，提出(或出具)与项目有关的长远规划或行业、地区规划资料，说明项目建设的必要性；对改扩建项目要说明现有企业概况；对于引进技术和设备的项目，还需说明国内外技术的差距与概况以及进口的理由、工艺流程和生产条件的概要等。

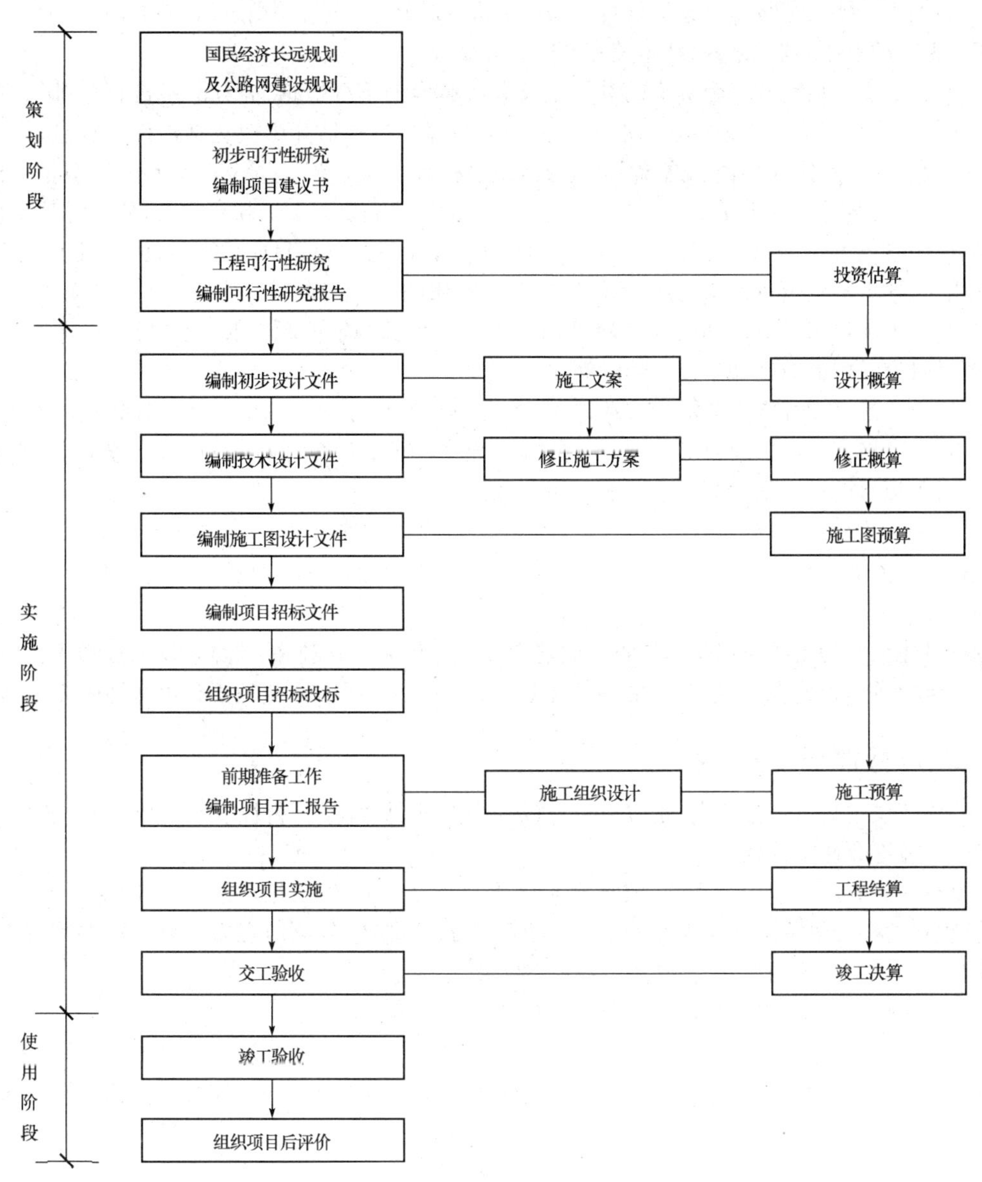

图 2-1　公路工程基本建设程序

(2)关于产品方案、拟建规模、建设地点和初步设想。产品的市场预测，包括国内外同类产品的生产能力、销售情况分析和预测、产品销售方向和销售价格的初步分析等；说明(初步确定)产品的年产量，一次建成规模和分期建设的设想(改扩建项目还须说明原有生产情况及条件)，以及对拟建规模经济合理性的评价；产品方案设想，包括主要产品和副产品的规模、质量标准等；建设地点论证，分析项目拟建地点的自然条件和社会经济条件，论证建设地点是否符合地区布局的要求。

(3)关于资源、交通运输及其他建设条件和协作关系的初步分析。拟利用的资源供应的可能性和可靠性；主要协作条件情况、项目拟建地点水电及其他公用设施、地方材料的供应情况分析；对于技术引进和设备进口项目应说明主要原材料、电力、燃料、交通运输及协作配套等方面的近期和远期要求，以及目前已具备的条件和资源落实情况。

(4)关于主要工艺技术方案的设想。如拟引进国外技术，应说明引进的国别以及国内技术与之相比存在的差距，技术来源、技术鉴定及转让等概况。

(5)关于投资估算和资金筹措的设想。投资估算根据掌握数据的情况，可进行详细估算，也可以按单位生产能力或类似企业情况进行估算或匡算。投资估算中应包括建设期利息、投资方向调节税和考虑一定时期内的涨价影响因素(即涨价预备金)，流动资金可参照同类型企业情况进行估算。资金筹措计划中应说明资金来源，利用贷款的需要附上贷款意向书，分析贷款条件及利率，说明偿还方式，测算偿还能力。对于技术引进和设备进口项目应估算项目的外汇总用汇额及其用途，外汇的资金来源与偿还方式，以及国内费用的估算和来源。

(6)关于项目建设进度的安排。建设前期工作的安排，应包括涉外项目的询价、考察、设计等；项目建设需要的时间和生产经营时间。

(7)经济效益和社会效益的初步估计(应含有初步的财务评价和国民经济评价的内容)。计算项目全部投资的内部收益率、贷款偿还期等指标及其他必要的指标，进行盈利能力、清偿能力初步分析；项目的社会效益和社会影响的初步分析。

(8)有关的初步结论和建议。技术引进和设备进口项目建议书，还应具备邀请外国厂商来华进行技术交流的计划、出国考察计划，以及可行性研究工作的计划(如聘请外国专家指导或委托咨询的计划)等附件。

项目建议书的主要作用是为推荐拟建建设项目提出说明，编制的项目建议书报送审批，由决策者决定项目是否建设，项目建议书一经批复，即可确认项目立项，进行工程可行性研究工作。

二、可行性研究的内容

公路建设项目可行性研究，是对项目建设的必要性、技术的可行性、经济的合理性和实施的可能性进行综合研究论证。

可行性研究广泛应用于新建、改建和扩建项目。在项目投资决策之前，通过做好可行性研究，使项目的投资决策工作建立在科学性和可靠性的基础之上，从而实现项目投资决策科学化，减少和避免投资决策的失误，提高项目投资的经济效益。

一般来说，公路建设项目可行性研究应包括以下内容：

(1)总论。综述项目概况，包括项目的名称、主办单位、承担可行性研究的单位、项目提出的背景、投资的必要性和经济意义、投资环境、提出项目调查研究的主要依据、工作范围和要求、项目的历史发展概况、项目建议书及有关审批文件、可行性研究的主要结论概要和存在的问题与建议。

(2)产品的市场需求和拟建规模。主要内容包括：调查国内外市场近期需求状况，并对未来趋势进行预测，对国内现有工厂生产能力进行调查估计，进行产品销售预测、价格分析，判断产品的市场竞争能力及进入国际市场的前景，确定拟建项目的规模，对产品方案和发展方向进行技术经济论证比较。

(3)资源、原材料、燃料及公用设施情况。经过国家正式批准的资源储量、品位、成分以及开采、利用条件的评述；所需原料、辅助材料、燃料的种类、数量、质量及其来源和供应的可能性；有毒、有害及危险品的种类、数量和储运条件；材料试验情况；所需动力(水、电、气等)公用设施的数量、供应方式和供应条件；外部协作条件以及签订协议和合同的情况。

(4)交通量的发展预测。包括公路交通的调查和分析，其他相关运输方面的调查与分析交通量预测的思路与方法，交通量预测。

(5)项目工程技术方案。在选定的建设地点内进行的总图和交通运输的设计，须进行的比较和选择，以确定项目的构成范围。

(6)建设条件及线路方案。包括建设条件，备选方案拟订，值得进一步比较的备选方案。

(7)环境保护与劳动安全。对项目建设地区的环境状况进行调查，分析拟建项目“三废”(废气、废水、废渣)的种类、成分和数量，并预测其对环境的影响；提出治理方案的选择和回收利用情况，对环境影响进行评价；提出劳动保护、安全生产、城市规划、防震、防洪、防空、文物保护等要求并采取相应的措施方案。

(8)企业组织、劳动定员和人员培训。全厂生产管理体制、机构的设置，对选择方案的论证；工程技术和管理人员的素质和数量的要求；劳动定员的配备方案；人员的培训规划和费用估算。

(9)项目施工计划和进度要求。根据勘察设计、设备制造、工程施工、安装、试生产所需时间与进度要求，选择项目实施方案和总进度，并用横道图和网络图来表述最佳实施方案。

(10)投资估算和资金筹措。投资估算包括项目总投资估算，主体工程及辅助、配套工程的估算，以及流动资金的估算；资金筹措应说明资金来源、筹措方式、各种资金来源所占的比例、资金成本及贷款的偿付方式。

(11)项目的经济评价。项目的经济评价包括财务评价和国民经济评价，并通过有关指标的计算，进行项目盈利能力、偿还能力等分析，得出经济评价结论。

(12)评价结论与建议。对建设方案做综合分析评价与方案选择；运用各项数据，从技术、经济、社会、财务等各方面论述建设项目的可行性，推荐一个以上的可行方案，提供决策参考，指出其中存在的问题；最终应得出结论性意见和改进的建议。

三、可行性研究报告编制步骤

项目业主、承办单位委托有资格的单位进行可行性研究，设计或咨询单位进行可行性研究工作，编制完整的可行性研究报告。设计单位与委托单位签订合同后，即可开展可行性研究工作。一般按以下几个步骤开展工作：

(1)组建工作小组。根据委托项目可行性研究的工作量、内容、范围、技术难度、时间要求等组建可行性研究报告编制小组。一般工业项目和交通运输项目可分为市场组、工艺技术组、设备组、工程组、总图运输及公用工程组、环保组、技术经济组等专业组。为使各专业组协调工作，保证可行性研究报告总体质量，一般应由总工程师、总经济师负责统筹协调。

(2)制定工作计划。内容包括研究工作的范围、重点、深度、进度安排、人员配置、费用预算及可行性研究报告并编制大纲，并与委托单位交换意见。

(3)调查研究收集资料。各专业组根据可行性研究报告编制大纲进行实地调查，收集整理有关资料，包括向市场和社会调查、向行业主管部门调查、向项目所在地区调查、向项目涉及的有关企业及单位调查、收集项目建设及生产运营等各方面所必需的信息资料和数据。

(4)优化和选择方案。把调查资料应用于方案设计之中，优化设计出各种可供选择的方案，决定选择方案的重大原则和选择标准，提出值得进一步比较的备选方案。

(5)项目评价。对推荐的建设方案进行环境评价、财务评价、国民经济评价、社会评价及风险分析，以判别项目的环境可行性、经济可行性、社会可行性和抗风险能力。当有关评价指标结论不足以支持项目方案成立时，应对原设计方案进行调整或重新设计。

(6)编写可行性研究报告。项目可行性研究各专业方案，经过技术经济论证和优化之后，由各专业组分工编写。经项目负责人衔接协调综合汇总，提出可行性研究报告初稿。

(7)与委托单位交换意见。可行性研究报告初稿形成后，与委托单位交换意见，修改完善，形成正式可行性研究报告。

四、可行性研究报告的编制及审批

可行性研究报告由公路建设管理部门编制。

公路建设项目可行性研究报告以经过评估的工程可行性研究报告为依据。

由公路建设管理部门编制，内容一般包括：建设目的和依据；建设规模及标准；技术标准和经济效益；水文、地质、材料、运输等协作条件；占用土地；防震要求；建设工期；控制投资及资金来源。

同时，可行性研究报告还应附有必需的附件，如工程可行性研究报告、有关的协议等。

可行性研究报告的审批权限为：大中型项目的可行性研究报告由各省、直辖市、自治区交通厅、局报交通运输部或各省、直辖市、自治区政府提出审查意见后，报国家发展与改革委员会审批；重大项目和特殊项目由国家发展与改革委员会提出审查意见后，报国务院审批；小型建设项目的可行性研究报告，按隶属关系由各主管部、省、直辖市、自治区审批。

可行性研究报告经交通主管部门批准，计划部门审批后，即作为初步设计的依据，不得随意修改和变更。

五、可行性研究合同

1. 投资可行性研究合同的概念

投资可行性研究合同是项目委托方（项目业主或业主代理机构）与承包方（投资咨询机构或设计单位）之间为了明确双方在项目投资可行性研究工作中的权利义务关系而签订的协议。

2. 投资可行性研究合同的签订条件

在我国，投资可行性研究合同的签订应该具备如下条件：

（1）承包方应具备项目相应的咨询资格。

（2）委托项目本身需符合有关法规政策的规定。

3. 投资可行性研究合同的形式

投资可行性研究合同一般为标准格式的书面形式，有时也存在函件委托或回函确认委托。

4. 投资可行性研究合同的基本条款

（1）合同双方。

（2）委托方义务。明确合同委托方应提供的资料的范围、详细程度，对所提供的资料的准确性应负的责任。

（3）承包方义务。明确按合同提供的可行性研究报告的基本内容和工作期限承包方应负的责任。

（4）费用支付条款。明确规定委托方应付承包方的可行性研究费用及支付方式（包括币种、支付期限、支付额度或比例）等。

（5）违约罚金。明确双方违约应承担的责任和罚金额度。

（6）合同生效及其他。规定合同生效的时间和合同份数，合同附件或补充协议的生成等。

可行性研究报告编制合同参考文本如下：

投资项目可行性研究报告编制合同参考文本

订立合同双方：________省________县________（单位），以下简称甲方；________省________设计院，以下简称乙方。

经双方协商，由甲方委托乙方承担________工程的可行性研究，特订立本合同。

第一条　甲方在合同签订之日起________天以内，向乙方提供所有与研究工程有关的数据和资料，并对资料的准确性负责。

(1)提供数据、资料的内容如下：(略)

(2)在合同期内，甲方进行与本工程有关的讨论、询价、对外谈判、调研考察等所得的信息资料，应及时提供给乙方，必要时可吸收乙方人员参加本工程可行性研究。

第二条　乙方应在________年________月________日以前，向甲方提交本合同工程的可行性报告，并对此承担责任。可行性报告内容应包括：

(1)经济评价指标。

1)投资内部收益率。

2)投资回收期。

(2)贷款偿还能力分析。

(3)外汇偿还能力分析。

(4)盈亏平衡、灵敏度分析与风险评价。

(5)结论。

乙方应向甲方提交可行性报告________份。甲方如在合同期间对________工程提出重大变更，或者原始资料、数据有重大变动，有可能导致乙方对可行性报告做修改甚至返工时，须经双方协商，对本合同进行修改，或增加任务变更附件，或另订合同。

第三条　费用支付条款

(1)工程的可行性研究费为人民币________元整。合同生效之日，甲方应向乙方支付上述金额的20%。余款于合同期满时全部付清。

(2)甲方中止合同时，无权要求乙方退还定金。

(3)乙方不履行本合同规定的责任与义务时，应双倍偿还定金。

第四条　违约罚金

(1)承包方不按合同规定的日期提交可行性研究报告时，每延期一天，应扣除其所应得费用的5‰，作为违约罚金。

(2)承包方提供的可行性研究报告中出现错误，且此错误纯属承包方造成的，应扣除其所应得费用的10%～30%，视错误性质严重程度而定。

(3)因委托方责任造成的可行性研究重大修改，或返工重做，应另行增加费用，其数额由双方商定。

(4)委托方超过合同规定日期付费时，应偿付给承包方以逾期违约罚金，以每逾期一天按合同规定费用的5‰计算。

第五条　本合同自签订之日起生效。合同中如有未尽事宜，由双方共同协商，作出修改或补充规定。修改或补充规定与本合同具有同等效力。

第六条　本合同正本一式________份，双方各执一份。合同副本一式　　　　份，送________各一份备案。

委托方：(盖章)

地址：

邮政编码：

负责人：(签名)

联系人：（签名）
开户银行：
账号：
电话号码：
承包方：（盖章）
地址：
邮政编码：
负责人：（签名）
联系人：（签名）
开户银行：
账号：
电话号码： 年 月 日订

六、项目评估

1. 项目评估的含义

项目评估是指在可行性研究的基础上，根据国家有关部门颁布的政策、法规、方法、参数和条例等，从项目（或企业）、国民经济和社会的角度出发，由有关部门（包括银行、中介咨询机构等）对拟建投资项目建设的必要性、建设条件、生产条件、产品市场需求、工程技术、财务效益、经济效益和社会效益等进行全面分析论证，并就该项目是否可行提出相应职业判断的一项工作。

2. 项目评估的主要内容

（1）项目与企业概况评估。
（2）项目建设必要性评估。
（3）对项目建设和生产条件的评估。
（4）对工艺技术的评估。
（5）对项目效益的评估。
（6）对项目进行总评估。

3. 项目评估的步骤

（1）了解评估项目，做好准备工作。

（2）成立评估小组，制定工作计划。与可行性研究一样，对拟建项目进行评估，首先要确定评估人员，成立评估小组。组成评估小组以后，组织评估人员对可行性研究报告进行审查和分析，并提出审查意见，要求每个评估人员都要了解项目的全貌，但可根据各自的分工，各有侧重。最后，综合各评估人员的审查意见，编写评估报告提纲。

（3）搜集整理数据。根据评估报告的内容，由评估小组负责人作明确的分工，各自分头工作，包括数据调查、估算、分析以及指标的计算等。

（4）评估报告初稿的编写要求各个评估人员进行很好的衔接，因为评估报告的内容都是有联系的。

（5）论证与修改编写出项目评估报告的初稿以后，首先要由评估小组成员进行分析和论证，然后再最后定稿。

七、项目评估报告

作为书面文本，项目评估报告是为政府有关部门、贷款金融机构和社会公众或企业投资者提供投资决策依据的论述性文件。故要求评估者站在第三者的角度，以公正、客观的立场，依靠各种数据资料，对项目进行具体介绍和评估。报告撰写的文字要求是：语言要简练准确，结构要紧凑严谨，论据要充分可靠，结论要客观明确。

由于工程项目的建设性质、规模等的不同，使得评估报告的内容和重点也各有侧重，不尽相同，但通常包括以下内容：

(1)报告的封面应写上"×××项目评估报告"的字样，写明评估单位的全称及报告完成的时间，在第1、2页上分别说明"评估小组人员名单及分工"和"评估报告目录"。

(2)正文部分应说明下列内容：

1)总论与项目概况；

2)建设必要性评估；

3)建设及生产条件评估；

4)技术评估；

5)基础财务数据预测与财务效益评估；

6)国民经济效益评估；

7)投资来源及资金筹措方式评估；

8)不确定性分析；

9)问题与建议；

10)总评估。

(3)附表、附图及附件包括：

1)附表。①项目财务数据预测表；②项目财务、经济效益分析表；③企业财务状况预测表。

2)附图。①项目路线图；②项目施工流程图；③项目建设实施进度计划。

3)附件。①项目建议书审批文件副本；②项目可行性研究报告审批文件副本；③贷款担保函副本。

此外附件中还应包括：借款人、投资者和保证人近三年的损益表、资产负债表和财务状况变动表，项目建议书、可行性研究报告、初步设计、概算调整等批复文件，项目(公司)章程、合同及批复文件，以及各项建设与生产条件、环境和资金落实文件和担保、承诺函等。

第三节　公路工程设计文件

一、设计基础材料

1. 工程地质勘察材料

工程地质勘察是为建设项目查明建设场地的工程地质、水文地质条件而进行的测试、勘探，并进行综合评定和可行性研究的工作。

(1)搜集、分析选址的地形、地质、地震等资料；进行现场地质调查，测绘工程地质平面图；通过测绘，认为有重要的地质因素可能影响方案评价时，可进一步布置勘察工作予以查明，编制选址勘察和工程地质报告。

(2)查明地层、构造、岩石和土壤的物理力学性质，地下水情况及冰冻深度，场地不良地质现象的成因、分布范围及对场址稳定性的影响与发展趋势等的初步设计勘察及为施工图设计提供依据的详细勘察。

(3)针对施工中遇到的地质问题进行施工勘察。勘察工作是建设工程的基础工作，勘察成果文件是设计和施工的基础资料和重要依据，真实准确的勘察成果对设计和施工的安全性和促使工程取得最佳的经济、社会与环境效益有直接的影响，因此工程勘察成果必须真实准确、安全可靠、经济合理。

2. 水文、气象等其他设计材料

公路是一种线性带状结构物，连接城镇和乡村，在建设过程中往往要跨越不同地区，当公路通过不良地质、水文地区时，需要采取特殊的防护措施，以保证公路工程结构的质量和安全。

公路建设是一项系统工程，建设工期长，一般项目需要 2～4 个月，甚至更长。在工程设计前，应先测定建设区域内的气候条件，以便在施工组织设计中合理地选择材料、施工措施。对于平原微丘区的高速公路，前期工作周期应不少于 24 个月，施工工期一般应在 36 个月以上；对于一般的山岭重丘区的高速公路和技术复杂的特大桥梁，前期工作周期应不少于 36 个月，施工工期一般应在 48 个月以上。

在公路设计中，除了掌握沿途的地形、地质、水文、气象等自然条件外，还应掌握经济、人文各类自然生态系统区域，珍贵的野生动物聚集区、文物古迹、重大科学文化价值的自然遗迹、古树名木等多种多样的社会条件。这些变化多样的环境，都直接影响到工程的设计。

因此，在工程设计前，要全面掌握影响设计的基础资料，从而使设计更合理，方案更科学，措施更有效。

二、初步设计文件

初步设计是根据政府计划部门批复的设计任务书规定的项目的技术标准、工程规模、路线的起终点、路线走向和投资额等资料进行编制的。

选定方案时，应对路线的走向、控制点和方案进行现场核查，征求地方政府和建设单位的意见，基本落实路线布置方案。一般应进行纸上定线，赴实地核对，落实并放出必要的控制线位桩。对难以取舍、投资影响较大或地形特殊的复杂困难地段的路线、特大桥、长大隧道、立体交叉枢纽的位置等，一般应选择两个以上的方案进行同深度、同精度的测设工作和方案比选，优选提出推荐方案。

初步设计包括初测工作和设计工作两项：初测工作也就是外业工作，即根据规范要求进行现场勘察；确定采用方案，并搜集编制初步设计所需的基础资料；设计工作是在初测工作的基础上进行路线、路基、路面、桥涵、隧道、路线交叉各专业的设计，并编制概算、绘制图纸、编写文字说明，形成初步设计文件。

初步设计的管理程序如下：

(1)有关文件、资料的收集。

(2)初步设计勘察设计合同。

(3)技术指导书。

(4)编制初步设计勘察设计作业计划。

(5)勘察设计作业实施管理。

(6)初步设计勘察成果验收。

(7)勘察设计方案比较论证。

(8)初步设计文件的编制及审查。

审查批准后的初步设计文件是安排重大科研试验项目、联系征用土地、编制施工图及控制建设项目投资的依据。

三、技术设计文件

技术设计是初步设计的补充和深化，是对一些技术复杂而又缺乏经验的建设项目或建设项目中的特大桥、互通立体交叉、隧道、高速公路和一级公路的交通工程及沿线设施中的机电设备工程等，经上级机关或规划行政主管部门审查批示需增加的设计阶段，它是在初步设计的基础上方案设计的具体化。

技术设计应根据批准的初步设计及审批意见、勘测设计合同的要求，对重大、复杂的技术问题通过科学试验，进一步勘测调查，专题研究，解决初步设计中未解决的问题，落实技术方案，计算工程数量，提出修正的施工方案，编制修正设计概算，批准后作为编制施工图设计的依据。

技术设计应根据技术设计的目的与要求以及工程需要解决的技术问题，参照初步设计和施工图设计的有关规定编制，并满足下列要求：

(1)对初步设计所定方案详加研究，进一步补充和修改。

(2)补充必要的地质、水文、气候、地震和地质钻探资料，以及土工、材料、结构或模型试验成果。

(3)提出科学试验成果、专题报告。

(4)提出修正的施工方案。

(5)编制修正概算。

在编制特大桥、互通式立体交叉、隧道、交通工程及沿线的技术设计文件时，还必须对整个建设项目的总说明书和总概算加以修正。

四、施工图设计文件

施工图设计应根据批准的初步设计或技术设计，进一步对所审定的修建原则、设计方案、技术措施加以具体和深化，通过现场定线勘测，确定路线及结构物的具体位置和设计尺寸，最终确定各项工程的数量，提出文字说明和适应施工需要的图表资料及施工组织计划，并编制施工图预算。

施工图设计也分外业和内业两部分工作。外业也称定测，即实地钉桩放线，准确地确定路线位置和构造物位置，内业是施工图设计。

施工图设计文件一般由以下文件组成：

(1)总说明。

(2)总体设计(只用于高速公路和一级公路)。

(3)路线。

(4)路基、路面及排水。

(5)桥梁、涵洞。

(6)隧道。

(7)路线交叉。

(8)互通工程及沿线设施。

(9)环境保护。

(10)渡口码头及其他工程。

(11)筑路材料。

(12)施工组织计划。

(13)施工图预算。

(14)附件。附件内容为补充地质勘探、水文地质调查及计算等基础资料。

1. 项目可行性研究包括哪些内容?
2. 如何编制可行性研究报告?
3. 如何对项目进行评估?
4. 项目评估报告包括哪几部分内容?
5. 设计基础材料有哪些?
6. 初步设计文件的内容是什么?
7. 如何编制技术设计?
8. 施工图设计文件一般由哪些文件组成?

第三章　公路工程综合文件

第一节　公路工程规划

公路规划应当根据国民经济和社会发展以及国防建设的需要编制，与城市建设发展规划和其他方式的交通运输发展规划相协调。

公路建设用地规划应当符合土地利用总体规划，当年建设用地应当纳入年度建设用地计划。

(1)国道规划由国务院交通主管部门会同国务院有关部门并会商国道沿线省、自治区、直辖市人民政府编制，报国务院批准。

省道规划由省、自治区、直辖市人民政府交通主管部门会同同级有关部门并会商省道沿线下一级人民政府编制，报省、自治区、直辖市人民政府批准，并报国务院交通主管部门备案。

县道规划由县级人民政府交通主管部门会同同级有关部门编制，经本级人民政府审定后，报上一级人民政府批准。

乡道规划由县级人民政府交通主管部门协助乡、民族乡、镇人民政府编制，报县级人民政府批准。

省道规划应当与国道规划相协调。县道规划应当与省道规划相协调。乡道规划应当与县道规划相协调。

(2)专用公路规划由专用公路的主管单位编制，经其上级主管部门审定后，报县级以上人民政府交通主管部门审核。

专用公路规划应当与公路规划相协调。县级以上人民政府交通主管部门发现专用公路规划与国道、省道、县道、乡道规划有不协调的地方，应当提出修改意见，专用公路主管部门和单位应当作出相应的修改。

(3)国道规划的局部调整由原编制机关决定。国道规划需要作重大修改的，由原编制机关提出修改方案，报国务院批准。

经批准的省道、县道、乡道公路规划需要修改的，由原编制机关提出修改方案，报原批准机关批准。

(4)国道的命名和编号，由国务院交通主管部门确定；省道、县道、乡道的命名和编号，由省、自治区、直辖市人民政府交通主管部门按照国务院交通主管部门的有关规定确定。

(5)规划和新建村镇、开发区，应当与公路保持规定的距离并避免在公路两侧对应进行，防止造成公路街道化，影响公路的运行安全与畅通。

(6)国家鼓励专用公路用于社会公共运输。专用公路主要用于社会公共运输时，由专用公路的主管单位申请，或者由有关方面申请，专用公路的主管单位同意，并经省、自治区、直辖市人民政府交通主管部门批准，可以改划为省道、县道或者乡道。

第二节　公路建设用地

一、公路建设项目用地指标

建设项目用地指标的作用是宏观控制建设用地，既是编审公路建设项目可行性研究报告、确定建设项目用地规模的依据；又是编审初步设计文件、核定和审批建设项目用地面积的尺度。

一个建设项目的实际用地面积,因建设条件各有差异,应以批准的初步设计文件为准,但应按编制本建设项目用地指标规定的建设条件与之对照,比较其建设用地指标值,衡量其用地合理性。凡建设条件基本相同的,则不宜超过规定的用地指标值;某些条件不同的,则可按不同部分具体核算后予以增减。

建设项目用地指标适用于新建的各级公路建设项目。改建、扩建工程项目受原有条件限制,情况比较复杂,且改建、扩建的内容、规模和方式较多。有的可在原有道路的征地范围内或原规划的预留地范围内改建、扩建,不需新征用地;有的则需新征部分用地。因此,对改建、扩建工程项目,仅规定可参照执行。

公路建设项目用地主要由路基、防护设施、排水设施、桥梁、涵洞、隧道、交叉等公路主体工程,以及收费设施、服务设施、管理及养护设施等公路沿线设施工程的用地组成。

除上述项目之外的其他工程项目(如货场、临时工程、专门绿化带、分离式路基的中间地带等),未包含在本建设项目用地指标中,如工程需要应另行计算。

货场一般是与公路主枢纽规划统一考虑,在公路工程设计中一般不考虑,其用地数量难以预计,如建设项目中有此项用地时,可按实际需要另增用地数量。

临时生产、生活房屋、预制场、便道等临时用地,情况比较复杂,一般不列入用地指标内,项目建成后,如不能归还或复耕的,可按协议另增该项用地数量。

专门绿化带用地,因地区不同,对公路绿化的要求也不相同,绿化带的宽度变化较大,用地指标中未包含此项用地数量,可按实际需要另增该项用地数量。

分离式路基的中间地带用地,应根据工程实际情况,如确实不能耕种的,可按永久用地考虑另增该项用地数量。其占用的土地面积也不相同,为了简化用地指标的表现形式,以水平投影面积来表示,实际占地的补偿面积可在水平投影面积的基础上,增加不同地面自然横坡的调整系数。

公路工程的建设用地,必须贯彻执行国家有关建设、土地管理的法律、法规及有关规定,如《中华人民共和国土地管理法》、《建设用地计划管理办法》等。对可供筑堤的土源及弃土场地,凡符合要求、运距合理的填料,尽量与地方协议,充分利用取弃土场集中取弃土。因受经济条件的制约,远运必须考虑工程费用增大的限度。在某些平原地区找不到取土场地,或填料不符合要求时,则按就近取土设计,但原则上不能占用耕地。因线因地制宜,结合具体情况采取相应措施,切实做到科学、合理、节约用地。

二、建设用地规划占用审批

建设占用土地,涉及农用地转为建设用地的,应当符合土地利用总体规划和土地利用年度计划中确定的农用地转用指标;城市和村庄、集镇建设占用土地,涉及农用地转用的,还应当符合城市规划和村庄、集镇规划。不符合规定的,不得批准农用地转为建设用地。

(1)在土地利用总体规划确定的城市建设用地范围内,为实施城市规划占用地的,按照下列规定办理:

1)市、县人民政府按照土地利用年度计划拟订农用地转用方案、补充耕地方案、征用土地方案,分批次逐级上报有批准权的人民政府。

2)有批准权的人民政府土地行政主管部门对农用地转用方案、补充耕地方案、征用土地方案进行审查,提出审查意见,报有批准权的人民政府批准;其中,补充耕地方案由批准农用地转用方案的人民政府在批准农用地转用方案时一并批准。

3)农用地转用方案、补充耕地方案、征用土地方案经批准后,由市、县人民政府组织实施,按具体建设项目分别供地。

在土地利用总体规划确定的村庄、集镇建设用地范围内，为实施村庄、集镇规划占用土地的，由市、县人民政府拟订农用地转用方案、补充耕地方案，依照前款规定的程序办理。

(2)具体建设项目需要使用土地的，建设单位应当根据建设项目的总体设计一次申请，办理建设用地审批手续；分期建设的项目，可以根据可行性研究报告确定的方案分期申请建设用地，分期办理建设用地有关审批手续。建设用地申请表式样见表3-1。

表3-1　建设用地申请表

<table>
<tr><td rowspan="2">申请人</td><td>申请用地单位或个人(盖章)</td><td colspan="3">法定代表人</td><td colspan="2"></td></tr>
<tr><td>单位性质</td><td></td><td>委托代理人</td><td></td><td>联系电话</td><td></td></tr>
<tr><td rowspan="3">申请用地内容</td><td>土地坐落</td><td colspan="5"></td></tr>
<tr><td>权属性质</td><td colspan="2"></td><td>使用权类型</td><td colspan="2"></td></tr>
<tr><td>用地面积</td><td colspan="2"></td><td>土地用途</td><td colspan="2"></td></tr>
<tr><td>土地权属来源</td><td colspan="6"></td></tr>
<tr><td>申请用地原由</td><td colspan="6">用地单位(盖章)：　　年　月　日</td></tr>
<tr><td>宗地位置示意图</td><td colspan="6">北
比例尺：</td></tr>
<tr><td>备注</td><td colspan="6"></td></tr>
</table>

(3)具体建设项目需要占用土地利用总体规划确定的城市建设用地范围内的国有建设用地的,按照下列规定办理:

1)建设项目可行性研究论证时,由土地行政主管部门对建设项目用地有关事项进行审查,提出建设项目用地预审报告;可行性研究报告报批时,必须附土地行政主管部门出具的建设项目用地预审报告。

2)建设单位持建设项目的有关批准文件,向市、县人民政府土地行政主管部门提出建设用地申请,由市、县人民政府土地行政主管部门审查,拟订供地方案,报市、县人民政府批准;需要上级人民政府批准的,应当报上级人民政府批准。

3)供地方案经批准后,由市、县人民政府向建设单位颁发建设用地批准书。有偿使用国有土地的,由市、县人民政府土地行政主管部门与土地使用者签订国有土地有偿使用合同;划拨使用国有土地的,由市、县人民政府土地使用者核发国有土地划拨决定书。

4)土地使用者应当依法申请土地登记。通过招标、拍卖方式提供国有建设用地使用权的,由市、县人民政府土地行政主管部门会同有关部门拟订方案,报市、县人民政府批准后,由市、县人民政府土地行政主管部门组织实施,并与土地使用者签订土地有偿使用合同。土地使用者应依法申请土地登记。

(4)具体建设项目需要使用土地的,必须依法申请使用土地利用总体规划确定的城市建设用地范围内的国有建设用地。能源、交通、水利、矿山、军事设施等建设项目确需使用土地利用总体规划确定的城市建设用地范围外的土地,涉及农用地的,按照下列规定办理:

1)建设项目可行性研究论证时,由土地行政主管部门对建设项目用地有关事项进行审查,提出建设项目用地预审报告;可行性研究报告报批时,必须附土地行政主管部门出具的建设项目用地预审报告。

2)建设单位持建设项目的有关批准文件,向市、县人民政府土地行政主管部门提出建设用地申请,由市、县人民政府土地行政主管部门审查,拟订农用地转用方案、补充耕地方案、征用土地方案和供地方案(涉及国有农用地的,不拟订征用土地方案),经市、县人民政府审核同意后,逐级上报有批准权的人民政府批准:其中,补充耕地方案由批准农用地转用方案的人民政府在批准农用地转用方案时一并批准;供地方案由批准征用土地的人民政府在批准征用土地方案时一并批准(涉及国有农用地的,供地方案由批准农用地转用的人民政府在批准农用地转用方案时一并批准)。

3)农用地转用方案、补充耕地方案、征用土地方案和供地方案经批准后,由市、县人民政府组织实施,向建设单位颁发建设用地批准书。有偿使用国有土地的,由市、县人民政府土地行政主管部门与土地使用者签订国有土地有偿使用合同;划拨使用国有土地的,由市、县人民政府土地行政主管部门向土地使用者核发国有土地划拨决定书。

4)土地使用者应当依法申请土地登记。建设项目确需使用土地利用总体规划确定的城市建设用地范围外的土地,涉及农民集体所有的未利用地的,只报批征用土地方案和供地方案。

5)具体建设项目需要占用土地利用总体规划确定的国有未利用地的,按照省、自治区、直辖市的规定办理;但是,国家重点建设项目、军事设施和跨省、自治区、直辖市行政区域的建设项目以及国务院规定的其他建设项目用地,应当报国务院批准。

三、征地程序

(一)申报材料

用地单位向土地管理部门提出用地申请,并提供下列资料:

(1)建设用地申请表(表 3-1)。

(2)建设项目用地预审意见。

(3)可行性研究报告批复文件或其他立项批准文件。

(4)初步设计批准文件或其他设计批准文件。

(5)城市建设规划部门的规划定点文件。

(6)是否压覆重要矿床证明材料或压覆重要矿床评估报告。

(7)涉及占用文物、林业用地应出具有批准权限的相应部门的用地许可证明材料。

(8)项目单位的资质证明。

(9)地质灾害易发区的地质灾害危险性评估报告。

(10)占用耕地必须提出补充耕地方案。

(11)建设用地勘测定界技术报告和勘测定界图。

(12)拟占用土地的1∶10000分幅土地利用现状图。

(13)建设项目总平面布置图或线型工程平面图。

(二)征地批准与实施程序

1. 征地的批准程序(以大型建设项目为例)

(1)建设项目依法经国务院或省政府批准。

(2)建设单位向市、县政府地政部门提出建设用地申请。

(3)市、县政府地政部门审查后拟订征用土地等方案。

(4)经市、县政府同意后逐级上报。

(5)征用土地等方案依法由国务院或者省政府批准。

2. 征地的实施程序

(1)发布征地公告:

1)发布机关:市县政府。

2)发布范围:被征用土地所在地的乡(镇)、村。

3)公告内容:批准征地机关、批准文号、征用地用途、范围、面积以及征地补偿标准、农业人员安置办法、办理征地补偿的期限等。

4)发布后果:公告发布后抢栽、抢种的农作物或抢建的建筑物不列入补偿范围。

(2)办理征地补偿登记:

1)登记机关:征地公告指定的政府地政部门。

2)登记申请人:被征用土地的所有权人、使用权人。

3)登记期限:征地公告规定的期限。

4)登记所需材料:土地权属证书、地上附着物产权证明等文件。

5)不办理登记的后果:不列入补偿范围。

(3)拟订征地补偿安置方案:

1)拟订机关:市、县政府地政部门会同有关单位。

2)拟订根据:土地登记资料、现场勘测结果、经核对的征地补偿登记情况、法律法规规定的征地补偿标准。

3)方案内容:土地补偿费、安置补助费、青苗补偿费、附着物补偿费等事项。

4)方案公告:市、县政府地政部门在被征用土地所在地的乡(镇)、村公告方案,听取被征用土地的农村集体经济组织和农民的意见。

5)报批:由市、县政府地政部门报市、县政府批准。

(4)确定征地补偿安置方案确定和批准机关:市、县政府(并报省政府地政部门备案)。

(5)实施征地补偿安置方案:

1)组织实施机关:县级以上政府地政部门。

2)费用支付:在方案生效之日起3个月内将费用支付给被征地的单位和个人,未按规定支付费用的,被征地单位和个人有权拒交土地。

(6)土地交付被征地单位和个人应当按规定的期限交付土地。

四、征地补偿

1. 征地补偿费用项目

(1)土地补偿费是用地单位依法对被征地的农村集体经济组织因其土地被征用造成经济损失而支付的一种经济补偿。

(2)青苗补偿费是用地单位对被征用土地上的青苗因征地受到毁损,向种植该青苗的单位和个人支付的一种补偿费用。

(3)附着物补偿费是用地单位对被征用土地上的附着物,如房屋、其他设施,因征地被毁损而向该所有人支付的一种补偿费用。

(4)安置补助费是用地单位对被征地单位安置因征地所造成的富余劳动力而支付的补偿费用。

2. 征地补偿标准数额

(1)各项征地补偿费用的具体标准、金额由市、县政府依法批准的征地补偿安置方案规定。

(2)土地被征用前三年平均年产值的确定(有关土地补偿费、安置补助费的补偿标准):按当地统计部门审定的最基层单位统计年报和经物价部门认可的单价为准。

(3)按规定支付的土地补偿费、安置补助费尚不能使需要安置的农民保持原有生活水平的,可增加安置补助费。但土地补偿费和安置补助费的总和不得超过土地被征用前三年平均年产值的30倍。

3. 补偿费用管理与归属

(1)各项补偿费用由被征地单位收取后,按如下方式处理:

1)土地补偿费、依法应支付给集体的安置补助费、集体所在的青苗补偿费和附着物补偿费,由被征地单位管理和使用。

2)青苗补偿费和附着物补偿费归青苗和附着物的所有者所有。

3)安置补助费的归属、使用:

①由农村集体经济组织安置的,支付给农村集体经济组织,由其管理和使用。

②由其他单位安置的,支付给安置单位。

③不需要统一安置的,发放给安置人员个人或经被安置人员同意后用于支付被安置人员的保险费用。

(2)集体所有的补偿费用的使用收益分配办法:

1)在当地金融机构设立专户存放。

2)使用情况公开,接受村民监督。

3)分配办法经村民会议或村民代表会议过半数通过,报乡政府备案。

4. 征地补偿纠纷及解决方式

(1)补偿标准争议先由县级以上政府协调,协调不成的,由批准征用土地的人民政府裁决。

(2)补偿费用分配纠纷的性质为民事纠纷,当事人为村委会或农村集体经济和村民,当事人可以通过民事诉讼解决。

(3)征地信息公开纠纷属于行政争议,当事人可以通过行政复议和行政诉讼的方式解决。

第三节　招标投标文件及合同协议书

一、公路工程项目招标范围

下列公路工程项目必须进行招标,但涉及国家安全、国家秘密、抢险救灾或者利用扶贫资金实行以工代赈等不适宜进行招标的项目除外:

(1)投资总额在3000万人民币以上的公路工程项目。

(2)施工单项合同估算价在200万元人民币以上的公路工程施工项目。

(3)法律、行政法规规定应当招标的其他公路工程施工项目。

(4)公路建设项目的勘察、设计单项合同估价在50万元人民币以上,或者建设项目总投资额在3000万元人民币以上的,必须进行勘察设计招标。

依法必须进行招标的公路工程项目,其招标投标活动不受地区或者部门的限制,任何具备从事公路建设规定条件的企业法人都可以参加投标。

任何组织和个人不得以任何方式非法干预公路工程招标投标活动。

二、公路工程勘察设计招标投标与合同

1. 勘察设计招标的概念

公路工程勘察设计招标是指招标人按照国家基本建设程序,依据批准的可行性研究报告,对公路工程初步设计、施工图设计通过招标活动选定勘察设计单位。

公路工程勘察设计招标可以实行一次性招标、分阶段招标,有特殊要求的关键工程可以进行方案招标。

2. 招标方式

公开招标是招标人通过国家指定的报刊、信息网络或者其他媒体发布招标公告,邀请不特定的法人或者组织投标。

邀请招标是招标人以投标邀请书的方式,邀请三个以上具有相应资质、具备承担招标项目勘察设计能力的、资信良好的特定法人或者组织投标。

3. 招标程序

(1)编制资格预审文件和招标文件。

(2)发布招标公告或者发出投标邀请书。

(3)对潜在投标人进行资格审查。

(4)向合格的潜在投标人发售招标文件。

(5)组织潜在投标人勘察现场,召开标前会。

(6)接受投标人的投标文件,公开开标。

(7)组建评标委员会评标,推荐中标候选人。

(8)确定中标人,发出中标通知书。

(9)与中标人签订合同。

公路工程勘察设计招标实行邀请招标的,在编制招标文件后,按上述程序的(4)至(9)项要求进行。

4. 招标文件的内容

招标文件应当按照交通运输部或者省级人民政府交通主管部门颁布的公路工程勘察设计招标文件范本，结合招标项目的特点和实际需要进行编制。招标文件应当包括以下内容：

(1)投标邀请书。

(2)投标人须知。

(3)勘察设计合同通用条款和专用条款。

(4)勘察设计标准规范。

(5)勘察设计原始资料。

(6)勘察设计协议书格式。

(7)投标文件格式。

(8)评标标准和方法。

5. 投标文件的内容

(1)商务文件包括下列基本内容：

1)投标书；

2)授权书；

3)项目负责人及主要技术人员基本情况；

4)勘察设计工作大纲。

(2)技术文件包括下列基本内容：

1)对招标项目的理解；

2)对招标项目特点、难点、重点等的技术分析和处理措施；

3)拟进行的科研课题；

4)工程造价初步测算。

(3)报价清单包括下列基本内容：

1)勘察设计费报价；

2)勘察设计费计算清单。

6. 勘察设计合同

(1)建设工程勘察合同是发包人与勘察人之间，为了完成一定的勘察任务而签订的明确相互权利义务关系的协议。

(2)建设工程设计合同是发包人与设计人之间，为了完成一定的设计任务而签订的明确相互权利义务关系的合同。

(3)建设工程勘察合同应当具备以下主要条款：建设工程的名称、规模、投资额、建设地点；发包人提供勘察基础资料、勘察成果的期限，勘察的范围、进度和质量要求以及其他协作条件；勘察工作的取费依据、取费标准和拨付办法；违约责任等。

(4)建设工程设计合同主要条款包括：建设工程的名称、规模、投资额、建设地点；发包人提供设计基础资料、设计文件(包括概预算)、设计阶段、进度、质量和设计文件的份数以及其他协作条件；设计工作的取费依据、取费标准和拨付办法；违约责任等。

三、公路工程施工监理招标与合同

1. 公路工程施工监理任务

公路工程施工监理包括路基路面(含交通安全设施)工程、桥梁工程、隧道工程、机电工程、环境保护配套工程的施工监理以及对施工过程中环境保护和施工安全的监理。

2. 招标方式

(1)符合下列条件之一的项目，经有审批权的部门批准后，可以进行邀请招标：

1)技术复杂或者有特殊要求的；

2)符合条件的潜在投标人数量有限的；

3)受自然地域环境限制的；

4)公开招标的费用与工程监理费用相比，所占比例过大的；

5)法律、法规规定不宜公开招标的。

(2)采用公开招标方式的，招标人应当依法在国家指定媒介上发布招标公告，并可以在交通主管部门提供的媒介上同步发布。

3. 招标程序

(1)招标人确定招标方式。采用邀请招标的，应当履行审批手续。

(2)招标人编制招标文件，并按照项目管理权限报县级以上地方交通主管部门备案。采用资格预审方式的，同时编制投标资格预审文件，预审文件中应当载明提交资格预审申请文件的时间和地点。

(3)发布招标公告。采用资格预审方式的，同时发售投标资格预审文件；采用邀请招标的，招标人直接发出投标邀请，发售招标文件。

(4)采用资格预审方式的，对潜在投标人进行资格审查，并将资格预审结果通知所有参加资格预审的潜在投标人，向通过资格预审的潜在投标人发出投标邀请书和发售招标文件。

(5)必要时组织投标人考察招标项目工程现场，召开标前会议。

(6)接受投标人的投标文件。

(7)公开开标。

(8)采用资格后审方式的，招标人对投标人进行资格审查。

(9)组建评标委员会评标，推荐中标候选人。

(10)确定中标人，将评标报告和评标结果按照项目管理权限报县级以上地方交通主管部门备案并公示。

(11)招标人发出中标通知书。

(12)招标人与中标人签订公路工程施工监理合同。二级以下公路，独立中、小桥，以及独立中、短隧道的新建、改建以及养护大修工程项目，可根据具体条件和实际需要对上述程序适当简化，但应当符合《中华人民共和国招标投标法》的规定。

4. 招标文件的内容

(1)投标邀请书。

(2)投标人须知(包括工程概况和必要的工程设计图纸，提交投标文件的起止时间、地点和方式，开标的时间和地点等)。

(3)资格审查要求及资格审查文件格式(适用于采用资格后审方式的)。

(4)公路工程施工监理合同条款。

(5)招标项目适用的标准、规范、规程。

(6)对投标监理企业的业务能力、资质等级及交通和办公设施的要求。

(7)根据招标对象是总监理机构还是驻地监理机构，提出对投标人投入现场的监理人员、监理设备的最低要求。

(8)是否接受联合体投标。

(9)各级监理机构的职责分工。

(10)投标文件格式,包括商务文件格式、技术建议书格式、财务建议书格式等。

(11)评标标准和办法。评标标准应当考虑投标人的业绩或者处罚记录等诚信因素,评标办法应当注重人员素质和技术方案。

5. 联合体投标要求

(1)联合体成员可以由两个以上监理企业组成,联合体各方均应当具备承担招标项目的相应能力和招标文件规定的资格条件。由同一专业的监理企业组成的联合体,按照资质等级较低的企业确定资质等级。

(2)联合体各方应当签订共同投标协议,约定各方拟承担的工作和责任,并将共同投标协议连同投标文件一并提交招标人。联合体各方签订共同投标协议后,只能以一个投标人的身份投标,不得针对同一标段再以各自名义单独投标或者参加其他联合体投标。

6. 开标、评标与定标

(1)开标时,由投标人或者其推选的代表检查投标文件的密封情况,也可以由招标人委托的公证机构进行检查并公证;经确认无误后,当众拆封商务文件和技术建议书所在的信封,宣读投标人名称和主要监理人员等内容。

投标文件中财务建议书所在的信封在开标时不予拆封,由交通主管部门妥善保存。在评标委员会完成对投标人的商务文件和技术建议书的评分后,在交通主管部门的监督下,再由评标委员会拆封参与评分的投标人的财务建议书的信封。

(2)评标工作由招标人依法组建的评标委员会负责。对国有和交通运输部重点公路建设项目,评标委员会的专家应当从交通运输部设立的监理专家库中随机抽取,或者根据交通运输部授权从省级交通主管部门设立的监理专家库中随机抽取;其他公路建设项目评标委员会的专家从省级交通主管部门的监理专家库中随机抽取。

(3)评标委员会完成评标后,应当向招标人提交书面评标报告。评标报告应当包括以下内容:

1)评标委员会的成员名单;

2)开标记录情况;

3)符合要求的投标人情况;

4)评标采用的标准、评标办法;

5)投标人排序;

6)推荐的中标候选人;

7)需要说明的其他事项。

(4)招标人确定中标人后,应当及时向中标人发出中标通知书,并同时将中标结果告知所有的投标人。

7. 合同签订

招标人和中标人应当自中标通知书发出之日起30日内订立书面合同。招标人和中标人均不得提出招标文件和投标文件之外的任何其他条件。

招标文件中要求中标人提交履约担保的,中标人应当按要求的金额、时间和形式提交。以保证金形式提交的，金额一般不得超过合同价的5%。

四、公路工程施工招标与合同

1. 招标项目应具备的条件

(1)初步设计文件已被批准。

(2)建设资金已经落实。

(3)项目法人已经确定，并符合项目法人资格标准要求。

2. 招标方式

采用公开招标的，招标人应当通过国家指定的报刊、信息网络或者其他媒体发布招标公告，邀请具备相应资格的不特定的法人投标。

采用邀请招标的，招标人应当以发送投标邀请书的方式，邀请3家以上具备相应资格的特定的法人投标。

3. 招标程序

(1)确定招标方式。采用邀请招标的，应当按照国家规定报有关主管部门审批。

(2)编制投标资格预审文件和招标文件。招标文件按照本办法规定备案。

(3)发布招标公告，发售投标资格预审文件；采用邀请招标的，可直接发出投标邀请书，发售招标文件。

(4)对潜在投标人进行资格审查。

(5)向资格预审合格的潜在投标人发出投标邀请书和发售招标文件。

(6)组织潜在投标人考察招标项目工程现场，召开标前会。

(7)接受投标人的投标文件，公开开标。

(8)组建评标委员会评标，推荐中标候选人。

(9)确定中标人。评标报告和评标结果按照本办法规定备案并公示。

(10)发出中标通知书。

(11)与中标人订立公路工程施工合同。

4. 招标文件

(1)招标公告(或投标邀请书)。

(2)投标人须知。

(3)评标办法。

(4)合同条款及格式。

(5)工程量清单。

(6)图纸。

(7)技术规范。

(8)投标文件格式。

(9)投标人须知前附表规定的其他材料。

当招标文件、招标文件的澄清或修改等在同一内容的表述上不一致时，以最后发出的书面文件为准。

问题澄清通知式样见表3-2。

表 3-2　　　　问题澄清通知

编号：________

<table>
<tr><td>

____________（投标人名称）：

____________（项目名称）______标段施工招标的评标委员会，对你方的投标文件进行了仔细的审查，现需你方对下列问题以书面形式予以澄清：

1.

2.

……

请将上述问题的澄清于______年____月____日____时前递交至________________（详细地址）或传真至________________（传真号码）。采用传真方式的，应在______年____月____日____时前将原件递交至________________（详细地址）。

（项目名称）　标段施工招标评标委员会
招标人：　　　　　　　　　（盖单位章）

______年____月____日

</td></tr>
</table>

5. 资格预审

公路工程施工招标投标应当对潜在投标人进行资格审查。

公路工程施工采用公开招标的，招标公告发布后，招标人应当根据潜在投标人提交的资格预审申请文件，对潜在投标人的资格进行审查。招标人只向资格预审合格的潜在投标人发售招标文件。

公路工程施工采用邀请招标的，投标邀请书发出后，招标人应当根据投标人提交的投标文件，对投标人的资格进行审查。

国道主干线和国家高速公路网建设项目的资格预审结果报交通运输部备案，其他公路建设项目的资格预审结果按照项目管理权限报县级以上地方人民政府交通主管部门备案。

资格预审资料表格式样见表 3-3 至表 3-14。

表 3-3　　　　　　　　**投标人基本情况表**

<table>
<tr><td>投标人名称</td><td colspan="8"></td></tr>
<tr><td>注册地址</td><td colspan="4"></td><td colspan="2">邮政编码</td><td colspan="2"></td></tr>
<tr><td rowspan="2">联系方式</td><td>联系人</td><td colspan="3"></td><td colspan="2">电　话</td><td colspan="2"></td></tr>
<tr><td>传　真</td><td colspan="3"></td><td colspan="2">电子邮件</td><td colspan="2"></td></tr>
<tr><td>法定代表人</td><td>姓名</td><td></td><td>技术职称</td><td colspan="2"></td><td colspan="2">电话</td><td></td></tr>
<tr><td>技术负责人</td><td>姓名</td><td></td><td>技术职称</td><td colspan="2"></td><td colspan="2">电话</td><td></td></tr>
<tr><td>成立时间</td><td colspan="2"></td><td colspan="6">员工总人数：</td></tr>
<tr><td>企业资质等级</td><td colspan="2"></td><td rowspan="5">其中</td><td colspan="4">项目经理</td><td></td></tr>
<tr><td>营业执照号</td><td colspan="2"></td><td colspan="4">高级职称人员</td><td></td></tr>
<tr><td>注册资金</td><td colspan="2"></td><td colspan="4">中级职称人员</td><td></td></tr>
<tr><td>基本账户开户银行</td><td colspan="2"></td><td colspan="4">初级职称人员</td><td></td></tr>
<tr><td>基本账户账号</td><td colspan="2"></td><td colspan="4">技工</td><td></td></tr>
<tr><td>经营范围</td><td colspan="8"></td></tr>
<tr><td>资产构成情况及投资参股的关联企业情况</td><td colspan="8"></td></tr>
<tr><td>备注</td><td colspan="8"></td></tr>
</table>

注：1. 在本表后应附企业法人营业执照副本（全本）的复印件（并加盖单位章）、施工资质证书副本（全本）的复印件（并加盖单位章）、安全生产许可证副本（全本）的复印件（并加盖单位章）、基本账户开户许可证的复印件（并加盖单位章）。

2. 以联合体形式参与投标的，联合体各成员应分别填写。

表 3-4 投标人企业组织机构框图

以框图方式表示
说明

表 3-5　　**拟委任的项目经理和项目总工资历表**

姓　名		年　龄		专　业	
职　称		公司单位职务		拟在本标段工程担任职务	
毕业学校	________年______月毕业于__________________学校________________专业，学制______年				
经　历					
________年至 ________年	参加过的工程项目名称			担任何职	发包人及联系电话
获奖情况					
目前任职项目状况	项目名称				
	担任职位				
	可以调离日期				
备　注					

注：1. 本表后应附项目经理（以及备选人）和项目总工（以及备选人）的身份证、职称资格证书以及资格审查条件所要求的其他相关证书（如建造师注册证书、安全生产考核证书等）的复印件，并应提供其担任类似项目的项目经理和项目总工的相关业绩证明材料复印件。

2. 本表后应附投标人所属社保机构出具的拟委任的项目经理（以及备选人）和项目总工（以及备选人）的社保缴费证明（并加盖缴费证明专用章）或其他能够证明拟委任的项目经理（以及备选人）和项目总工（以及备选人）参加社保的有效证明材料（并加盖社保机构单位章）。

3. 目前未在具体项目上任职的，请在备注栏说明现在负责的工作内容。

表 3-6　　近年财务状况表

项目或指标	单位	____年	____年	____年
一、注册资金	万元			
二、净资产	万元			
三、总资产	万元			
四、固定资产	万元			
五、流动资产	万元			
六、流动负债	万元			
七、负债合计	万元			
八、营业收入	万元			
九、净利润	万元			
十、现金流量净额	万元			
十一、主要财务指标				
1. 净资产收益率	%			
2. 总资产报酬率	%			
3. 主营业务利润率	%			
4. 资产负债率	%			
5. 流动比率	%			
6. 速动比率	%			

注：1. 本表后应附三年经会计师事务所或审计机构审计的财务会计报表，包括资产负债表、现金流量表、利润表和财务情况说明书的复印件。

2. 本表所列数据必须与本表各附件中的数据相一致。

3. 以联合体形式参与投标的，联合体各成员应分别填写。

表 3-7 银行信贷证明

银行名称：__________
地　　址：__________

日期：__________

致：(招标人全称)

兹开具最高限额为人民币_____万元的银行信贷，供_____(投标人注册地点)_____(投标人名称)于_____年____月____日之前，在__________(项目名称)需要时使用。我行保证由__________(投标人名称)提供的财务报表中所开列的作为流动资产的各项中无一项包含在上述提到的银行信贷中。

此项目若未中标，该信贷证明自动失效，无需退回我行。

银　　行(盖单位章)：__________
银行主要负责人(签字)：__________
银行主要负责人的姓名、职务：(打印)
银　行　电　话：__________
银　行　传　真：__________

注：1. 允许投标人实际开具的银行信贷证明的格式与《公路工程标准施工招标文件》提供的格式有所不同，但不得更改《公路工程标准施工招标文件》提供的银行信贷证明格式中的实质性内容。

2. 银行主要负责人应亲笔签名，不得使用印章、签名章或其他电子制版签名，否则，视为无效。

备注：招标人要求投标人提供银行信贷证明是为了避免投标人中标后因流动资金不足影响工程施工的情况发生，招标人可根据招标项目具体特点和实际情况选择是否要求投标人提供银行信贷证明。如采用银行信贷证明，招标人应在此规定开具银行信贷证明的银行的级别。

表 3-8　　近年完成的类似项目情况表

项目名称	
项目所在地	
发包人名称	
发包人地址	
发包人电话	
合同价格	
开工日期	
交工日期	
承担的工作	
工程质量	
项目经理	
项目总工	
总监理工程师及电话	
项目描述	
备注	

注:1. 每张表格只填写一个项目,并标明序号。

2. 本表后须附中标通知书和(或)合同协议书、由发包人出具的公路工程(标段)交工验收证书或竣工验收委员会出具的公路工程验收鉴定书或质量监督机构对各参建单位签发的工作综合评价等级证书的复印件。

3. 如近年来,投标人法人机构发生合法变更或重组或法人名称变更时,应提供相关部门的合法批件或其他相关证明材料来证明其所附业绩的继承性。

4. 以联合体形式参与投标的,联合体各成员应分别填写。

表 3-9　　正在施工的和新承接的项目情况表

项目名称	
项目所在地	
发包人名称	
发包人地址	
发包人电话	
签约合同价	
开工日期	
计划交工日期	
承担的工作	
工程质量要求	
项目经理	
项目总工	
总监理工程师及电话	
项目描述	
备注	

注:1. 每张表格只填写一个项目,并标明序号。

2. 本表后应附中标通知书和(或)合同协议书复印件。

3. 本表应包含所有在建工程项目,包括正在施工、已签订合同协议书即将开工或已收到中标通知书或意向书但尚未签订合同的所有项目。

4. 以联合体形式参与投标的,联合体各成员应分别填写。

表 3-10　　近年发生的诉讼及仲裁情况

项　目	投标人情况说明

注:本表后应附法院或仲裁机构作出的判决、裁决等有关法律文书复印件

表 3-11　　拟委任的其他主要管理人员和技术人员汇总表

姓名	年龄	拟在本项目中担任的职务	技术职称	工作年限	类似施工经验年限

注:1. 本表仅适用于采用综合评估法进行评标的技术特别复杂的特大桥梁和长大隧道工程。

2. 本表后应附投标人所属社保机构出具的拟委任的其他主要管理人员和技术人员的社保缴费证明(并加盖缴费证明专用章)或其他能够证明拟委任的其他主要管理人员和技术人员参加社保的有效证明材料(并加盖社保机构单位章)。

表 3-12　　拟委任的其他主要管理人员和技术人员资历表

<table>
<tr><td>姓　名</td><td></td><td>年　龄</td><td></td><td>专　业</td><td></td></tr>
<tr><td>职　称</td><td></td><td>公司单位职务</td><td></td><td>拟在本标段
工程担任职务</td><td></td></tr>
<tr><td>毕业学校</td><td colspan="5">____年____月毕业于________学校________专业，学制____年</td></tr>
<tr><td colspan="6">经　历</td></tr>
<tr><td>____年至
____年</td><td colspan="3">参加过的工程项目名称</td><td>担任何职</td><td>发包人及
联系电话</td></tr>
<tr><td></td><td colspan="3"></td><td></td><td></td></tr>
<tr><td></td><td colspan="3"></td><td></td><td></td></tr>
<tr><td></td><td colspan="3"></td><td></td><td></td></tr>
<tr><td></td><td colspan="3"></td><td></td><td></td></tr>
<tr><td></td><td colspan="3"></td><td></td><td></td></tr>
<tr><td colspan="2">获奖情况</td><td colspan="4"></td></tr>
<tr><td rowspan="3">目前任职项目状况</td><td>项目名称</td><td colspan="4"></td></tr>
<tr><td>担任职位</td><td colspan="4"></td></tr>
<tr><td>可以调离日期</td><td colspan="4"></td></tr>
<tr><td colspan="2">备　注</td><td colspan="4"></td></tr>
</table>

注：1. 本表人员应与表 3-11 中所列人员相一致，在本表后应附身份证、职称资格证书以及资格审查条件所要求的其他相关证书（如安全生产考核合格证书、试验检测资格证书等）的复印件。

2. 目前仍在具体项目上任职的，请在备注栏说明现在负责的工作内容。

3. 本表仅适用于采用综合评估法进行评标的技术特别复杂的特大桥梁和长大隧道工程。

表 3-13　　拟投入本标段的主要施工机械表

<table>
<tr><td rowspan="3">序号</td><td rowspan="3">设备名称</td><td rowspan="3">型号规格</td><td rowspan="3">国别产地</td><td rowspan="3">制造年份</td><td rowspan="3">额定功率
/kW</td><td rowspan="3">生产能力</td><td colspan="4">数量/台</td><td rowspan="3">预计进
场时间</td></tr>
<tr><td rowspan="2">小计</td><td colspan="3">其　中</td></tr>
<tr><td>自有</td><td>新购</td><td>租赁</td></tr>
<tr><td></td><td></td><td></td><td></td><td></td><td></td><td></td><td></td><td></td><td></td><td></td><td></td></tr>
<tr><td></td><td></td><td></td><td></td><td></td><td></td><td></td><td></td><td></td><td></td><td></td><td></td></tr>
<tr><td></td><td></td><td></td><td></td><td></td><td></td><td></td><td></td><td></td><td></td><td></td><td></td></tr>
<tr><td></td><td></td><td></td><td></td><td></td><td></td><td></td><td></td><td></td><td></td><td></td><td></td></tr>
<tr><td></td><td></td><td></td><td></td><td></td><td></td><td></td><td></td><td></td><td></td><td></td><td></td></tr>
<tr><td></td><td></td><td></td><td></td><td></td><td></td><td></td><td></td><td></td><td></td><td></td><td></td></tr>
<tr><td></td><td></td><td></td><td></td><td></td><td></td><td></td><td></td><td></td><td></td><td></td><td></td></tr>
<tr><td></td><td></td><td></td><td></td><td></td><td></td><td></td><td></td><td></td><td></td><td></td><td></td></tr>
</table>

注：本表仅适用于采用综合评估法进行评标的技术特别复杂的特大桥梁和长大隧道工程。

表 3-14　　拟配备本标段的主要材料试验、测量、质检仪器设备表

序号	仪器设备名称	型号规格	数量	国别产地	制造年份	用　途	备注

注：本表仅适用于采用综合评估法进行评标的技术特别复杂的特大桥梁和长大隧道工程。

6. 投标文件

(1)投标人应当按照招标文件的要求，按时参加招标人主持召开的标前会并勘察现场。

(2)投标人应当按照招标文件的要求编制投标文件，并对招标文件提出的实质性要求和条件作出响应。

(3)投标人根据招标文件载明的项目实际情况，拟在中标后将中标项目的部分非关键性工作进行分包的，应当向招标人提交分包计划，并在投标文件中载明。分包单位的资质应当与其承担的工程规模标准相适应。

(4)投标文件中投标书及投标书附录、投标报价部分应当由投标人的法定代表人或其授权的代理人签字，并加盖投标人印章，其他部分应当按招标文件的要求签署。

投标文件应当由投标人密封，并按照招标文件规定的时间、地点和方式送达招标人。

(5)投标文件按照要求送达后，在招标文件规定的投标截止时间前，投标人如需撤回或者修改投标文件，应当以正式函件提出并作出说明。

修改投标文件的函件是投标文件的组成部分，其形式要求、密封方式、送达时间，适用对投标文件的规定。

施工投标文件格式见本书附录。

7. 开标、评标与定标

(1)主持人按下列程序进行开标：

1)宣布开标纪律；

2)公布在投标截止时间前递交投标文件的投标人名称，并点名确认投标人是否派人到场；

3)宣布开标人、唱标人、记录人、监标人等有关人员姓名；

4)按照投标人须知前附表规定检查投标文件的密封情况；

5)按照投标人须知前附表规定确定并宣布投标文件开标顺序；

6)设有标底的，公布标底；

7)按照宣布的开标顺序当众开标，公布投标人名称、标段名称、投标保证金的递交情况、投标报价、质量目标、工期及其他内容，并记录在案；

8)投标人代表、招标人代表、监标人、记录人等有关人员在开标记录上签字确认；

9)开标会议结束。

施工开标记录式样见表3-15(招标人可根据项目具体特点和实际情况进行修改)。

表3-15 ____________(项目名称)________标段施工开标记录表

开标时间：______年____月____日____时____分

序号	投标人	送达情况	密封情况	投标报价/元	是否超过投标控制价上限	备注	签名
招标人编制的标底或投标控制价上限(如有)							

招标人代表：__________ 记录人：__________ 监标人：__________

______年____月____日

(2)评标由招标人依法组建的评标委员会负责。

评标委员会由招标人的代表和技术、经济专家组成。评标委员会委员人数为5人以上单数，其中专家人数不得少于成员总数的2/3。

国道主干线和国家高速公路网建设项目，评标委员会专家从交通运输部设立的评标专家库中随机抽取，其他公路建设项目的评标委员会专家从省级人民政府交通主管部门设立的评标专家库中随机抽取。

与投标人有利害关系的人员不得进入相关招标项目的评标委员会。

(3)招标人确定中标人后，应当向中标人发出中标通知书，并同时将中标结果通知所有未中标的投标人。

中标通知书式样见表3-16，中标结果通知书式样见表3-17。

表 3-16　　**中标通知书**

______(中标人名称)：

你方于______(投标日期)所递交的______(项目名称)____标段施工投标文件已被我方接受，被确定为中标人。

中标价：______元。

工期：____日历天。

工程质量：符合______标准。

项目经理：______(姓名)。

项目总工：______(姓名)。

请你方在接到本通知书后的__日内到________(指定地点)与我方签订施工承包合同，在此之前按《公路工程标准施工招标文件》(2009 年版)中第二章“投标人须知”第 7.3 款规定向我方提交履约担保。

特此通知。

招标人：__________(盖单位章)

招标代理：__________(盖单位章)

___年__月__日

表 3-17　　**中标结果通知书**

______(未中标人名称)：

我方已接受______(中标人名称)于______(投标日期)所递交的______(项目名称)___标段施工投标文件，确定______(中标人名称)为中标人。

感谢你单位对我们工作的大力支持！

招标人：__________(盖单位章)

招标代理：__________(盖单位章)

___年__月__日

中标人应向招标人发出确认通知，并和招标人自中标通知书发出之日起 30 日内订立书面公路工程施工合同。

公路工程施工合同应当按照招标文件、中标人的投标文件、中标通知书订立。

招标人和中标人不得再行订立背离合同实质性内容的其他协议。

确认通知式样见表 3-18。

表 3-18　　确 认 通 知

＿＿＿＿＿＿（招标人名称）： 我方已接到你方＿＿＿年＿＿月＿＿日发出的＿＿＿＿＿＿（项目名称）＿＿＿标段施工招标关于＿＿＿＿＿＿的通知，我方已于＿＿＿年＿＿月＿＿日收到。 特此确认。 投标人：＿＿＿＿＿＿＿＿＿（盖单位章） ＿＿＿年＿＿月＿＿日

8. 签订合同

（1）按照评标办法规定对投标报价进行修正后，若修正后的最终投标报价小于开标时的投标函文字报价，则签订合同时以修正后的最终投标报价为准。

（2）按照评标办法规定对投标报价进行修正后，若修正后的最终投标报价大于开标时的投标函文字报价，则签订合同时以开标时的投标函文字报价为准，同时按比例修正相应子目的单价或合价。

（3）合同协议书经双方法定代表人或其授权的代理人签署并加盖单位章后生效。若为联合体投标，则联合体各成员的法定代表人或其授权的代理人都应在合同协议书上签署并加盖单位章。发包人和中标人在签订合同协议书的同时需按照本招标文件规定的格式和要求签订廉政合同及安全生产合同，明确双方在廉政建设和安全生产方面的权利和义务以及应承担的违约责任。

公路工程承包合同格式如下：

公路工程承包合同

甲方：
乙方：

为了确保＿＿＿＿＿＿公路工程任务顺利完成，确保工程质量和工程进度，经甲、乙双方协商，甲方将本工程的部分施工任务承包给乙方。为明确双方相互权利、义务以及经济责任，依据《合同法》有关规定，经双方协商同意，签定本合同，以资共同遵守。

第一章　总　　则

一、工程名称

二、工程地点

三、承包范围和内容

1. 承包范围

路基土石方工程以及相关的附属工程，以及按规定程序批准的路基工程变更的工程。

2. 承包内容

四、承包方式

1. 本工程实行单价承包，工程计量以监理检验合格并签认范围内的实际完成工程量（压实方）计算。工程中所发生的人工、材料、机械设备等各项费用均已包含在承包单价之中。

2. 工程承包单价为含税单价，税款由乙方向有关税务部门交纳，或由甲方向有关部门代交，但费用将从乙方的工程款中扣除。

3. 路基土石方工程数量由甲方技术员提供，乙方人员必须每五天与甲方有关技术人员、领工员对所完成工程量进行核实签认，并且及时上报工程部进行审核。如乙方负责人不在现场，应指定现场代理人负责签认，乙方不进行工程量签认，则以甲方核定工程量为准。

4. 工程价款按附表所列的单价乘以完成的工程量、工日或台班数量计算。

第二章　工程期限

1. 本项工程自签定合同之日起，于＿＿年＿月＿日开工，至＿＿年＿月＿结束。且要求乙方在＿＿年＿月＿日前完成，以不影响工程总工期和明年施工组织的总体安排。

2. 乙方进场后，甲方将不定期考核乙方工程完成情况。如因人工、机械数量不足而影响工程进度，甲方有权要求乙方在一定期限内进行增补。若乙方不能满足甲方要求，则甲方视情况的严重程度有权缩小乙方工程量进行清退出场，乙方必须赔偿由此造成的一切损失。

3. 乙方进场后要服从甲方技术人员及各职能部门的领导。乙方应根据甲方工程进展情况进行车辆调整，安排好拉运任务，按时完成甲方交给的任务。

4. 凡人力不可抗拒的因素或工程工序排布需要以及自然因素（如下雨）造成的停工均属正

常停工。

5. 乙方所拉运的材料应满足甲方的质量要求。未经甲方同意,擅自拉运的质量不合格的材料,其费用不得结算。

6. 由于乙方材料拉运不及时而造成的停工,乙方要按合同规定赔偿甲方应有的损失。

第三章 安全生产与文明施工

1. 乙方必须按照有关法律、法规要求做到安全生产与文明施工,负责检查消除施工现场所有安全隐患(包括火灾、水灾、塌方等意外事故),做好防火、防洪、现场安全操作等工作。施工前要与甲方签订《安全合同》。

2. 加强施工现场管理,做到文明施工,建立健全各项管理制度和安全生产措施,按照业主及监理的要求做好各项工作,树立良好的企业形象。

3. 施工场地严禁赌博、吸毒、贩毒、偷盗、斗殴等违反社会治安活动,乙方必须自觉办好民工的暂住证及计划生育证,否则后果自负。

4. 在全部施工期内,所有非甲方原因造成的机械损失及人身伤亡事故及其他损失,责任均由乙方自负。

5. 严禁酒后驾车,防止交通事故。运输车辆进入施工现场之前所发生的安全、交通事故,均与甲方无关,在施工现场发生的交通安全事故,由责任方自负。在乙方要求或同意的情况下,甲方可作为中间人协助调解。

6. 对不服从甲方管理的有关人员、机械设备,甲方随时有权勒令其退场,并终止承包合同,且由此造成的一切损失均由乙方承担。

第四章 双方义务

一、甲方合同义务

1. 甲方负责施工过程中的技术交底、指导、质量检测及工程测量工作。帮助乙方协调与业主、监理单位及当地有关部门和群众的关系。帮助乙方办理开工报告等手续及其他需要甲方解决的问题。

2. 甲方现场技术人员对工程进度、工程质量进行监督、检查。

3. 甲方负责提供乙方机械使用的柴油,油款在结算时从乙方承包费中扣除(油价含管理费、运费、季节浮动费)。

4. 依照约定支付乙方工程款。

二、乙方合同义务

1. 按照甲方要求拉运工程材料,负责所拉材料的质量,按时完成拉运任务。驻地建设有序整齐,有利于安全生产和文明施工。

2. 开工前乙方要按甲方要求将符合要求的机械设备全部进场,接受甲方检查。

3. 必须严格遵守甲方的各项规章制度和管理制度,服从甲方派出的各级管理人员的管理,执行甲方的各项指令。

4. 乙方在施工期间食宿自理。

第五章　违约责任

一、甲方违约责任

1. 未能按照合同规定履行自己应负的责任，除工期得以顺延外，对乙方因此而造成的损失给予一定的赔偿。

2. 工程未验收，业主要求提前使用或擅自动用，因此而发生的质量或其他问题，经甲方与业主协商后承担部分责任。

二、乙方违约责任

1. 由于乙方原因造成的窝工、停工而造成的工程损失，甲方将按乙方 1%～5%合同价/日进行处罚，赔偿损失。

2. 若乙方未按甲方要求按时进场约定的材料，或在施工过程中不服从甲方各职能部门的领导，或未履行规定的合同义务，乙方将按合同价的 1%～10%向甲方赔偿违约损失；情节严重者，甲方有随时终止合同的权利。

第六章　工程款结算方式

1. 乙方必须在每月 20 日前按甲方规定的验工计价时间，到甲方统计组核对当月完成工程量并进行结算，甲方给乙方开验收单。年底，甲方按乙方验收单进行结算。如乙方不按上述程序及规定的时间进行工程结算，则甲方视乙方自动放弃工程量确认权，按甲方统计的工程量及合同单价结算。

2. 乙方进入施工现场并完成工程总量的 30%，经甲方验收合格，工程核算员签字后由施工负责人签字批准，可逐步预借不大于完成工程造价的 10%作为乙方生活费和其他费用。待该项工程全部完成后，经甲方有关技术人员会同监理人员认定符合本项工程所应达到的质量要求后，按业主总拨款比例逐步分期付款。年底价款支付至 60%，其余部分按集团公司的有关规定支付。如工程质量未能达到设计标准或乙方所用材料不符合要求，甲方不予结算，并由乙方赔偿由此造成的损失。在施工期间如乙方未经甲方同意自动退出施工现场，由此造成经济损失要按乙方完成工程总量的 30%～50%进行扣除。

第七章　纠纷解决办法

甲、乙双方发生经济纠纷时，应按合同条款本着友好、谅解的原则协商解决。但无论采取何种方式，都必须在____地域范围内进行。

第八章　附　　则

一、本合同双方代表签字或盖章后生效，到工程竣工验收、工程质量保修期满结清工程款后自行终止。

二、本合同一式两份，甲、乙双方各执一份。

三、未尽事宜经双方协商一致后，另行签定补充合同。

甲方：

负责人：(签章)　　　　　　　　年　月　日

乙方：

负责人：(签章)　　　　　　　　年　月　日

本章思考重点

1. 公路规划有何要求？
2. 用地申请应提供哪些资料？
3. 征地的主要程序是什么？
4. 如何进行征地补偿？
5. 必须进行招标的公路工程项目有哪些？
6. 如何对潜在投标人进行资格审查？
7. 如何编制施工投标文件？

第四章　公路工程施工文件

第一节　施工技术管理文件

一、设计交底

设计交底应在工程施工前进行，由建设单位组织设计单位向施工单位进行，交底的主要内容包括：

(1)有关地形、地貌等自然条件。

(2)施工图设计的依据，材料供应情况。

(3)设计意图，施工进度与工期安排等。

(4)为实现进度安排而采用的施工组织和技术保证措施等及提出的注意事项。

设计交底由设计单位介绍设计意图，施工单位提出图纸中存在的问题和疑点，同时，编制会议纪要，以作为施工项目的补充。

设计图纸交底会议纪要式样见表4-1。

表4-1　　设计图纸交底会议纪要

工程名称：　　　　合同编号：　　　　No.

出席单位	出席会议人员名单
建设单位	
设计单位	
承建单位	
监理单位	
交底会议日期	

注：交底会议内容及纪要后附报告纸。

二、分包申请

(1)《分包申请报告单》由承包人在分包工程开工前，将分包人的资格报监理工程师审查确认。

(2)未经监理工程师确认，分包人不得进场施工。监理工程师对分包人的确认并不解除承包人应负责任。

(3)分包单位名称：按分包单位《企业法人营业执照》全称填写。

(4)分包人资质：指按原建设部第87号令颁布的《建筑业企业资质管理规定》，经建设行政主管部门进行资质审查核发的，具有相应专业承包企业资质等级和建筑业劳务分包企业资质的《建筑业企业资质证书》和《企业法人营业执照》副本。分包人资质审查内容包括：

1)分包内容必须符合施工合同的规定。

2)分包人的营业执照、企业资质等级证书、特种行业施工许可证、国外(境外)企业在国内承包工程许可证。

3)分包人的业绩。

4)分包工程内容和范围。

5)专职管理人员和特殊作业人员的资格证、上岗证。

(5)分包人经验、能力、质量、信誉等业绩材料,指分包人近三年完成的与分包工程工作内容类似工程及工程质量情况。

(6)分包工程名称:拟分包给分包人的工程项目名称。

(7)工程数量:分包工程项目的工作量(工程量)。

(8)分包金额:拟签订的分包合同中签订的金额。

分包申请报告单式样见表4-2。

表4-2 **分包申请报告单**

承包单位:**××集团有限公司××公路工程A2标段项目经理部** 合同号:**A2**

监理单位:**××工程咨询有限公司××公路工程A2标段监理部** 编 号:

<table>
<tr><td colspan="7">分包理由:

为加快工程进度,根据合同相关条款规定,由××工程有限公司施工K3+000～K5+000路基防护工程。

附件:

分包人资质、经验、能力、质量、信誉、财务、设备、主要人员经历等资料纳入填表说明。

承包人:×××
日 期:××年×月×日</td></tr>
<tr><td colspan="4">分包单位名称:**北京××工程有限公司**</td><td colspan="3">分包单位负责人:</td></tr>
<tr><td>项目号</td><td>分包工程名称</td><td>单 位</td><td>数 量</td><td>单 价</td><td>分包金额</td><td>占合同总金额的比例(%)</td></tr>
<tr><td>1</td><td>**K3+000～K5+000
路基防护工程**</td><td>**m^2**</td><td>**500**</td><td>**80**</td><td>**40000元**</td><td>**2%**</td></tr>
<tr><td></td><td></td><td></td><td></td><td></td><td></td><td></td></tr>
<tr><td></td><td></td><td></td><td></td><td></td><td></td><td></td></tr>
<tr><td></td><td></td><td></td><td></td><td></td><td></td><td></td></tr>
<tr><td>合计</td><td colspan="3"></td><td></td><td>**40000元**</td><td>**2%**</td></tr>
<tr><td colspan="7">分包工程开工日期:××年×月×日</td></tr>
<tr><td colspan="7">分包工程竣工日期:××年×月×日</td></tr>
<tr><td colspan="7">监理工程师审批意见:

经审查,该分包工程符合合同要求,该分包人具备施工能力,同意进场施工。

日 期:××年×月×日</td></tr>
</table>

三、图纸会审

工程设计施工图纸，虽然经过设计人员层层把关，但仍难免出现错、漏、碰现象。监理人员为了保证施工顺利进行，实现质量、工期、投资三大控制目标，在工程开工之前，必须认真组织好图纸会审工作。

(1)认真组织施工单位、建设单位以及监理单位有关人员，熟悉工程设计、施工图纸，进行各专业自审。

1)图面有没有错误；图面上表示是否清楚，或有没有漏掉尺寸等现象。特别是轴线表示是否清楚，剖面图够不够，详图缺不缺。

2)图中选用的新材料、新技术、新工艺表示是否清楚。如新材料的技术标准、工艺参数、施工要求、质量标准等是否表示清楚，能否施工。

3)设计施工图纸是否符合实际情况，施工时有无困难，能否保证质量。

4)设计施工图纸中采用的材料、构(配)件能否购到。

5)图中选用的设备是否是淘汰产品。

6)图中采用的规定、规程和标准图集是否适用于本地。

(2)设计施工图纸自审、互审由各单位自己组织，并且都应做好记录，语言简练，条理清楚。在图纸会审前三天由监理单位整理汇总送交设计单位，目的是请设计人员提早熟悉所报的问题，做好充分准备，以便安排图纸会审工作顺序，节省时间，提高会审的质量。

图纸会审一般是由监理单位组织主持，程序是：

1)设计单位先进行设计技术交底，说明设计意图，施工时应注意的工程部位，对施工单位的要求等。

2)分专业进行会审。

3)各专业在一起会审。

4)会审时应做好记录，由监理单位整理后送参加会审单位核对，无异议后签章。图纸会审记录内容有图纸会审的项目名称、图纸编号；图纸会审时间、地点；主持单位和主持人，参加单位和参加人；设计技术交底内容，图纸会审问题及设计答复内容；参加单位盖章、记录人、整理人、签字、整理记录时间等。

5)记录打印成文，参加单位签字盖章后发给建设单位、设计单位、施工单位、监理单位。图纸会审记录要求随图纸发送，一份施工图纸应附有一份图纸会审记录。

6)图纸会审记录是施工图纸的补充，集中的工程洽商和变更设计，应作为施工依据，也要作为竣工资料存档。

四、交桩

1. 交桩范围

依工程的类别和区域不同而不同，但基本的交桩项目是固定的，即导线控制点、国家三角点(若有时)；工程控制桩(特征控制点、导线网、三角网及间接测量控制点)；水准基点及与其有联系的水准基点。所有点位桩的资料细目包括等级、编号、坐标或高程、地点，另外大型工程均需有“点之记”等备查资料(大区域的地形数字测量必须具备)。

2. 交桩程序

桩位交接一般由建设单位主持，监理单位组织，施工、设计、勘察及质检等单位参与。具体过程为：

(1)根据勘察或设计单位提供的有关资料，施工(监理)单位进行内业审核和现场查对。

(2)用测量仪器对重要桩位进行施测交接，施工单位测量工程师作出详细的记录(测量交接桩记录等)。

(3)依据设计中明确的或适宜的规范(工程测量规范、城市测量规范、公路勘察规范等)，结合工程的实际，对误差超限、错误、漏项及需补测或精测等事宜，明确处理办法及责任单位。

(4)有关的交接参与单位在记录表上签字。

交桩记录表式样见表 4-3。

表 4-3　交桩记录表

<table>
<tr><td colspan="2">工程名称</td><td colspan="2"></td><td>合同号</td><td></td><td>桩号</td><td></td></tr>
<tr><td colspan="6">参 与 单 位</td><td colspan="2">参 与 人 签 名</td></tr>
<tr><td colspan="2">业主(代表)</td><td colspan="4"></td><td colspan="2"></td></tr>
<tr><td colspan="2">设计单位</td><td colspan="4"></td><td colspan="2"></td></tr>
<tr><td colspan="2">施工单位</td><td colspan="4"></td><td colspan="2"></td></tr>
<tr><td colspan="2">监理单位</td><td colspan="4"></td><td colspan="2"></td></tr>
<tr><td rowspan="4">桩志和资料交接情况</td><td colspan="7">一、导线点交接：共交导线点　　个，其编号为：</td></tr>
<tr><td colspan="7">二、水准点交接：共交水准点　　个，其编号为：</td></tr>
<tr><td colspan="7">三、桥位桩交接：共交接桥位桩　　个，其编号为：</td></tr>
<tr><td colspan="7">四、测量资料交接：
1. 导线点、水准点成果表；
2. 计算说明书</td></tr>
<tr><td>遗留时间</td><td colspan="7"></td></tr>
</table>

交接时间：　　　　年　　月　　日

五、复测

交桩后，承包单位应立即组织进行现场调查核对和恢复定线，并布设施工控制测量网，对原中导线、中线、转角点、水准点、桥位桩和结构物控制点进行复测或恢复，发现问题及时上报驻地监理加以解决。同时，对自然条件、技术、经济条件等进行综合调查。

导线复测成果对照及水准点复测成果对照表式样分别见表 4-4 及表 4-5。

表 4-4　　导线复测成果对照表

建设项目：　　　　　　　　　　　　　　　　承包单位：

合同号：　　　　　　　　　　　　　　　　　监理单位：

<table>
<tr><td>工程名称</td><td colspan="2"></td><td>起讫桩号</td><td colspan="2"></td><td>日期</td><td></td></tr>
<tr><td rowspan="2">测点编号</td><td colspan="2">设计坐标</td><td colspan="2">实测坐标</td><td colspan="3">坐标差</td></tr>
<tr><td>X</td><td>Y</td><td>X</td><td>Y</td><td>Δx</td><td>Δy</td><td>$\sqrt{\Delta x^2+\Delta y^2}$</td></tr>
<tr><td></td><td></td><td></td><td></td><td></td><td></td><td></td><td></td></tr>
<tr><td></td><td></td><td></td><td></td><td></td><td></td><td></td><td></td></tr>
<tr><td></td><td></td><td></td><td></td><td></td><td></td><td></td><td></td></tr>
<tr><td colspan="4">承包商自检意见：

技术负责人签字：　　　　日期：</td><td colspan="4">监理意见：

测量监理签字：　　　　日期：</td></tr>
</table>

测量：　　　　　　计算：　　　　　　复核：　　　　　　日期：

表 4-5　　水准点复测成果对照表

建设项目：　　　　　　　　　　　　　　　　承包单位：

合同号：　　　　　　　　　　　　　　　　　监理单位：

<table>
<tr><td>工程名称</td><td colspan="2"></td><td>起讫桩号</td><td colspan="2"></td><td>日期</td><td></td></tr>
<tr><td>测点编号</td><td>设计高程</td><td>实测高程</td><td>差值
/mm</td><td>测点编号</td><td>设计高程</td><td>实测高程</td><td>差值
/mm</td></tr>
<tr><td></td><td></td><td></td><td></td><td></td><td></td><td></td><td></td></tr>
<tr><td></td><td></td><td></td><td></td><td></td><td></td><td></td><td></td></tr>
<tr><td></td><td></td><td></td><td></td><td></td><td></td><td></td><td></td></tr>
<tr><td colspan="4">承包商自检意见：

技术负责人签字：　　　　日期：</td><td colspan="4">监理意见：

测量监理签字：　　　　日期：</td></tr>
</table>

测量：　　　　　　计算：　　　　　　复核：　　　　　　日期：

六、施工组织设计

施工组织设计按其建设阶段可分为：设计阶段编制的施工组织计划，实施准备阶段投标前编制的施工组织设计和中标后实施阶段编制的施工组织设计三种。

目前，我国公路工程项目对设计阶段和实施准备阶段投标前的施工组织设计的内容进行了规范，目的是为编制概预算、控制投资提供依据。对投标前的施工组织设计内容提出了施工组织设计建议书，规范了标前施工组织设计的内容，目的是为规范招标投标管理，使评标规范化和标准化。

施工组织设计是编制各类作业计划的依据，是指导施工全过程的重要文件，也是施工单位总体水平的体现。施工组织设计由施工项目领导全面负责，项目总工程师主持，各部门配合组织编制后，经内部审核，报项目业主、监理工程师审批。当情况发生变化时，施工组织设计可以适当修改，以适应情况变化的需要。

施工组织设计报审表式样见表 4-6。

表 4-6　　施工组织设计报审表

<table>
<tr><td colspan="2">致(高级驻地监理工程师)________：
现报上________工程的实施性总体施工组织设计及附件，请予审查和批准。
附件：1. 施工进度计划、CPM 网络/横道图(略)；
2. 详细施工方法、顺序、时间(略)；
3. 材料、设备、人员进场计划、资金的安排(略)；
4. 资金流动计划(略)；
5. 项目管理组织设置及人员分工(略)；
6. 施工安排和方法总说明(略)；
7. 质量控制方法，影响工期的重点工程施工措施等(略)。
承包人：　　年　月　日</td></tr>
<tr><td colspan="2">高级驻地监理工程师(代表)审查意见：
同意　　修改后再报　　不同意
签字：　　年　月　日</td></tr>
<tr><td>业主工程技术负责人审核意见：
签字：　　年　月　日</td><td>总监理工程师(或代表)审核意见：
签字：　　年　月　日</td></tr>
</table>

注：本表一式四份，经总监理工程师审定后，总监理工程师、高级驻地监理工程师、业主工程技术负责人各留一份，退承包人一份。

七、试验路段铺筑

(1)二级及其以上公路混凝土路面工程,使用滑模、轨道、碾压、三辊轴机组机械施工时,在正式摊铺混凝土路面前,必须铺筑试验路段。试验路段长度应不短于200m,高速公路、一级公路宜在主线路面以外进行试铺。路面厚度、摊铺宽度、接缝设置、钢筋设置等均应与实际工程相同。

(2)试验路段分为试拌及试铺两个阶段,通过试验路段的铺筑应达到下述目的:

1)通过试拌,检验搅拌楼性能及确定合理搅拌工艺,检验适宜摊铺的搅拌楼拌合参数:上料速度,拌合容量,搅拌均匀所需时间,新拌混凝土坍落度、振动黏度系数、含气量、泌水性、VC值和生产使用的混凝土配合比等。

2)通过试铺,检验主要机械的性能和生产能力,检验辅助施工机械组配合理性,检验路面摊铺工艺和质量:模板架设固定方式或基准线设置方式,摊铺机械(具)的适宜工作参数,包括松铺高度、摊铺速度、振捣时间与频率、滚压遍数、碾压遍数、压实度、中间和侧向拉杆置入情况等。检验整套施工工艺流程。

3)使工程技术及工作人员熟悉并掌握各自的操作要领。

4)按施工工艺要求检验施工组织形式和人员编制。

5)建立混凝土原材料、拌合物、路面铺筑全套技术性能检验手段,熟悉检验方法。

6)检验通信联络和生产调度指挥系统。

(3)试铺中,施工人员应认真做好纪录,监理工程师或质监部门应监督检查试验段的施工质量,及时与施工单位商定并解决问题。试验段铺筑后,施工单位应提出试验路段总结报告,上报监理和业主批复,取得正式开工认可。

八、开工报告

(1)公路工程应严格执行开工报告制度。申请开工的项目应具备以下基本条件:

1)基建计划已经落实。

2)建设投资已经审计。

3)征地拆迁基本完成。

4)施工、监理单位已经落实。

(2)开工报告的提交程序及内容

1)在完成各项规定的施工准确工作后,施工项目经理部应按要求的程序和内容向监理提交开工报告,经审批下达开工令后方可开工。

2)开工报告一般应附以下主要技术资料:现场材料及半成品材料的检验、混合料级配组成、恢复定线和施工测量放样记录、主要机具设备、测量和试验仪器设备到场情况,拟开工分项或分部工程项目的施工方案及工艺等。

公路工程开工申请单式样见表4-7及表4-8。

表 4-7　　工程开工申请单(标段工程开工)

<table>
<tr><td colspan="3">致(高级驻地监理工程师)______________：
根据合同要求，我们已经做好________工程的开工前的一切准备工作，现要求该项工程正式开工，请予批准。
计划开工日期：　　　　　　　　计划竣工日期：
附件：1. 施工组织设计报审表(略)；
2. 施工技术方案报审表(略)；
3. 施工放样报验单(表 4-9)；
4. 进场材料、设备报验单(略)；
5. 分项工程月进度计划(略)。
承包人：　　　年　月　日</td></tr>
<tr><td>道路结构工程师意见：
签字：
年　月　日</td><td>试验工程师意见：
签字：
年　月　日</td><td>测量工程师意见：
签字：
年　月　日</td></tr>
<tr><td>高级驻地监理工程师意见：
签字：
年　月　日</td><td>总监理工程师意见：
签字：
年　月　日</td><td>业主意见：
签字：
年　月　日</td></tr>
</table>

注：由承包人呈报三份，高级驻地监理工程师、总监理工程师各留一份，退承包人一份。

表 4-8　　工程开工申请单(分项工程开工)

<table>
<tr><td colspan="3">致(高级驻地监理工程师)______________：
根据合同要求，我们已经做好______________工程的开工前的一切准备工作，现要求该项工程正式开工，请予批准。
计划开工日期：______________计划竣工日期：
附件：1. 施工放样报验单(表 4-9)；
2. 进场材料、设备报验单(略)；
3. 分项工程月进度计划(略)。
承包人：　　　年　月　日</td></tr>
<tr><td>道路结构工程师意见：
签字：
年　月　日</td><td>试验工程师意见：
签字：
年　月　日</td><td>测量工程师意见：
签字：
年　月　日</td></tr>
<tr><td colspan="3">高级驻地监理工程师：
签字：
年　月　日</td></tr>
</table>

注：由承包人呈报三份，总监理工程师、驻地监理工程师各留一份，退承包人一份。

表 4-9　　**施工放样报验单**

承包单位：　　合同号：

监理单位：　　编　号：

致(监理工程师)：

根据合同要求，业已完成**K50＋357～K56＋357 段**施工放样工作，清单如下，请予查验。

承包人：×××

日　期：**20**××年×月×日

桩号或位置	工程或部位名称	放　样　内　容	备　　注
K50＋357～K56＋357	**上路床顶面**	**线路中线**	**路基土石方工程**

附件：测量及放样资料

1. 施工放样测量记录表；
2. 施工放样(测量)示意图

监理员意见：**符合规范及设计要求。**

监理工程师结论：

符合规范及设计要求。

监理工程师：×××

日　　　期：**20**××年×月×日

表 4-10 **施工放样测量记录表**

编 号：

建设项目： 承包单位：

合同号： 监理单位：

测量部位及桩号								
仪器名称、型号			测量日期		年 月 日		天气	
测站点	后视点	放样点	设计坐标/m		实测坐标/m		偏差值/±mm	
			X	Y	X	Y	X	Y
结论：								
注：此表后应附施工放样(测量)示意图。								

测量： 计算： 复核： 日期：

表 4-11

施工放样(测量)示意图

建设项目：　　　　　　　　　　　　　　　　　　　　　　　　承包单位：

合同号：　　　　　　　　　　　　　　　　　　　　　　　　　监理单位：

放样(测量)桩号及部位：

绘图：　　　　复核：　　　　　　　　　　　　　　　　日期：　　　年　　月　　日

九、施工技术交底

施工前必须进行技术交底，主要内容为：合同文件、施工技术规范、规程、工艺标准等要求；设计文件、施工图、施工方案及工艺、冬雨期施工措施、安全质量措施等。对特殊工程、关键工程及安全质量事故多发工程应重点交底，明确所采取的有效防范措施。

技术交底包括施工组织设计交底、新技术、新工艺、新材料、新设备及主要工序施工技术交底。各项交底应有文字记录、交底双方应履行签认手续。

(1)技术交底记录应包括施工组织设计交底、专项施工方案技术交底、分项工程施工技术交底、“四新”(新材料、新产品、新技术、新工艺)技术交底和设计变更技术交底。各项交底应有文字记录，交底双方签订应齐全。

(2)重点和大型工程施工组织设计交底应由施工企业的技术负责人把主要设计要求、施工措施以及重要事项对项目主要管理人员进行交底。其他工程施工组织设计交底应由项目技术负责人进行交底。

(3)专项施工方案技术交底应由项目专业技术负责人负责，根据专项施工方案对专业工长进行交底。

(4)分项工程施工技术交底应由专业工长对专业施工班组(或专业分包)进行交底。

(5)“四新”技术交底应由项目技术负责人组织有关专业人员编制。

(6)设计变更技术交底应由项目技术部门根据变更要求，并结合具体施工步骤、措施及注意事项等对专业工长进行交底。

(7)注意事项：交底内容应有可操作性和针对性，能够切实地指导施工，不允许出现“详见××规程”之类的语言。技术交底记录应对安全事项重点单独说明。

技术交底记录式样见表 4-12。

表 4-12　　技术交底记录

施工单位：　　　　合同号：

监理单位：　　　　编　号：

<table>
<tr><td>工程名称</td><td colspan="2"></td><td>日　期</td><td colspan="2"></td></tr>
<tr><td colspan="6">交底内容：</td></tr>
<tr><td>交 底 人</td><td colspan="2"></td><td>职　务</td><td colspan="2"></td></tr>
<tr><td>接收单位</td><td></td><td>接收人</td><td></td><td>职　务</td><td></td></tr>
</table>

十、工程质量事故处理报告

工程质量事故处理报告单是当工程发生质量事故后，调查人员对工程质量事故进行初步调查了解和现场勘察所形成的记录。

(1)原因：包括设计原因(计算错误、构造不合理等)、施工原因(施工粗制滥造，材料、预制构配件或设备质量低劣等)以及不可抗力等。

(2)性质：指严重、特别严重、一般严重。

(3)造成损失：是指因质量事故进行返工、加固等实际损失的金额，包括人工费、材料费、机械费和一定数额的管理费。

(4)应急措施：监理工程师应立即指令承包人暂停该项工程的施工，并采取有效的安全措施。同时要求承包人尽快提出质量事故报告并报告业主。

(5)处理意见：包括现场处理情况，设计和施工的技术措施，对主要责任人的处理结果等。

1)监理工程师应组织有关人员在对质量事故现场进行审查、分析、诊断、测试或验算的基础上，对承包人提出的处理方案予以审查、修整、批准，并指令恢复该项工程施工。

2)监理工程师应对承包人提出的有争议的质量事故责任予以判定。判定时应全面审查有关施工记录、设计资料及水文地质现状，必要时还应实际检验测试。在分清技术责任时，应明确事故处理的费用数额，承担比例及支付方式。

工程质量事故处理报告单式样见表4-13。

表4-13　　工程质量事故处理报告单

承包单位：××集团有限公司××公路工程A2标段项目经理部　　合同号：A2

监理单位：××工程咨询有限公司××公路工程A2标段监理部　　编　号：

工程名称：路基防护工程(承重式挡土墙) 时　　间：××年×月×日 桩　　号：K5＋150～K5＋200 原　　因：因不规范施工，导致该段挡土墙坍塌。
性　　质： 严重。
造成损失： 造成直接经济损失20万元人民币，同时导致工期滞后20天。
应急措施： 立即停止施工，排查隐患，并迅速封闭施工现场，确保人员安全。同时上报监理工程师、建设单位及上级主管单位。
处理意见： (1)立即停止该段挡土墙施工。 (2)封闭施工现场，组织人员撤离，排查事故隐患，确保人员安全。 (3)尽快提出质量事故报告，并报告业主。 (4)尽快上报处理方案。排除隐患后，尽快组织重新施工。
承　包　人：×××　　××年×月×日 监理工程师：×××　　××年×月×日

十一、费用索赔

(1)当承包单位提出费用索赔的理由同时满足以下条件时,项目监理机构应予以受理:

1)索赔事件造成了承包单位直接经济损失。

2)索赔事件是由于非承包单位的责任发生的。

3)承包单位已按照施工合同规定的期限和程序提出《费用索赔申请表》,并附有索赔凭证材料。

(2)承包单位向建设单位提出费用索赔,项目监理机构应按下列程序处理:

1)承包单位在施工合同规定的期限内向项目监理机构提交对建设单位的费用索赔意向通知书。

2)总监理工程师指定专业监理工程师收集与索赔有关的资料。

3)承包单位在承包合同规定的期限内和项目监理机构提交对建设单位的《费用索赔申请表》。

4)总监理工程师初步审查《费用索赔申请表》,符合上述第(1)条所规定的条件时予以受理。

5)总监理工程师进行费用索赔审查,并在初步确定一个额度后,与承包单位和建设单位进行协商。

6)总监理工程师应在施工合同规定的期限内签署《费用索赔审批表》,或在施工合同规定的期限内发出要求承包单位提交有关索赔报告的进一步详细资料的通知,待收到承包单位提交的详细资料后,按本条的4)、5)、6)款的程序进行。

(3)当承包单位的费用索赔要求与工程延期要求相关联时,总监理工程师在作出费用索赔的批准决定时,应与工程延期的批准联系起来,综合作出费用索赔和工程延期的决定。

索赔申请单式样见表4-14。

表 4-14 **索赔申请单**

承包单位: 合同号:

监理单位: 编　号:

<table>
<tr><td colspan="2">索赔项目:</td></tr>
<tr><td colspan="2">申请依据:</td></tr>
<tr><td colspan="2">证明文件:</td></tr>
<tr><td colspan="2">索赔金额和工期:</td></tr>
<tr><td rowspan="2">承包人递交日期:
签字:</td><td>监理工程师收到意见:
签字:</td></tr>
<tr><td>业主:</td></tr>
</table>

第二节　施工测量资料文件

一、施工测量内容

公路施工前、施工中和竣工后所进行的这些测量工作称为公路工程施工测量。

公路工程施工测量的主要内容包括：

(1)控制测量。在沿着路线可能经过的范围内，根据公路等级的要求，选用控制网的方式和相应的控制等级，布设控制点和测定各控制点的平面位置和高程。

(2)地形测量。以控制测量布设的控制点为基准，绘制路线带状地形图。

(3)定线测量。常用的定线测量方法有纸上定线和现场定线两种。《公路勘测规范》(JTG C10—2007)规定：各级公路应在地形测量以后，采用纸上定线，受条件限制或地形、方案较简单也可采用现场定线。

(4)中线测量。通过直线和曲线(包括圆曲线和缓和曲线)的测设，将公路中心线的平面位置用打桩的形式具体地标定在现场上，并测定路线的实际里程。

(5)中线水准测量。中线水准测量包括基平测量和中平测量两个方面。它的任务是在公路中线测量完成以后，测定中线上各里程桩的地面高程。

(6)横断面测量。测定中线上各里程桩处垂直于中线方向左右一定范围内的地面起伏状况。

(7)桥涵测量。测定桥轴线的长度、桥位处的河床断面以及水文等，为桥梁方案选择及结构设计提供详细、准确的数据。

(8)隧道测量。测绘隧址处地形图，测定隧道的轴线、洞口、竖井等的位置，为隧道设计提供详细、准确的数据。

二、施工测量标志

(一)控制测量桩

控制测量桩主要用于控制测量的GPS点、三角点、导线点、水准点，以及特大型桥隧控制桩等。

1. 测量标志要求

(1)控制测量桩应采用混凝土，亦可采用不易破碎的石材或其他具有较高强度的材料制成，测量控制点的标石可按要求预制或现场浇制。

(2)重要的构造物控制网，其控制点标志的大小、高度、结构，应视构造物的精度要求、当地的地质情况、通视情况具体确定，标志规格应使桩位具有足够的稳定性，必要时应埋至弱风化层，并采用强制对中装置。

(3)各级控制测量桩必须设有中心标志。中心标志宜采用具有中心记号的铸铁，亦可采用直径不小于14mm的钢筋制作。平面控制测量桩钢筋头表面应锉平并刻成细小、清晰的十字线，其露出标石表面的高度应为2～5mm；高程控制测量桩的中心标志顶端应圆滑，应采用球形中心标志或表面锉平的钢筋。

(4)不同的控制测量桩可以共用，但必须满足各自的埋设和作业要求，标志高、上顶面长和宽、下底面长和宽以其中规格要求较高者为准。

2. 桩志埋设

(1)控制测量桩应埋设在基础稳定、易于长期保存的地点。埋设时,应使其具有足够的稳定性。控制测量桩高出地面的部分不得超过5cm。

(2)控制测量桩埋设时坑底应填以砂石,并捣实或现浇厚度20cm以上的混凝土,地表应在控制测量桩周围现浇厚度5cm以上、控制桩以外宽度10cm以上的混凝土。埋设的控制测量桩应待沉降稳定后方可使用。

(3)冻土地区,季节冻土层以下桩志的高度应大于标准高度的2/3,并应在位于季节冻土层段的桩志周围包裹防水材料。

(4)控制测量桩位于岩石或固定建筑物上时,应将表面凿毛、冲洗干净后,在其上浇筑混凝土并埋入中心标志,其顶部外形尺寸应与相应标志相符,混凝土的高度应大于20cm。

(5)控制测量桩位于沙丘和土层松软地区时,应增加桩志尺寸和基坑底层现浇混凝土的面积和厚度,直至具有足够的稳定性。

(6)利用原有控制测量桩时,应确认该点标石完好,并符合相应控制测量桩的规格和埋设要求。

(二)路线控制桩

路线控制桩是指路线起终点桩、公里桩、曲线要素桩、交点桩、转点桩、断链桩等。

1. 控制桩要求

(1)路线控制桩应钉设小钉,以表示其中心位置。

(2)路线控制桩同时作为控制测量桩使用时,应使用水泥混凝土进行护桩,同时应设置指示标志。

(3)路线控制桩应采用断面不小于5cm×5cm、长度不小于30cm的木质桩。

2. 桩志埋设

(1)路线控制桩顶面宜与地面齐平,并加设指示桩。路线控制桩的木质方桩顶面应钉小钉,表示点位。

(2)路线控制桩位于岩石或建筑物上时,可用油漆标记。柔性路面地段可用钢筋打入路面且与路面平齐。

(3)路线控制桩应具有较高的稳定性,不得随意搁置于地表。

(三)标志桩

标志桩是指路线中线桩和控制桩的指示桩。

1. 标志桩要求

标志桩应采用断面不小于5cm×1.5cm、长度不小于30cm的木质或竹质桩。

2. 标志桩埋设

(1)标志桩打入地下的长度应大于15cm。当标志桩作为指示桩时,应钉设在被指示的桩志附近。

(2)标志桩位于岩石或建筑物上时,可用油漆标记。柔性路面地段可用铁钉打入路面且与路面平齐。

(3)标志桩应具有一定的稳定性,不得随意搁置于地表。

三、标志书写

(1)控制测量桩应在其标石表面刻制或用红色油漆标注点名(号)。

(2)控制测量的等级可分别以 A、B、C、D 表示“一等”、“二等”、“三等”、“四等”；以“E”表示平面控制点的“一级”、高程控制点的“五等”；“F”表示平面控制点的“二级”。

(3)路线控制桩、标志桩宜采用油漆或记号笔书写桩号、标注中心位置；当路线控制桩作为控制测量桩使用时，中心记号应细小、清晰且牢固。

(4)路线控制桩、标志桩位于岩石、建筑物或路面上时，应将其表面清理干净，在点位的旁边书写桩号。

(5)控制测量桩、路线控制桩和标志桩应按起、终点方向顺序连续编号。中线桩的背面宜按 0～9 循环编号。

(6)分离式路基测量，其左、右侧路线桩号前应冠以左、右字母符号，并应以前进方向右侧路线为全程连续计算桩号。

(7)有比较方案时，按比较方案的顺序，桩号前应冠以 A、B 等字样。

(8)路线控制桩应在附近的建筑物、电线杆、大树、岩石等固定物上标明指示方向及距离，并填写固定桩志表，亦可采用堆土、石或混凝土包桩方式予以保护。

(9)公路测量符号宜采用汉语拼音，有特殊要求时可采用英文字母。

四、施工测量记录

(1)控制测量桩应填写点之记，并应在现场填绘。

(2)当路线控制桩作为控制测量桩使用时，应填写固定桩志表。

(3)原始数据和记事项目应现场记录，字迹应清楚、整齐，不得涂改、擦改和转抄。外业手簿应进行编号并不得撕页。

(4)当记录发生错误时，应按下述条款进行处理：

1)角度记录中的分位、距离和水准记录中的分米位的读记错误可在实地更改，但角度测量同一方向的盘左和盘右、距离测量的往返值、水准测量的基辅值和前后读数值不能同时更改相关数字。

2)角度记录中的秒位、距离和水准记录中的厘米及厘米以下位数不得涂改，必须重测。

3)允许改正的内容应用横道线整齐画去错误的记录，在其上方重新记录正确的数值，并在备注栏注明原因。

(5)记录簿中所规定的项目应记录齐全，说明及草图应现场完成，做到精练、准确。

(6)测量结束后，应及时整理、检查计算是否正确，成果是否符合各项限差及技术要求，经复核无误并签署后，方能交付使用。

(7)测量完毕后，各种记录簿应编目、整理，并由测量、复核及主管人员签署，按规定归档、保存。

(8)公路勘测的各种记录，应采用专用记录簿，记录簿必须编排页码，严禁撕页。采用电子设备记录时，打印输出的内容应具有可查性。

(9)公路工程勘测记录簿的格式见表 4-15 至表 4-19 所示。

表 4-15 勘测记录簿封面

<table>
<tr><td>

____××____记录簿

测设单位____××____

</td></tr>
</table>

表 4-16　　勘测记录簿封二

路线名称________

____××____记录簿

第____本 共____本

（本记录簿有效记录共____页，不得撕页）

勘测调查　自________至________

起 讫 点：（自 K________至 K________）

勘测日期：自____年____月____日

至____年____月____日

测设单位____××____

表 4-17　　校审记录表

过程检查意见 签名： 日期：	处理意见 签名： 日期：
最终检查意见 签名： 日期：	处理意见 签名： 日期：
验收意见 签名： 日期：	

表 4-18　　目　录

序　号	内　容(起讫桩号)	页　码

表 4-19　　点之记　　第____页

点　名		类　别		等　级	
所在地					
交通路线略图：			交通情况概述：		
点位略图：			埋石标志：		
选点情况	单　位				
	选点员		日　期	____年____月____日	
埋石情况	单　位				
	埋石员		日　期	____年____月____日	
备　注(前后相邻点名、通视情况等)					

(10)公路勘测记录主要内容见表4-20至表4-39。

表4-20　　四等水准测量记录簿

仪器：　　观测：　　记录：　　年　月　日

测自：　　至　　复核：　　年　月　日　第___页

<table>
<tr><td rowspan="4">测站编号</td><td rowspan="2">后尺</td><td>上丝</td><td rowspan="2">前尺</td><td>上丝</td><td rowspan="4">方向及尺号</td><td colspan="2">标尺读数</td><td rowspan="4">K+黑减红</td><td rowspan="4">高差中数</td><td rowspan="4">备注</td></tr>
<tr><td>下丝</td><td>下丝</td><td rowspan="3">黑面</td><td rowspan="3">红面</td></tr>
<tr><td colspan="2">后距</td><td colspan="2">前距</td></tr>
<tr><td colspan="2">视距差 d</td><td colspan="2">∑d</td></tr>
<tr><td rowspan="4"></td><td colspan="2"></td><td colspan="2"></td><td>后</td><td></td><td></td><td></td><td></td><td></td></tr>
<tr><td colspan="2"></td><td colspan="2"></td><td>前</td><td></td><td></td><td></td><td></td><td></td></tr>
<tr><td colspan="2"></td><td colspan="2"></td><td>后-前</td><td></td><td></td><td></td><td></td><td></td></tr>
<tr><td colspan="2"></td><td colspan="2"></td><td colspan="6"></td></tr>
<tr><td rowspan="4"></td><td colspan="2"></td><td colspan="2"></td><td>后</td><td></td><td></td><td></td><td></td><td></td></tr>
<tr><td colspan="2"></td><td colspan="2"></td><td>前</td><td></td><td></td><td></td><td></td><td></td></tr>
<tr><td colspan="2"></td><td colspan="2"></td><td>后-前</td><td></td><td></td><td></td><td></td><td></td></tr>
<tr><td colspan="2"></td><td colspan="2"></td><td colspan="6"></td></tr>
<tr><td rowspan="4"></td><td colspan="2"></td><td colspan="2"></td><td>后</td><td></td><td></td><td></td><td></td><td></td></tr>
<tr><td colspan="2"></td><td colspan="2"></td><td>前</td><td></td><td></td><td></td><td></td><td></td></tr>
<tr><td colspan="2"></td><td colspan="2"></td><td>后-前</td><td></td><td></td><td></td><td></td><td></td></tr>
<tr><td colspan="2"></td><td colspan="2"></td><td colspan="6"></td></tr>
</table>

表4-21　　GPS测量记录簿

观测：　　记录：　　年　月　日　第___页

<table>
<tr><td colspan="2">点名(号)</td><td colspan="2"></td><td colspan="2">等　级</td><td colspan="2"></td></tr>
<tr><td colspan="2">日期</td><td colspan="2"></td><td colspan="2">日时段号</td><td colspan="2"></td></tr>
<tr><td colspan="2">传感器编号</td><td colspan="2"></td><td colspan="2">控制器编号</td><td colspan="2"></td></tr>
<tr><td colspan="2">记录开始时间</td><td colspan="2"></td><td colspan="2">记录结束时间</td><td colspan="2"></td></tr>
<tr><td>测前天线高</td><td>mm</td><td>测后天线高</td><td>mm</td><td colspan="2">平均天线高</td><td colspan="2">mm</td></tr>
<tr><td>时间</td><td colspan="3">跟踪卫星号(PRN)</td><td>GDOP</td><td>干温/℃</td><td>湿温/℃</td><td>气压/Pa</td></tr>
<tr><td rowspan="2"></td><td colspan="3"></td><td rowspan="2"></td><td rowspan="2"></td><td rowspan="2"></td><td rowspan="2"></td></tr>
<tr><td colspan="3"></td></tr>
<tr><td rowspan="2"></td><td colspan="3"></td><td rowspan="2"></td><td rowspan="2"></td><td rowspan="2"></td><td rowspan="2"></td></tr>
<tr><td colspan="3"></td></tr>
<tr><td>记事</td><td colspan="7"></td></tr>
</table>

表 4-22　　河床断面测量记录簿

河流名称：　　　　仪　器：　　　　测站：

观测：　　记录　　仪器高：　　　　年　月　日　第____页

桩　号 或点号	距离读数	垂直角 或高差	棱镜高	平　距	高　差	高　程	桩位说明
河床断面示意图							

表 4-23　　取土场、弃土场调查表

调查人：　　　　年　月　日　第____页

土场编号		可取面积		取样编号	
土场名称		可取数量		取样数量	
上路桩号	K　＋　左（右）　运距：　km				
土场位置、地形、地物概略描述					
现有道路情况					
地下水位	m				
整修便道	等级：　宽度：　m　长度：　m				
新建便道	等级：　宽度：　m　长度：　m				
运输条件 运输工具					
弃土编号		弃土地点		弃土数量	
弃土位置描述、运距及运输方式					
其　他					
取土场草图	北↑				
弃土场草图	北↑				

表 4-24　天然筑路材料料场调查记录簿

调查：　　　　复核：　　　　年　月　日　第___页

料场名称			所属单位				
位　置							
上路桩号							
料　场　描　述							
储藏量、年产量及供应量							
临时工程							
占　用　地　亩　及　其　他							
料场示意图(含运输线路)							
材料试验							
编　号		材料名称		规　格		试验结果	

表 4-25　沿线文物、学校等调查记录簿

调查：　　记录：　　复核：　　　　年　月　日　第___页

名　称	
桩　号	K　　至 K　　左：　　m　　右：　　m
建筑年代	
规　模	
建筑形式	
性质或等级	
管理者	
隶属单位	
所在地名	
占地面积	
其他说明	

表 4-26 建筑物拆迁调查记录簿

调查：　　　记录：　　　复核：　　　　　　　　　　年　月　日　第____页

桩　号							
距路中线/m		左					
		右					
户名或单位名							
所在乡、村							
房屋	平房/m^2	砖房					
		土房					
	楼房/m^2	砖混					
	厂房/m^2	钢混					
		钢架					
	简易房(长×宽=　m^2)						
围墙	砖　(长=　m)						
	土　(长=　m)						
地坪	水泥(长×宽=　m^2)						
	砖　(长×宽=　m^2)						
蔬菜大棚/m^2							
厕　所/座							
猪　圈/个							
牛　圈/个							
禽　棚/个							
粪　池/个							
沼　池/个							
水　井/口							
坟/座							
其他							

注：水井如属机井应加注“机”。

表 4-27 **水文调查记录簿**

调查： 记录： 复核： 年 月 日 第____页

工程名称	
调查地点	
一、洪水位调查：	
二、河床变迁：	
三、上、下游建筑物情况：	
四、冰凌调查：	
五、通航情况：	
六、水利、水文、气象等部门提供的情况：	
七、被调查者：	
八、附 件：	
九、示意图：	

表 4-28 **拆迁电信、电力及管线调查记录簿**

年 月 日 第____页

起讫桩号	交叉角(°)	所属单位	设备种类及数量								备注
			钢架	钢筋混凝土双柱架	钢筋混凝土柱	木杆	电缆	地下电缆	地下管道	水管	
			座	根			m		处	m	

表 4-29 **砍树、挖根调查记录簿**

年 月 日 第____页

起讫桩号	所属单位	除 草		灌 木				果 树				林 树				备注
		稀	密	稀	密	一般	困难	种类	幼	小	成	种类	幼	小	成	
		$1000m^2$						棵								

表 4-30　　原有道路及交叉调查记录簿

调查：　　记录：　　复核：　　年　月　日　第____页

<table>
<tr><td>路　段</td><td>K　　　K</td><td>交叉角度</td><td></td></tr>
<tr><td>交叉点桩号</td><td>K</td><td>道路等级</td><td></td></tr>
<tr><td colspan="4">被交叉路描述：</td></tr>
<tr><td colspan="4">路　基：</td></tr>
<tr><td colspan="4">1. 宽度　　　2. 高度</td></tr>
<tr><td colspan="4">3. 路堤　　　路堑：左　　　右</td></tr>
<tr><td colspan="4">4. 边沟：纵坡　　　%　　加固形式：</td></tr>
<tr><td colspan="4">5. 地质类型：　　　6. 地下水位：</td></tr>
<tr><td colspan="4">路　面：</td></tr>
<tr><td colspan="4">1. 路面层类型、厚度：</td></tr>
<tr><td colspan="4">2. 路面宽度：　m　　　3. 路　拱：左　　%　右　　%</td></tr>
<tr><td colspan="4">4. 路肩宽度：　m　　　5. 路肩坡度：左　　%　右　　%</td></tr>
<tr><td colspan="4">交叉方式建议：</td></tr>
<tr><td colspan="4">其他：</td></tr>
<tr><td colspan="4">原有道路及交叉示意图</td></tr>
<tr><td colspan="4">平面示意图</td></tr>
<tr><td colspan="4">纵面示意图</td></tr>
</table>

表 4-31　　规划道路调查记录簿

调查：　　记录：　　复核：　　年　月　日　第____页

<table>
<tr><th>项　目</th><th>现　状</th><th>规　划</th><th>备　注</th></tr>
<tr><td>公路名称</td><td></td><td></td><td></td></tr>
<tr><td>公路等级</td><td></td><td></td><td></td></tr>
<tr><td>交通量</td><td></td><td></td><td></td></tr>
<tr><td>规划实施年限</td><td></td><td></td><td></td></tr>
<tr><td>规划批准与否
及批准单位</td><td></td><td></td><td></td></tr>
<tr><td>路基宽度</td><td></td><td></td><td></td></tr>
<tr><td>路面类型及宽度</td><td></td><td></td><td></td></tr>
<tr><td>是否改移及位置</td><td></td><td></td><td></td></tr>
<tr><td>净高要求</td><td></td><td></td><td></td></tr>
<tr><td>可否下挖及高程</td><td></td><td></td><td></td></tr>
<tr><td>高程系统</td><td></td><td></td><td></td></tr>
<tr><td colspan="4">平面示意图</td></tr>
<tr><td colspan="4">断面示意图</td></tr>
</table>

表 4-32　　路线交叉调查记录簿

调查：　　　　复核：　　　　年　月　日　第___页

编号		中心桩号	K	名称		交角	
调查描述：							
初步拟订孔径及墩台形式：							
交叉处平面图：							
被交叉道路(或管线)横断面：							
被交叉道路(或管线)纵断面：							

表 4-33　　取样记录簿

取样地点：K_______+_______　左_______(m)　右_______(m)

第_______号试坑　取样深度由_______(m)　至_______(m)

样品名称_______________　用　　途_______________

样品号数_______________　取样袋编号_______________

试验项目_______________

取样者_______________　　　　日期　　年　月　日

表 4-34　　　　工程材料市场供应调查记录簿

调查：　　　记录：　　　复核：　　　　　　　　　　年　月　日　第____页

材料名称	规　格	单　位	单　价/元	货源地及单位

表 4-35　　　　清淤排水调查记录簿

调查：　　　记录：　　　复核：　　　　　　　　　　年　月　日　第____页

<table>
<tr><th rowspan="2">起　讫　桩　号</th><th colspan="2">距中线距离/m</th><th rowspan="2">宽　度
/m</th><th rowspan="2">水(塘)深
/m</th><th rowspan="2">淤泥深度
/m</th><th rowspan="2">备　注</th></tr>
<tr><th>左</th><th>右</th></tr>
<tr><td></td><td></td><td></td><td></td><td></td><td></td><td></td></tr>
<tr><td></td><td></td><td></td><td></td><td></td><td></td><td></td></tr>
<tr><td></td><td></td><td></td><td></td><td></td><td></td><td></td></tr>
<tr><td></td><td></td><td></td><td></td><td></td><td></td><td></td></tr>
<tr><td></td><td></td><td></td><td></td><td></td><td></td><td></td></tr>
<tr><td></td><td></td><td></td><td></td><td></td><td></td><td></td></tr>
<tr><td></td><td></td><td></td><td></td><td></td><td></td><td></td></tr>
<tr><td></td><td></td><td></td><td></td><td></td><td></td><td></td></tr>
<tr><td></td><td></td><td></td><td></td><td></td><td></td><td></td></tr>
<tr><td colspan="7">平面示意图(1∶2000)</td></tr>
<tr><td colspan="7"></td></tr>
</table>

表 4-36 **规划航道记录簿**

调查： 记录： 复核： 年 月 日 第___页

项 目	航 道 部 门		水 利 部 门		备注
河流名称					
航道等级					
规划实施年限					
规划批准与否及批准单位					
断面尺寸、河底高程					
是否改移及位置					
最高/低通航水位					
历史最高洪水位					
流 量					
净空要求					
河堤是否下挖及控制高程					
模拟孔(跨)径					
其他附属设施					
高程系统					
平 面 示 意 图					
断 面 示 意 图					

注：历史最高洪水位应在栏内注明发生年份。

表 4-37

土地调查表

年　月　日　第____页

作物种类	年			年			年		
	亩产量（kg/亩）	单　价（元/kg）	亩产值（元/亩）	亩产量（kg/亩）	单　价（元/kg）	亩产值（元/亩）	亩产量（kg/亩）	单　价（元/kg）	亩产值（元/亩）
旱田									
水田									
菜田									
林地									
水塘									
大棚									

起讫桩号	所属县、乡	征　用　土　地　类　别										备注
		水田	旱地	菜地	林地	宅基地	水塘	荒地	果园			

表 4-38

道路地质调查表

调查：

年　月　日　第____页

层号	深　度 /m	岩　层　描　述	工程等级	取　样	
				编　号	深度　/m

道路地质描述(由 K　　　＋　　　至 K　　　＋　　　)：

表 4-39　　施工组织设计调查记录簿

调查：　　记录：　　复核：　　年　月　日　第___页

<table>
<tr><td>工程用途</td><td colspan="4"></td></tr>
<tr><td>桩　号</td><td colspan="4">K　　至K　　左　　m 右　　m</td></tr>
<tr><td colspan="5">场地描述(耕地种类、种植情况)</td></tr>
<tr><td colspan="5"></td></tr>
<tr><td></td><td>市(县)</td><td>乡(镇)</td><td>村</td><td>户</td></tr>
<tr><td></td><td>旱地</td><td>亩</td><td>水田</td><td>亩</td></tr>
<tr><td></td><td>市(县)</td><td>乡(镇)</td><td>村</td><td>户</td></tr>
<tr><td></td><td>旱地</td><td>亩</td><td>水田</td><td>亩</td></tr>
<tr><td></td><td>市(县)</td><td>乡(镇)</td><td>村</td><td>户</td></tr>
<tr><td></td><td>旱地</td><td>亩</td><td>水田</td><td>亩</td></tr>
<tr><td colspan="5"></td></tr>
<tr><td colspan="5"></td></tr>
<tr><td colspan="5">场 地 位 置 示 意 图</td></tr>
<tr><td colspan="5"></td></tr>
</table>

五、公路工程测量资料提交

(一)路线勘测

(1)现场定线一般只适用于三、四级公路的线路选取。

(2)现场踏勘前,应在地形图上确定控制点、绕避点,选择路线通过的最佳位置。

(3)越岭路线或受纵坡控制的路段,应选择好坡面及展线方式进行放坡试线。

(4)现场定线时,可采用直接定交点法、延长直线钉设转点或交点的方法确定路线交点位置。直接定交点法一般可用于地形平坦、地面目标明显、路线受限不严或旧路改建等工程。延长直线钉设转点或交点时应符合以下要求:

1)交点至转点或转点间距离,宜控制在 50～500m 之间;当点间距离小于 50m 时,应设置远视点。

2)正、倒镜的点位横向偏差每 100m 不应大于 5mm;当点间距离大于 400m 时,最大点位差不应大于 2cm。三级及三级以下的公路,点位差值可放至 2 倍,符合以上偏差范围时,可分中定点。

3)延长直线时,前、后视距离宜大致相等。当距离小于 100m 时,应用测钎或垂球对点;当距离较远时,可用花杆对点,并以杆脚为照准目标,如有困难时至少应照准花杆的下半部分。

(5)选设的交点和转点作为测量控制点使用时,应进行护桩并按照二级平面控制测量的要求测定角度和长度。如交点和转点不作为测量控制点使用,应将交点和转点与路线控制测量点联测，求定交点和转点坐标。

路线勘测应提交的图表和技术资料的内容和要求见表4-40。

表4-40　　路线勘测应提交的资料

序号	图表、资料名称	内容和要求	备　注
一	初　测		
1	路线平面图	能够准确反映中线与地形、地物的关系，线形要素齐全，曲线主点标注准确	含比较方案
2	路线纵断面图（示坡）	示坡基本合理，满足规范要求，能反映纵坡趋势，加注控制高程及地质概况	
3	路线概略透视图	能够清晰反映平、纵配合情况，并满足线形评价要求	有特殊要求的路段绘制
4	路线逐桩坐标计算表	按《公路工程基本建设项目设计文件图表示例》要求编制	高速公路、一级公路编制
5	直线、曲线及转角表		
6	点之记或导线点固定记录及固定表	点之记或导线点固定记录为原始记录	二级以下公路编制固定表
7	水准点表	按《公路工程基本建设项目设计文件图表示例》要求编制	
8	平面控制测量及计算资料	测量记录、平差计算、成果及精度评价资料	高速公路、一级公路编制
9	基本勘测资料	中桩调查及纵断面、横断面测量等记录	
10	建筑物情况调查记录	详细记录沿线建筑物位置、类型、面积、归属等	可与中桩调查合并记录
11	树木、青苗、土地调查记录	详细记录沿线树木树种、数量、位置、归属、沿线地界、地类及作物类别等	
12	电力、电信调查记录	详细记录沿线电力、电信设施位置、类型、架设条件及归属等	
13	其他管线设施调查记录	详细记录沿线其他各种管线设施的一般情况	
14	现有道路现状调查记录	反映现有道路的一般状况	利用旧路时编制
15	路线复查、自检资料和其他资料	复查、自检的原始记录，测绘的自检资料应进行精度评价	
二	定　测		
1	路线平面图（补测）	测绘完整准确，内容齐全，清绘完毕，地类分界清晰	房屋建筑必须实测
2	路线纵断面示坡图	内容齐全，绘制正确清晰，纵坡设计基本合理，路线地质标注准确	应有路线地质图
3	路线概略透视图	能够清晰反映平、纵配合情况	特殊有要求的路段绘制

（续）

序号	图表、资料名称	内容和要求	备　注
4	路线逐桩坐标计算表	计算正确	高速公路、一级公路编制
5	直线、曲线及转角表	计算正确，书写清晰	
6	导线点固定记录及固定表	内容齐全，书写清晰	二级及二级以下公路编制
7	水准点表	内容齐全，书写清晰，计算正确	
8	导线点及三角网测量计算资料	内容齐全，书写清晰，计算正确	高速公路、一级公路编制
9	基本勘测资料	中桩、纵断面、横断面、地形测量记录齐全、准确	
10	建筑物情况调查记录	详细记录沿线建筑物位置、类型、面积、归属等资料	记录整个路线测绘范围内资料，根据工作情况可与中桩记录等资料一同记录
11	树木、青苗、土地调查记录	详细记录沿线树木树种、数量、位置、归属，沿线地界、地类记录准确	
12	电力、电信调查记录	详细记录沿线电力、电信设施的位置、类型、归属等资料	
13	其他管线设施调查记录	详细记录沿线其他各种管线设施等的情况	
14	现有道路现状调查记录	调查全面细致，记录准确清晰	利用旧路时编制
15	路线部分的初测资料利用情况，复查、自检资料和其他资料	复查、自检资料应有精度评定情况	

（二）路基、路面勘测

1. 初测

应根据沿线地形、地貌、地质构造、地震动峰值加速度系数、水文及水文地质等特征，对影响路基、路面及排水设计的相关因素和条件，进行勘测与调查。

2. 定测

（1）应对初测收集的资料实地进行核查，并进行补充和完善。

（2）应调查沿线筑路材料的种类、产地、储量、运距、采运条件及其有关的物理力学性质。

（3）应调查沿线农田水利设施的现状、特点、发展规划，耕地表土的性质及厚度等对路基、路面的影响。

（4）应调查沿线水系的分布及相互关系，地表水、地下水、裂隙水等的位置、流量、流向和流速，泉眼的位置和流量。公路通过农田、洼地时，应调查地表水的积水深度、积水时间。

路基、路面勘测应提交的图表和技术资料的内容和要求见表 4-41。

表 4-41　　路基、路面勘测应提交的资料

序号	图表、资料名称	内容和要求	备　注
一	初　测		
1	路基标准横断面图	符合规范要求	
2	特殊路基设计方案图	能表达特殊路基的设计思想及意图	
3	不良地质地段表	能真实反映沿线不良地质路段的位置及状态	
4	路线附近既有工程现状调查记录	具有类比价值的信息，能够作为工程设计的参考	
5	路线附近河流、湖泊水文地质情况调查记录	能为邻水路基设计提供有关水位、地质条件、冲刷及水体可压缩情况等方面的资料	可纳入桥涵水文调查中
6	路基土石方数量估算表	能概略反映土方总体平衡及借、弃土状况	
7	取土场、弃土场调查记录及一览表	能全面反映取土场、弃土场的状况	
8	路线工程地质、水文地质勘察记录及地质取样试验一览表	能够从总体上反映路线所处位置工程地质和水文地质情况；试验一览表反映土工试验指标等与设计相关的参数	
9	取土场地质勘察记录	能够反映取土场土质情况及土类划分情况	
10	路基防护工程一览表	各路段初拟的路基防护形式	
11	路基防护工程调查记录	含防护工程的纵、横断面测量及地质调查资料	
12	排水系统布置图	能反映排水系统的总体构想及布局，基本排水形式	可在地形图上完成
13	特殊排水设施调查记录	含需特殊设计的集水、排水、输水工程沿轴线方向纵、横断面测量及地质调查资料	
14	改河工程调查记录	改河处地形图及断面图、地质调查等资料	
15	路基调治构造物一览表	能反映路基调治构造物设置的一般情况	
16	路基调治构造物调查记录	包括地形、地质、水文、植被等的调查资料	
17	路基水文调查、分析、计算资料	包括水文调查原始资料及水文分析计算书	
18	路面结构方案图	初拟的路面结构方案及比较方案	
19	路基、路面复查和自检资料及其他资料	复查自检原始记录；测绘的自检资料应附精度评价	
二	定　测		
1	路基标准横断面图	图纸清晰，符合相关规范要求	
2	路基典型横断面图	断面类型齐全，设计合理，图纸清晰	

（续）

序号	图表、资料名称	内容和要求	备　注
3	特殊路基设计方案图	类型齐全，设计经济合理，内容完备，图纸清晰	
4	不良地质地段表	段落齐全，地质情况描述清晰	
5	路基土石方数量表	计算基本准确，调配基本合理	
6	取土场、弃土场调查记录及一览表	调查数量充足，地形图清晰准确，调查内容齐全，记录准确	
7	路线工程地质、水文地质勘察记录及地质取样试验一览表	勘察细致全面，能够从总体上反映路线所处位置工程地质和水文地质情况，地基土质定名、土工试验指标、地下水位及补给来源正确	
8	取土场地质勘察记录	勘察细致全面，能够反映取土场土质情况及土类划分情况	
9	路基防护工程一览表	包含各路段的路基防护形式，形式选择经济合理	
10	路基防护工程调查记录	防护工程的纵、横断面测量准确，地质情况调查清晰	不含植物防护
11	路基、路面排水工程一览表及排水系统布置图	确定各段落拟采取的排水形式，说明排水出口情况，布置图清晰、准确	
12	特殊排水设施调查记录	进行特殊设计的集水、排水、输水工程，沿轴线方向纵、横断面测量准确，地质情况调查准确	
13	改河工程调查记录	改河位置准确，改河处地形图测绘准确，地质情况调查准确	
14	路基调治构造物设置一览表	段落齐全，结构合理，经济有效	
15	路基调治构造物调查记录	水流情况调查准确、全面，地形测绘准确，地质情况调查准确	
16	控制洪水位调查记录及水文分析、计算资料	调查段落齐全，数据准确，水文分析计算完整，水文控制参数取值正确	
17	路面结构方案图	结构方案基本合理，路基顶面模量调查基本准确	
18	路基、路面初测资料利用情况，复查和自检资料及其他有关资料	复查、自检资料应有对勘测成果的明确评定	

(三)桥梁、涵洞勘测

1. 小桥涵勘测

(1)小桥涵(包括漫水桥、过水路面、倒虹吸、渡槽)的勘测,应实地调查小桥涵区域排水体系、农田排灌、地形、地质、水文等自然条件,结合路基综合排水系统,现场核对拟订小桥涵位置、交角、结构类型、孔径及进出口形式等。

(2)定测是在初测资料的基础上,对地质、水文、农田水利、气象等资料进行补充调查,并进行形态断面、河床比降、特征水位和汇水面积等测量工作。小桥涵河床比降测量,一般上游测100～200m,下游测50～100m。

2. 大、中桥勘测

(1)大、中桥初测前应收集相关资料。收集到的勘测与调查资料,应能满足确定桥梁位置、孔径、交角、结构形式和桥位方案比较的需要。应收集的勘测资料包括水文资料、气象资料、流水资料、通航资料等。

(2)在定测阶段,大、中桥的勘测工作应根据批准的初步设计方案和审批意见,在初测的基础上进行详细的调查、测量和分析计算,对初步设计的有关资料进行核查和补充,解决初步设计留待定测解决的问题,为施工图设计和编制工程预算提供可靠资料。应收集的勘测资料包括桥位地形图测量、桥轴纵断面和引道测量、形态断面测量、桥梁高程控制测量等。

桥梁、涵洞勘测应提交的图表和技术资料的内容和要求见表4-42。

表4-42　桥梁、涵洞勘测应提交的资料

序号	图表、资料名称	内容和要求	备　注
一	初　测		
1	桥梁一览表	包括桩号、孔径、交角、河流名称等勘测过程能够确定的要素	小桥单独列表
2	水文调查分析及计算资料	包括水文调查原始资料及水文分析计算书	包括大、中、小桥及涵洞
3	大中桥桥位地形图	满足桥位布设和设计的需要	
4	桥型方案图	初拟的桥型方案,标明洪水位、桥面高程等资料	有比较方案时一并绘制
5	导流防护工程方案简图	完成简图,可有多个方案,可与桥位平面图一并绘制	中桥以上桥梁或特殊小桥绘制
6	涵洞一览表	包括涵洞类型、桩号、孔径、交角、净高等	
7	桥位测量记录	桥位平面及高程控制测量、地形图测量及桥轴线纵、横断面测量等	控制测量、地形图测量可与路线合并进行
8	桥位控制点一览表	包括各种测量控制点	
9	原有桥涵调查记录	能反映旧桥的一般状态及可利用的程度	
10	桥涵复查、自检资料和其他相关资料	复查自检原始记录;测绘的自检资料应附精度评价	

（续）

序号	图表、资料名称	内容和要求	备　　注
二	定　　测		
1	桥梁一览表	包括桩号、孔径、交角、河流名称	小桥单独列表
2	水文调查分析及计算资料	调查资料完整、齐全，分析系统、准确，初步确定洪水流量和设计水位	包括大、中、小桥及涵洞
3	大中桥桥位平面图	平面地形测绘准确，范围符合规定，导流及附属工程布设合理	
4	桥型方案图	标明洪水位、桥面高程等资料	中桥以上桥梁、特殊小桥绘制
5	导流防护工程方案图	完成简图，可有多个方案，可与桥位平面图一并绘制	
6	涵洞一览表	包括类型、桩号、孔径、交角、净高	
7	过水路面段调查记录	调查资料全面、准确，记录清晰	
8	通航河道桥位河床平面图	测绘准确、记录清晰，满足航道和通航管理有关标准、规范规定及管理部门有关要求	
9	桥位测量记录	桥位控制测量、高程测量、地形图测量及桥轴线纵横断面测量，记录齐全，书写清晰，测量方法和精度符合规范要求	高速公路、一级公路可与路线资料一并进行
10	桥位控制点一览表	包括各种测量控制点，记录齐全，书写清晰	
11	原有桥涵情况调查记录	调查资料全面、准确、记录清晰	
12	桥涵初测资料利用情况，复查、自检资料和其他相关资料	复查、自检资料应有精度评定情况，对勘测成果有明确评价	

（四）隧道勘测

（1）隧道初测时，应搜集与调查隧址自然地理、环境状态、地形、地质、水文、气象、地震等资料。

（2）对隧道进行勘测、调查时，如相邻隧道洞口纵向间距小于表4-43规定，宜作为一整座隧道进行勘测。

表4-43　　相邻隧道洞口纵向间距

公路等级	高速、一级公路	二级公路	三级公路	四级公路
相邻隧道洞口纵向间距/m	250	160	120	80

（3）在隧道控制测量初测阶段，可不专门布设隧道平面和高程控制网，但在布设路线控制测量网时应在隧道进出口各布设2个以上平面控制点及2～3个高程控制点。

平面控制点间距应大于500m，满足隧道平面和高程控制网加密的需要。同时布设的控制点应纳入路线控制测量进行施测。

（4）隧道定测主要包括以下几个步骤：

1)隧道方案的核查与落实；

2)隧道洞顶及连接线路定测；

3)横断面测量；

4)洞外控制测量；

5)隧道高程控制测量；

6)隧道地形图测量。

隧道勘测应提交的图表和技术资料的内容和要求见表4-44。

表4-44　隧道勘测应提交的资料

序号	图表、资料名称	内容和要求	备　注
一	初　测		
1	隧道一览表	包括隧道起终点、长度、中心桩号等	
2	隧道地形图	满足隧道布设和设计的需要	
3	隧道纵断面图	提出初步方案，可与路线纵断面合并绘制	
4	隧道纵横断面测量记录	原始记录	
5	隧道控制测量记录	包括平面及高程控制测量记录	可与路线合并进行
6	隧道断面方案图	初拟断面形式及衬砌方案	
7	隧道复查和自检资料及其他有关资料	复查自检原始记录；测绘的自检资料应附精度评价	
二	定　测		
1	隧道一览表	包括隧道起终点、长度、中心桩号	
2	隧道地形图	隧道洞口位置前、后、左、右至少各宽60～100m，并满足设置附属设施的需要	
3	隧道纵断面图	提出初步方案	
4	隧道纵横断面测量记录	包括隧道洞顶路线及连接线放线和中桩测量记录、洞顶横断面测量记录	
5	隧道控制测量记录	包括平面控制测量、高程控制测量、贯通控制测量记录	
6	隧道断面形式图	提出初步方案	
7	附属工程方案	初步拟订通风、照明、供电、通信、信号、标志等附属工程方案	
8	隧道初测资料利用情况，复查和自检资料及其他有关资料	复查、自检资料应有精度评定情况，对勘测成果有明确评价	

(五)路线交叉勘测

1. 初测

(1)公路与公路分离式立交。交叉点确定后，应实地放桩。当主线上跨相交公路且不改建相交公路时，可只测量交叉角度、交叉点高程、相交公路的纵断面及横断面等；当相交公路需改建时，相交公路的勘测与调查应按相应等级公路勘测的要求进行，测量长度应满足改线及接线要求。

(2)公路与铁路交叉应实地放桩，测量铁路轨面高程及交叉角度。

(3)公路与管线交叉。作为路线控制点的重要管线，应测量其平面位置，可根据需要测量其高程或纵、横断面图。

2. 定测

(1)根据初步设计的审批意见对交叉的总体布设方案进行认真分析研究，对初测所搜集的资料进行现场核查并进一步补充调查。

(2)对路线交叉附近的测量控制点进行现场核查。如测量控制点损坏、丢失或距设计线位过近，应补设或重设，并进行联测；当地形、地物等有变化或地形图范围不能满足设计要求时，应修测或补测地形图。

(3)互通式立体交叉、分离式立体交叉、公路与公路及公路与铁路平面交叉、复杂的管线交叉，均应测绘比例尺为 1∶500～1∶2000 的地形图。

(4)各种交叉的位置、形式、标准等方案，均应征求地方政府或主管部门的意见。

路线交叉勘测应提交的图表和技术资料的内容和要求见表 4-45。

表 4-45　　路线交叉勘测应提交的资料

序号	图表、资料名称	内容和要求	备　注
一	初　测		
1	互通式立体交叉表	包括桩号、相交道路等级、跨越形式、互通形式等	
2	互通式立体交叉平面图	能反映初拟互通形式、布局及与地形、地物的关系，可能的比较方案	
3	互通立交纵断面示坡图		可与路线合并绘制
4	跨线桥桥型方案图	初拟的桥型方案，标明控制高程	比较方案单独绘制
5	分离式立体交叉表	包括桩号、孔径、交角、跨越形式、相交道路等级等	
6	分离式立体交叉桥位平面、纵断面图	能反映初拟交叉桥跨越方式及与地形、地物的关系，交叉的高程协调情况	
7	分离式立体交叉桥型方案图	初拟的桥型方案，标明控制高程	
8	通道(天桥)一览表	包括桩号、孔径、交角、跨越形式、相交道路等级等	
9	通道(天桥)调查记录	含相关书面协议	
10	通道(天桥)方案图	典型方案图	
11	平面交叉一览表	包括桩号、交角、相交道路情况等	
12	平面交叉方案图	典型和复杂平面交叉方案图	
13	相交道路调查记录		
14	公铁立交一览表	包括桩号、孔径、交角、跨越形式、铁路等级、对应铁路桩号等	

（续一）

序号	图表、资料名称	内容和要求	备　注
15	公铁立交桥型方案图	初拟的桥型方案，标明轨面高程	
16	公铁平交一览表	包括桩号、交角、铁路等级、对应铁路桩号等	
17	相交铁路调查记录		
18	其他交叉一览表及调查记录	重要交叉应附书面协议	
19	交叉工程复查、自检资料和其他资料	复查自检原始记录；测绘的自检资料应附精度评价	
二	定　测		
1	互通式立体交叉表	包括桩号、相交道路等级、跨越形式、交叉形式	
2	互通式立体交叉平面图	布设合理，测绘准确	
3	互通立交纵断面示坡图	内容齐全，绘制正确清晰，纵坡设计合理。存在比较方案时单独编制	
4	跨线桥桥型方案图	桥孔布设合理，资料齐全，方案经济合理。可有比较方案	
5	分离式立体交叉表	包括桩号、孔径、交角、跨越形式、相交道路等级	
6	分离式立体交叉桥位平面、纵断面图	测绘准确，内容齐全，引道布设合理	
7	分离式立体交叉桥型方案图	桥孔布设合理，内容齐全，可提出多种方案供选择	
8	通道（天桥）一览表	包括桩号、孔径、交角、跨越形式、相交道路等级	
9	通道（天桥）调查记录	设置合理，资料齐全，相关书面协议签署完备	
10	通道（天桥）方案图	完成典型方案图，与相交道路衔接合理	
11	平面交叉一览表	包括桩号、交角、相交道路情况	
12	平面交叉方案图	完成典型和复杂平面交叉方案图	
13	相交道路调查记录	相交道路纵横断面现状测绘准确，路况调查翔实，调查范围满足需要	
14	公铁立交一览表	包括桩号、孔径、交角、跨越形式、铁路等级、对应铁路桩号	
15	公铁立交桥型方案图	桥孔布设合理，内容齐全，满足铁路有关技术标准和规范要求	

（续二）

序号	图表、资料名称	内容和要求	备　注
16	公铁平交一览表	包括桩号、交角、铁路等级、对应铁路桩号	
17	相交铁路调查记录	铁路每股道的桩号、交叉角度、内外侧轨顶高程、纵坡、股道间距、铁路路基宽度、平曲线	
18	其他交叉一览表及调查记录	设置合理，调查资料齐全，有书面协议	
19	交叉工程初测资料利用情况，复查、自检资料和其他资料	复查、自检资料应有精度评定情况，对勘测成果有明确评价	

(六)沿线设施勘测

1. 初测

(1)应现场调查拟建沿线设施位置的地形、地貌、地物、植被、水文、地质等自然条件及与各类设施设计相关的技术条件。根据设计需要，重要的沿线设施应测绘比例尺为1∶500～1∶2000的地形图。当有特殊需要时，应实测拟建设施位置的断面图。拟建设施位置的测量、调查工作可与路勘及路线勘测一并进行。

(2)管理、服务、养护、收费设施应进行以下勘测与调查：

1)管理、服务、养护、收费机构的生活、生产所需物资供应条件。

2)设施区域内地表的土质条件，适应种植的树种、草种等。

3)各站区大地电阻率及当地雷暴日天数。

4)场站联络道路、抢险车辆出入的联络道路及其附属工程均应进行必要的勘测。

(3)安全设施应进行以下勘测与调查：

1)沿线地区性冰冻、雾障、积沙、积雪等小气候的位置、范围和季节性特点。

2)行政区划界、城市、村镇、大型企业、厂矿、著名风景区、医院、学校、路线交叉口等的位置、规模及与路线的关系。

3)坠石、急弯、陡坡、傍山险峻等存在行车安全隐患路段的地形、地貌、植被、水文、地质等自然条件及可能的危害程度。

4)隔离设施及安全护栏、护柱、护墙的设置条件。

5)应现场核查安全设施设置的位置或路段。

2. 定测

(1)应对初测调查的内容进行核查和补充，管理设施、服务设施处的地形、地物如有变化，应修测或补测地形图。

(2)应实地核实沿线设施的总体布局、项目、形式、规模、用地及设置的位置。

(3)应对管理设施、服务设施的连接路线、加减速车道的中线进行实地放样，并进行纵、横断面测量。

(4)应对沿线安全设施设置的位置、类型、起讫桩号或长度进行调查。

沿线设施勘测应提交的图表和技术资料的内容和要求见表4-46。

表 4-46　　沿线设施勘测应提交的资料

序号	图表、资料名称	内容和要求	备　注
一	初　测		
1	安全设施表	初拟的安全设施设置的路段、类型、安全级别要求等	
2	管理(收费)设施一览表	包括位置、职责范围、规模等,已与建设单位及上级主管部门协商确认的,应有书面协议或批文	
3	服务设施一览表	包括位置、功能、规模等,已与建设单位及上级主管部门协商确认的,应有书面协议或批文	
4	其他工程一览表	改河(沟渠)、改道等工程的位置及规模等	
5	其他工程布置图	改河(沟渠)、改道等工程的平面布置方案	简单工程可在路线地形图上布置
6	其他工程及沿线设施复查、自检资料及其他有关资料	复查自检原始记录;测绘的自检资料应附精度评价	
二	定　测		
1	安全设施表	对每一段落提出具体桩号、安全级别要求	
2	管理(收费)设施一览表	包括位置、职责范围、规模,已与建设单位及上级主管部门协商确认,有书面协议或批文	
3	服务设施一览表	包括位置、功能、规模,已与建设单位及上级主管部门协商确认,有书面协议或批文	
4	管理、服务设施地形图	测绘准确,图纸清晰	
5	连接路线、进出口道路勘测	完成,符合相应技术要求	
6	其他工程一览表	资料翔实、准确,方案合理	
7	其他工程布置图	布设合理,资料齐全,记录清晰,必要时有书面协议	
8	其他工程及沿线设施初测资料利用情况,复查、自检资料及其他有关资料	复查、自检资料应对勘测成果有明确评价	

(十)环境保护勘测调查

(1)环境保护勘测调查内容如下:

1)当地适种植被的品种、种植条件和生长状态。

2)沿线园林工程常用的绿化、美化形式。

3)沿线既有道路环保工程的现状及存在的问题。

4)沿线国家生态保护区、野生动物保护区及野生动物种群、迁徙路径、栖息地点等。

5)沿线水源保护区和湿地的面积、至路线的距离等。

6)由于修建公路对原有的田间道路、排灌网络及其他地上设施的切割所造成的影响，噪声、废气的影响等。

(2)核实上条的勘测调查内容，并按批准的"环境影响评价报告"和初步设计审批意见进一步补充有关内容，确保环保措施的落实，确保工程建设区的生态环境不因公路建设而受到影响。

(3)应对附近同类或相似的高填深挖工程的防护、路基路面所使用的材料、排水方式以及对周围生态环境产生的影响进行调查。

(4)声屏障、油水分离池、蒸发池等应实地放桩，并测绘 1∶500～1∶2000 平面图。线外涵洞、水闸等亦应实地调查，并测量纵、横断面等。

(5)调查沿线需绿化地段起讫桩号及绿化种类、方法与内容，取土坑、弃土堆的位置、范围与面积，土地复垦工程及绿化面积。

(6)调查沿线动、植物品种(特别是一些稀有濒危物种)，确定保持生态平衡措施。

环境保护勘测调查应提交的图表和技术资料的内容和要求见表 4-47。

表 4-47　　环境保护勘测调查应提交的资料

序号	图表、资料名称	内容和要求	备　注
一	初　测		
1	环境保护工程一览表	拟订的位置、保(防)护的类别、推荐的环保形式	
2	典型环保工程布置图	包括主线典型布置图、特殊地段布置图	必须包括环评报告的环境敏感区
3	取土场、弃土场环境调查记录	各取土场、弃土场的施工前自然情况，并提出初步的环保恢复方案	
4	环境保护工程复查、自检资料及其他有关资料	复查自检原始记录	可与路线复查合并
二	定　测		
1	环境保护工程一览表	提出段落桩号、受影响情况、推荐的环保形式	必须包括环评报告的环境敏感区
2	典型环保工程布置图	包括主线典型布置图、特殊地段布置图，绘制清晰准确，方案经济合理	环评报告的环境敏感区必须完成
3	路外环保设施平面图	包括蒸发池、声屏障等设施的平面布置图及地形图	
4	取土场、弃土场环境调查记录	各取土场、弃土场的施工前自然状况，并提出初步的环保恢复方案	
5	环境保护工程初测资料利用情况，复查、自检资料及其他有关资料	复查、自检资料应对勘测成果有明确评价	

第三节　试验、检测报告资料文件

一、试验、检测报告资料分类

公路工程试验、检测报告资料分类见表4-48。

表4-48　　公路工程试验、检测报告资料分类

序号	单位工程 试验报告	路基工程	路面工程	桥梁工程	交通安全设施
1	原材料试验报告	(1)土方路基填料 (2)砂砾 (3)水泥 (4)粗、细集料 (5)台背填土、回填土	(1)砂砾 (2)水泥 (3)集料	(1)水泥 (2)粗、细集料 (3)台背填土	(1)水泥 (2)粗、细集料
2	混凝土、砂浆配合比试验	(1)水泥混凝土配合比试验报告 (2)水泥砂浆配合比试验报告	—	(1)水泥混凝土配合比试验报告 (2)水泥砂浆配合比试验报告	
3	击实试验报告	(1)土方路基击实试验报告 (2)砂垫层(软土地基)击实试验报告 (3)台背填土(包括锥坡)击实试验报告 (4)涵洞基坑基底击实试验报告	(1)水泥××基层击实试验报告 (2)水泥××底基层击实试验报告 (3)石灰××基层击实试验报告 (4)石灰××底基层击实试验报告	台背填土(包括锥坡)击实试验报告	混凝土护栏地基击实试验报告
4	路面结构层配合比设计报告	—	(1)水泥××基层混合料组成设计报告 (2)水泥××底基层混合料组成设计报告 (3)石灰××基层混合料组成设计报告 (4)石灰××底基层混合料组成设计报告 (5)水泥混凝土配合比设计报告 (6)沥青混凝土混合料配合比设计报告 (7)沥青碎石混合料配合比设计报告	—	—

二、原材料试验报告

1. 路基填料试验报告

路基填料应符合下列要求：

(1)含草皮、生活垃圾、树根、腐殖质的土严禁作为路基填料。

(2)泥炭、淤泥、冻土、强膨胀土、有机质土及易溶盐超过允许含量的土，不得直接用于填筑路基；确需使用时，必须采取技术措施进行处理，经检验满足设计要求后方可使用。

(3)液限大于 50%、塑性指数大于 26、含水量不适宜直接压实的细粒土，不得直接作为路堤填料；需要使用时，必须采取技术措施进行处理，经检验满足设计要求后方可使用。

(4)粉质土不宜直接填筑于路床，不得直接填筑于浸水部分的路堤及冰冻地区的路床。

路基填料试验报告式样见表 4-49。

表 4-49　路基填料试验报告

填料名称			试验单位	
代表数量/m^3			试验完成日期	年　月　日
土场名称			试验执行标准	
进场日期			试验人签字	
工程名称			审核人签字	
现场桩号			试验室主任签字	
试验指标	标准	试验结果	结果评定	试验方法
最大粒径/cm				T0115
液限(%)				T0118
塑性指数(%)				T0118
强度(CBR)(%)				T0134
结论： 试验室主任(监理)： 年　月　日				

2. 砂砾技术性能试验报告

砂砾石是由多种粒径不同的天然和部分粒径不同的天然砾石以及 10%～20%的天然土组成的，其土质和杂质含量高，主要在基础超挖及基础下部土质较差时换填之用，或者作为路基的底基层用料。

砂砾技术性能试验报告式样见表 4-50。

表 4-50　　砂砾技术性能试验报告

材料名称			试验单位	
代表数量/t			试验完成日期	年　月　日
产地			试验执行标准	
进场日期			试验人签字	
工程名称			审核人签字	
现场桩号			试验室主任签字	
试验指标	标准	试验结果	结果评定	试验方法
含泥量(%)				T0310
最大粒径(%)				
结论： 试验室主任(监理)： 年　月　日				

3. 水泥试验报告

(1)特重、重交通路面宜采用旋窑道路硅酸盐水泥，也可采用旋窑硅酸盐水泥或普通硅酸盐水泥；中、轻交通的路面可采用矿渣硅酸盐水泥；低温天气施工或有快通要求的路段可采用R型水泥，此外宜采用普通型水泥。各交通等级路面水泥抗折强度、抗压强度应符合表4-51的规定。

表 4-51　　各交通等级路面水泥各龄期的抗折强度、抗压强度

交通等级	特重交通		重交通		中、轻交通	
龄期/d	3	28	3	28	3	28
抗压强度/MPa，≥	25.5	57.5	22.0	52.5	16.0	42.5
抗折强度/MPa，≥	4.5	7.5	4.0	7.0	3.5	6.5

(2)水泥进场时每批量应附有化学成分、物理、力学指标合格的检验证明。各交通等级路面所使用水泥的化学成分、物理性能等要求应符合表4-52的规定。

表 4-52　　各交通等级路面用水泥的化学成分和物理指标

水泥性能	特重、重交通路面	中、轻交通路面
铝酸三钙	不宜>7.0%	不宜>9.0%
铁铝酸四钙	不宜<15.0%	不宜<12.0%
游离氧化钙	不得>1.0%	不得>1.5%

（续）

水泥性能	特重、重交通路面	中、轻交通路面
氧化镁	不得>5.0%	不得>6.0%
三氧化硫	不得>3.5%	不得>4.0%
碱含量	Na_2O+0.658K_2O≤0.6%	怀疑有碱活性集料时，≤0.6%；无碱活性集料时，≤1.0%
混合材种类	不得掺窑灰、煤矸石、火山灰和黏土，有抗盐冻要求时不得掺石灰、石粉	不得掺窑灰、煤矸石、火山灰和黏土，有抗盐冻要求时不得掺石灰、石粉
出磨时安定性	雷氏夹或蒸煮法检验必须合格	蒸煮法检验必须合格
标准稠度需水量	不宜>28%	不宜>30%
烧失量	不得>3.0%	不得>5.0%
比表面积	宜在 300～450m^2/kg	宜在 300～450m^2/kg
细度(80μm)	筛余量不得>10%	筛余量不得>10%
初凝时间	不早于 1.5h	不早于 1.5h
终凝时间	不迟于 10h	不迟于 10h
28d 干缩率*	不得>0.09%	不得>0.10%
耐磨性*	不得>3.6kg/m^2	不得>3.6kg/m^2

* 28d 干缩率和耐磨性试验方法采用《道路硅酸盐水泥》(GB 13693—2005)标准。

(3)选用水泥时，除满足表 4-51、表 4-52 的各项规定外，还应通过混凝土配合比试验，根据其配制弯拉强度、耐久性和工作性优选适宜的水泥品种、强度等级。

(4)当贫混凝土和碾压混凝土用做基层时，可使用各种硅酸盐类水泥。不掺用粉煤灰时，宜使用强度等级 42.5 级的水泥。掺用粉煤灰时，只能使用道路水泥、硅酸盐水泥、普通水泥。水泥的抗压强度、抗折强度、安定性和凝结时间必须检验合格。

水泥试验报告式样见表 4-53。

表 4-53　　水泥试验报告

<table>
<tr><td colspan="2">水泥品种及规格</td><td colspan="2"></td><td colspan="2">试验单位</td><td></td></tr>
<tr><td colspan="2">代表数量/t</td><td colspan="2"></td><td colspan="2">试验完成日期</td><td>年　月　日</td></tr>
<tr><td colspan="2">产地</td><td colspan="2"></td><td colspan="2">试验执行标准</td><td></td></tr>
<tr><td colspan="2">进场日期</td><td colspan="2"></td><td colspan="2">试验人签字</td><td></td></tr>
<tr><td colspan="2">工程名称</td><td colspan="2"></td><td colspan="2">审核人签字</td><td></td></tr>
<tr><td colspan="2">工程部位</td><td colspan="2"></td><td colspan="2">试验室主任签字</td><td></td></tr>
<tr><td colspan="2">物理性能</td><td>标准</td><td colspan="2">试验结果</td><td>结果评定</td><td>试验方法</td></tr>
<tr><td colspan="2">细度：80μm 标准筛筛余(%)(筛法)</td><td></td><td colspan="2"></td><td></td><td>T0502</td></tr>
<tr><td colspan="2">水泥密度/(kg/m³)</td><td></td><td colspan="2"></td><td></td><td>T0503</td></tr>
<tr><td colspan="2">标准稠度用水量 P(%)(标准法)</td><td></td><td colspan="2"></td><td></td><td>T0505</td></tr>
<tr><td rowspan="2">凝结时间</td><td>初凝时间/min</td><td></td><td colspan="2"></td><td></td><td rowspan="2">T0505</td></tr>
<tr><td>终凝时间/min</td><td></td><td colspan="2"></td><td></td></tr>
</table>

（续）

安定性(标准法)						T0505
强度（ISO 法）	抗折/MPa	3(d)				T0506
		28(d)				
	抗压/MPa	3(d)				
		28(d)				

结论：

签字：

年　月　日

4. 水泥混凝土粗集料技术性能试验报告

（1）粗集料应使用质地坚硬、耐久、洁净的碎石、碎卵石和卵石。高速公路、一级公路、二级公路及有抗（盐）冻要求的三、四级公路混凝土路面使用的粗集料级别应不低于Ⅱ级，无抗（盐）冻要求的三、四级公路混凝土路面、碾压混凝土及贫混凝土基层可使用Ⅲ级粗集料。有抗（盐）冻要求时，Ⅰ级集料吸水率应不大于 1.0%；Ⅱ级集料吸水率应不大于 2.0%。

（2）用做路面和桥面混凝土的粗集料不得使用不分级的统料。应按最大公称粒径的不同采用 2～4 个粒级的集料进行掺配，并应符合级配的要求。卵石最大公称粒径不宜大于 19.0mm；碎卵石最大公称粒径不宜大于 26.5mm；碎石最大公称粒径应不大于 31.5mm。贫混凝土基层粗集料最大公称粒径应不大于 31.5mm；钢纤维混凝土与碾压混凝土粗集料最大公称粒径不宜大于 19.0mm。碎卵石或碎石中粒径小于 75μm 的石粉含量不宜大于 1%。

水泥混凝土粗集料技术性能试验报告式样见表 4-54。

表 4-54　　水泥混凝土粗集料技术性能试验报告

材料名称		试验单位	
材料规格		试验完成日期	年　月　日
代表数量/m^3		试验执行标准	
产地		试验人签字	
工程名称		审核人签字	
工程部位		试验室主任签字	

项　目	技术要求			试验结果	结果评定
	Ⅰ级	Ⅱ级	Ⅲ级		
碎石压碎指标(%)	<10	<15	<20①		
卵石压碎指标(%)	<12	<14	<16		
坚固性(按质量损失计%)	<5	<8	<12		
针片状颗粒含量(按质量计%)	<5	<15	<20②		

（续）

含泥量(按质量计%)	<0.5	<1.0	<1.5		
泥块含量(按质量计%)	<0	<0.2	<0.5		
有机物含量(比色法)	合格	合格	合格		
硫化物及硫酸盐(按 SO_3 质量计%)	<0.5	<1.0	<1.0		
岩石抗压强度	火成岩应不小于 100MPa；变质岩应不小于 80MPa；水成岩应不小于 60MPa				
表观密度	>2500kg/m³				
松散堆积密度	>1350kg/m³				
空隙率	<47%				
碱集料反应	经碱集料反应试验后，试件无裂缝、酥裂、胶体外溢等现象，在规定试验龄期的膨胀率应小于 0.10%				

①Ⅲ级碎石的压碎指标，用做路面时，应小于 20%；用做下面层或基层时，可小于 25%。

②Ⅲ级粗集料的针片状颗粒含量，用做路面时，应小于 20%；用做下面层或基层时，可小于 25%。

5. 细集料技术试验报告

(1)细集料应采用质地坚硬、耐久、洁净的天然砂、机制砂或混合砂。高速公路、一级公路、二级公路及有抗(盐)冻要求的三、四级公路混凝土路面使用的砂应不低于Ⅱ级，无抗(盐)冻要求的三、四级公路混凝土路面及碾压混凝土和贫混凝土基层可使用Ⅲ级砂。特重、重交通混凝土路面宜使用河砂，砂的硅质含量不低于 25%。

(2)路面和桥面用天然砂宜为中砂，也可使用细度模数在 2.0～3.5 之间的砂。同一配合比用砂的细度模数变化范围不应超过 0.3，否则，应分别堆放，并调整配合比中的砂率后使用。

(3)在河砂资源紧缺的沿海地区，二级及二级以下公路混凝土路面和基层可使用淡化海砂，缩缝设传力杆混凝土路面不宜使用淡化海砂；钢筋混凝土及钢纤维混凝土路面和桥面不得使用淡化海砂。淡化海砂应符合下述规定：

1)淡化海砂带入每立方米混凝土中的含盐量应不大于 1.0kg。

2)淡化海砂中碎贝壳等甲壳类动物残留物含量应不大于 1.0%。

3)与河砂对比试验，淡化海砂应对砂浆磨光值、混凝土凝结时间、耐磨性、弯拉强度等无不利影响。

水泥混凝土细集料技术试验报告式样见表 4-55。

表 4-55　　水泥混凝土细集料技术试验报告

材料名称及规格		试验单位	
产地		试验完成日期	年　月　日
代表数量/m³		试验执行标准	
进场日期		试验人签字	
工程名称		审核人签字	
工程部位		试验室主任签字	

（续）

项　　目	技术要求			试验结果	结果评定
	Ⅰ级	Ⅱ级	Ⅲ级		
机制砂单粒级最大压碎指标（%）	<20	<25	<30		
氯化物（氯离子质量计%）	<0.01	<0.02	<0.06		
坚固性（按质量损失计%）	<6	<8	<10		
云母（按质量计%）	<1.0	<2.0	<2.0		
天然砂、机制砂含泥量（按质量计%）	<1.0	<2.0	<3.0①		
天然砂、机制砂泥块含量（按质量计%）	0	<1.0	<2.0		
机制砂MB值<1.4或合格石粉含量（按质量计%）	<3.0	<5.0	<7.0		
机制砂MB值≥1.4或不合格石粉含量（按质量计%）	<1.0	<3.0	<5.0		
有机物含量（比色法）	合格	合格	合格		
硫化物及硫酸盐（按 SO_3 质量计%）	<0.5	<0.5	<0.5		
轻物质（按质量计%）	<1.0	<1.0	<1.0		
机制砂母岩抗压强度	火成岩应不小于100MPa；变质岩应不小于80MPa；水成岩应不小于60MPa				
表观密度	>2500kg/m^3				
松散堆积密度	>1350kg/m^3				
空隙率	<47%				
碱集料反应	经碱集料反应试验后，由砂配制的试件无裂缝、酥裂、胶体外溢等现象，在规定试验龄期的膨胀率应小于0.10%				

①天然Ⅲ级砂用做路面时，含泥量应小于3%；用做贫混凝土基层时，可小于5%。

三、混凝土、砂浆配合比试验报告

1. 水泥混凝土配合比试验报告

（1）混凝土配合比，应保证混凝土的设计强度、耐磨、耐久和混凝土拌合物和易性的要求。在冰冻地区还应符合抗冻性的要求。

（2）混凝土配合比，应根据水灰比与强度关系曲线进行计算和试配确定。可按抗压强度作配合比设计。也可按抗折强度作配合比设计，均以抗折强度作强度检验。

（3）混凝土的试配强度宜按设计强度提高10%～15%（也可按保证率及变异系数计算决定）。

（4）混凝土拌合物的稠度试验采用坍落度宜为1～2.5cm，坍落度小于1cm时。应采用维勃稠度仪测定，维勃时间宜为10～30s。每一工作班至少检查两次。

（5）混凝土的水灰比当有经验数值时，可按经验数值选用，如无经验数值时，可按下列公式计算。

1)按抗压强度作配合比设计按下式计算：

碎石混凝土：

$$R_{压}=0.46R_{压}^{C}\left(\frac{C}{W}-0.52\right)$$

2)按抗折强度作配合比设计按下式计算：

碎石混凝土(用石灰岩)：

$$R_{折}=-0.0267+0.04684R_{压}^{C}+1.4333\frac{C}{W}$$

或

$$R_{折}=-0.3940+0.2990R_{折}^{C}+1.5324\frac{C}{W}$$

式中　$R_{压}$——混凝土试件抗压强度(MPa)；

$R_{折}$——混凝土试件抗折强度(MPa)；

$R_{压}^{C}$——水泥实际抗压强度(MPa)；

$R_{折}^{C}$——水泥实际抗折强度(MPa)；

$\frac{C}{W}$——混凝土灰水比。

上述水泥实际抗压及抗折强度均指标养 28d 强度，如时间限制可考虑用快速法测出。

(6)混凝土最大水灰比应符合下列规定：

1)城市道路应不大于 0.50；

2)快速路和主干路应不大于 0.46；

3)冬期施工应不大于 0.45。

(7)混凝土的单位用水量应按集料的种类、最大粒径、级配、施工温度和掺用外加剂等通过试验确定。粗集料最大粒径为 40mm，粗细集料均干燥时，混凝土的单位用水量，应按下列经验数值采用：

1)碎石混凝土为 150～170kg/m^3；

2)掺用外加剂或掺合料时，应相应增减用水量。

混凝土的单位用水量也可用灰水比和砂率计算。

碎石混凝土：

$$W=61.7+19.2\frac{C}{W}+113.7P+4.8T$$

式中　P——砂率(%)；

W——用水量(kg)；

T——坍落度(cm)。

(8)混凝土的单位水泥用量应根据选用的水灰比和单位用水量进行计算，单位水泥用量应不小于 300kg/m^3。

(9)选用砂率并经试配后，采用绝对体积法或假定容重法计算砂、石用量、并确定混凝土拌合物的理论配合比。在施工时，应测定现场集料的含水率，将理论配合比换算为施工配合比，作为混凝土配料的依据。

(10)按经验或计算试算水灰比确定砂、石、水泥用量后，应通过实际试验验证再作最后确定。试验时可按原水灰比及加减 0.05 共三组进行，如时间所限，可考虑按水泥混凝土快速测强法测定。

水泥混凝土配合比试验记录见表 4-56，水泥混凝土抗压强度试验记录见表 4-57。

表 4-56 水泥混凝土配合比试验记录

<table>
<tr><th rowspan="2">设计强度等级/MPa</th><th rowspan="2">水泥强度等级</th><th rowspan="2">拌制方法</th><th rowspan="2">试件尺寸/mm</th><th rowspan="2">水灰比</th><th colspan="4">每立方米混凝土材料用量/kg</th><th rowspan="2">坍落度/mm</th><th rowspan="2">养护条件</th><th rowspan="2">混凝土单位体积重/(kg/m³)</th><th colspan="2">抗压(弯拉)强度</th><th rowspan="2">试配强度/MPa</th></tr>
<tr><th>砂</th><th>碎石</th><th>水</th><th>水泥</th><th>龄期/d</th><th>强度/MPa</th></tr>
<tr><td></td><td></td><td></td><td></td><td></td><td></td><td></td><td></td><td></td><td></td><td></td><td></td><td></td><td></td><td></td></tr>
<tr><td></td><td></td><td></td><td></td><td></td><td></td><td></td><td></td><td></td><td></td><td></td><td></td><td></td><td></td><td></td></tr>
<tr><td></td><td></td><td></td><td></td><td></td><td></td><td></td><td></td><td></td><td></td><td></td><td></td><td></td><td></td><td></td></tr>
<tr><td></td><td></td><td></td><td></td><td></td><td></td><td></td><td></td><td></td><td></td><td></td><td></td><td></td><td></td><td></td></tr>
<tr><td></td><td></td><td></td><td></td><td></td><td></td><td></td><td></td><td></td><td></td><td></td><td></td><td></td><td></td><td></td></tr>
<tr><td></td><td></td><td></td><td></td><td></td><td></td><td></td><td></td><td></td><td></td><td></td><td></td><td></td><td></td><td></td></tr>
<tr><td rowspan="3">集料说明</td><td rowspan="3">砂</td><td colspan="3">堆积密度</td><td colspan="4">g/cm³</td><td rowspan="3">碎石</td><td colspan="3">振实密度</td><td colspan="2">g/cm³</td></tr>
<tr><td colspan="3">表观密度</td><td colspan="4">g/cm³</td><td colspan="3">表观密度</td><td colspan="2">g/cm³</td></tr>
<tr><td colspan="3">空隙率</td><td colspan="4">%</td><td colspan="3">空隙率</td><td colspan="2">%</td></tr>
<tr><td colspan="15">结论：

试验室主任(监理)
年　月　日</td></tr>
</table>

表 4-57 水泥混凝土抗压强度试验记录

<table>
<tr><th rowspan="2">试样编号</th><th rowspan="2">试件编号</th><th rowspan="2">制作日期</th><th rowspan="2">试验日期</th><th rowspan="2">龄期/d</th><th rowspan="2">养生条件</th><th rowspan="2">试件尺寸/mm</th><th rowspan="2">极限荷载/N</th><th colspan="2">抗压强度/MPa</th><th rowspan="2">设计强度等级/MPa</th></tr>
<tr><th>单值</th><th>平均</th></tr>
<tr><td rowspan="3"></td><td></td><td></td><td></td><td></td><td></td><td></td><td></td><td></td><td rowspan="3"></td><td rowspan="3"></td></tr>
<tr><td></td><td></td><td></td><td></td><td></td><td></td><td></td><td></td></tr>
<tr><td></td><td></td><td></td><td></td><td></td><td></td><td></td><td></td></tr>
<tr><td rowspan="3"></td><td></td><td></td><td></td><td></td><td></td><td></td><td></td><td></td><td rowspan="3"></td><td rowspan="3"></td></tr>
<tr><td></td><td></td><td></td><td></td><td></td><td></td><td></td><td></td></tr>
<tr><td></td><td></td><td></td><td></td><td></td><td></td><td></td><td></td></tr>
<tr><td rowspan="3"></td><td></td><td></td><td></td><td></td><td></td><td></td><td></td><td></td><td rowspan="3"></td><td rowspan="3"></td></tr>
<tr><td></td><td></td><td></td><td></td><td></td><td></td><td></td><td></td></tr>
<tr><td></td><td></td><td></td><td></td><td></td><td></td><td></td><td></td></tr>
<tr><td colspan="11">结论：

签字：
年　月　日</td></tr>
</table>

2. 砂浆试块试压报告

砂浆试块试压报告单上半部分项目应由施工单位试验人员填写，工程名称及施工部位要详细具体，所有子项必须填写清楚、具体、不空项。

(1)在试验报告中，砂浆种类、强度等级、稠度、水泥品种及强度等级、砂产地及种类、掺合料与外加剂种类要按规定填写清楚，要与砂浆配合比通知单、试验单相吻合。

(2)“配合比编号”要依据配合比通知单填写。“试验结果”应由试验室来填写；若发现问题应进行复试，并将复试合格单附于此表后一并存档。

砂浆抗压强度试验报告式样见表 4-58。

表 4-58　　砂浆抗压强度试验报告

编号：×××

试验编号：××－×

委托编号：××－×

<table>
<tr><td colspan="2">工程名称及施工部位</td><td colspan="3">××工程×××</td><td colspan="2">试件编号</td><td colspan="2">××－×</td></tr>
<tr><td colspan="2">委托单位</td><td colspan="3">×××</td><td colspan="2">试验委托人</td><td colspan="2">×××</td></tr>
<tr><td colspan="2">砂浆种类</td><td>水泥混合砂浆</td><td>强度等级</td><td>M10</td><td colspan="2">稠度</td><td colspan="2">70mm</td></tr>
<tr><td colspan="2">水泥品种
及强度等级</td><td colspan="3">P·O 42.5</td><td colspan="2">试验编号</td><td colspan="2">××－×</td></tr>
<tr><td colspan="2">矿产地及种类</td><td colspan="3">×××　中砂</td><td colspan="2">试验编号</td><td colspan="2">××－×2</td></tr>
<tr><td colspan="2">掺合料种类</td><td colspan="3">/</td><td colspan="2">外加剂种类</td><td colspan="2">/</td></tr>
<tr><td colspan="2">配合比编号</td><td colspan="7">××－×</td></tr>
<tr><td colspan="2">试件成型日期</td><td>××年×月×日</td><td>要求龄期</td><td>28d</td><td colspan="2">要求试验日期</td><td colspan="2">××年×月×日</td></tr>
<tr><td colspan="2">养护方法</td><td>标准</td><td>试件收到日期</td><td>××年×月×日</td><td colspan="2">试件制作人</td><td colspan="2">×××</td></tr>
<tr><td rowspan="8">试验日期</td><td rowspan="2">试压日期</td><td rowspan="2">实际龄期
/d</td><td rowspan="2">试件边长
/mm</td><td rowspan="2">受压面积
/mm²</td><td colspan="2">荷载/kN</td><td rowspan="2">抗压强度
/MPa</td><td rowspan="2">达设计强度
等级(%)</td></tr>
<tr><td>单块</td><td>平均</td></tr>
<tr><td rowspan="6">××年
×月×日</td><td rowspan="6">28</td><td rowspan="6">70.7</td><td rowspan="6">5000</td><td>54.6</td><td rowspan="6">62.7</td><td rowspan="6">12.5</td><td rowspan="6">125</td></tr>
<tr><td>56.3</td></tr>
<tr><td>69.8</td></tr>
<tr><td>65.5</td></tr>
<tr><td>60.7</td></tr>
<tr><td>69.4</td></tr>
<tr><td colspan="9">结论：

合格</td></tr>
<tr><td colspan="2">批准</td><td>×××</td><td>审核</td><td>×××</td><td colspan="2">试验</td><td colspan="2">×××</td></tr>
<tr><td colspan="2">试验单位</td><td colspan="7">××试验室</td></tr>
<tr><td colspan="2">报告日期</td><td colspan="7">××年×月×日</td></tr>
</table>

注：本表建设单位、施工单位各保存一份。

四、击实试验报告

1. 土的击实试验报告

公路工程土工击实试验在公路工程施工和质量检测控制中具有非常重要的意义，通过本试验可向工程技术人员提供土样的最大干密度和最佳含水量，以指导施工和控制路基填方质量，在操作过程中还要处理大量的数据，绘制图表，进行曲线分析。

土的击实试验记录式样见表 4-59，标准击实曲线见表 4-60。

表 4-59　　土的击实试验记录

<table>
<tr><td>土样编号</td><td></td><td colspan="3">筒容积</td><td colspan="3">cm³</td><td colspan="3">层　数</td><td colspan="3"></td></tr>
<tr><td>试验日期</td><td></td><td colspan="3">击锤质量</td><td colspan="3">kg</td><td colspan="3">每层击数</td><td colspan="3"></td></tr>
<tr><td>试验方法</td><td></td><td colspan="3">最大粒径</td><td colspan="3">mm</td><td colspan="3">超粒径含量</td><td colspan="3">%</td></tr>
<tr><td rowspan="6">干密度
/(g/cm³)</td><td>试验次数</td><td colspan="2">1</td><td colspan="2">2</td><td colspan="2">3</td><td colspan="2">4</td><td colspan="2">5</td><td colspan="2">6</td></tr>
<tr><td>筒+土质量/g</td><td colspan="2"></td><td colspan="2"></td><td colspan="2"></td><td colspan="2"></td><td colspan="2"></td><td colspan="2"></td></tr>
<tr><td>筒质量/g</td><td colspan="2"></td><td colspan="2"></td><td colspan="2"></td><td colspan="2"></td><td colspan="2"></td><td colspan="2"></td></tr>
<tr><td>湿土质量/g</td><td colspan="2"></td><td colspan="2"></td><td colspan="2"></td><td colspan="2"></td><td colspan="2"></td><td colspan="2"></td></tr>
<tr><td>湿密度/(g/cm³)</td><td colspan="2"></td><td colspan="2"></td><td colspan="2"></td><td colspan="2"></td><td colspan="2"></td><td colspan="2"></td></tr>
<tr><td>干密度/(g/cm³)</td><td colspan="2"></td><td colspan="2"></td><td colspan="2"></td><td colspan="2"></td><td colspan="2"></td><td colspan="2"></td></tr>
<tr><td rowspan="8">含水量
(%)</td><td>盒号</td><td></td><td></td><td></td><td></td><td></td><td></td><td></td><td></td><td></td><td></td><td></td><td></td></tr>
<tr><td>盒质量/g</td><td></td><td></td><td></td><td></td><td></td><td></td><td></td><td></td><td></td><td></td><td></td><td></td></tr>
<tr><td>盒+湿土质量/g</td><td></td><td></td><td></td><td></td><td></td><td></td><td></td><td></td><td></td><td></td><td></td><td></td></tr>
<tr><td>盒+干土质量/g</td><td></td><td></td><td></td><td></td><td></td><td></td><td></td><td></td><td></td><td></td><td></td><td></td></tr>
<tr><td>水质量/g</td><td></td><td></td><td></td><td></td><td></td><td></td><td></td><td></td><td></td><td></td><td></td><td></td></tr>
<tr><td>干土质量/g</td><td></td><td></td><td></td><td></td><td></td><td></td><td></td><td></td><td></td><td></td><td></td><td></td></tr>
<tr><td>含水量(%)</td><td></td><td></td><td></td><td></td><td></td><td></td><td></td><td></td><td></td><td></td><td></td><td></td></tr>
<tr><td>平均含水量(%)</td><td colspan="2"></td><td colspan="2"></td><td colspan="2"></td><td colspan="2"></td><td colspan="2"></td><td colspan="2"></td></tr>
<tr><td colspan="2">最佳含水量(%)</td><td colspan="4"></td><td colspan="4">最大干密度/(g/cm³)</td><td colspan="4"></td></tr>
</table>

注：以干密度为纵坐标，以含水量为横坐标，绘制击实曲线图附此表后。

表 4-60　　标准击实曲线图

<table>
<tr><td>干密度/(g/cm³)
含水量 w(%)
最大干密度/(g/cm³)：________
最佳含水量(%)：________</td></tr>
<tr><td>超尺寸颗粒的校正：
校正后的最大干密度/(g/cm³)：________
校正后的最佳含水量(%)：________</td></tr>
<tr><td>结论：
签字：
年　月　日</td></tr>
</table>

2. 台背填土压实度试验报告

在现场灌砂法、检测含砾石或卵石土的压实度时，只需要将挖出填料 25mm 以上的石料筛出，计算其在试料中的百分含量，用回归方程式计算出该点的实际最大干密度进行比较，就可以得出该点的压实度。

台背填土压实度试验记录式样见表 4-61。

表 4-61 **台背填土压实度试验记录(灌砂法)** D-09-1

工程名称						试验单位					
土样类别						试验完成日期					年 月 日
最大干密度/(g/cm³)						试验执行标准					
最佳含水量(%)						试验人签字					
压实厚度/cm						审核人签字					
桩 号											
工程部位(侧)											
①	灌砂前:筒+砂重/g										
②	灌砂后:筒+砂重/g										
③	锥体砂重/g										
④	试坑砂重①-②-③/g										
⑤	砂密度/(g/cm³)										
⑥	试坑体积 V=④/⑤/cm³										
⑦	试抗土重/g										
⑧	湿密度=⑦/⑥/(g/cm³)										
	盒 号										
⑨	盒+湿土重/g										
⑩	盒+干土重/g										
⑪	水重/g										
⑫	盒质量/g										
⑬	干土重/g										
⑭	含水量(%)										
⑮	平均含水量(%)										
⑯	干密度/(g/cm³)										
压实度(%)											
压实层											
压实度标准(%)											
结 论											

五、路面结构层配合比设计报告

(一)水泥稳定土混合料组成设计

1. 一般规定

(1)各级公路用水泥稳定土的 7d 浸水抗压强度应符合表 4-62 的规定。

(2)水泥稳定土的组成设计应根据表 4-62 的强度标准,通过试验选取最适宜于稳定的土,确定必需的水泥剂量和混合料的最佳含水量,在需要改善混合料的物理力学性质时,还应确定掺加料的比例。

(3)综合稳定土的组成设计应通过试验选取最适宜于稳定的土，确定必需的水泥和石灰剂量以及混合料的最佳含水量。

(4)采用综合稳定时，如水泥用量占结合料总量的30%以上，应按本细节的技术要求进行组成设计。水泥和石灰的比例宜取60∶40、50∶50或40∶60。

表4-62　　水泥稳定土的抗压强度标准　　MPa

层位＼公路等级	高速公路和一级公路	二级和二级以下公路
基层	3～5①	2.5～3②
底基层	1.5～2.5①	1.5～2.0②

①设计累计标准轴次小于12×10^6的公路可采用低限值；设计累计标准轴次超过12×10^6的公路可用中值；主要行驶重载车辆的公路应用高限值。某一具体公路应采用一个值，而不是某一范围。

②二级以下公路可取低限值；行驶重载车辆的公路，应取较高的值；二级公路可取中值；行驶重载车辆的二级公路应取高限值。某一具体公路应采用一个值，而不用某一范围。

(5)水泥稳定土的各项试验应按《公路工程无机结合料稳定材料试验规程》(JTJ 057—1994)进行。

2. 原材料试验

(1)在水泥稳定土层施工前，应取所定料场中有代表性的土样按《公路土工试验规程》(JTG E40—2007)进行下列试验：

1)颗粒分析；

2)液限和塑性指数；

3)相对密度；

4)击实试验；

5)碎石或砾石的压碎值；

6)有机质含量(必要时做)；

7)硫酸盐含量(必要时做)。

(2)对级配不良的碎石、碎石土、砂砾、砂砾土、砂等，宜改善其级配。

(3)应检验水泥的强度等级和终凝时间。

3. 混合料设计步骤

(1)分别按下列五种①水泥剂量配制同一种土样、不同水泥剂量的混合料。

1)做基层用：

中粒土和粗粒土：3%，4%，5%，6%，7%②

塑性指数小于12的细粒土：5%，7%，8%，9%，11%

其他细粒土：8%，10%，12%，14%，16%

2)做底基层用：

中粒土和粗粒土：3%，4%，5%，6%，7%

塑性指数小于12的细粒土：4%，5%，6%，7%，9%

其他细粒土：6%，8%，9%，10%，12%

(2)确定各种混合料的最佳含水量和最大干(压实)密度，至少应做三个不同水泥剂量混合料

---

①　在能估计合适剂量的情况下，可以将五个不同剂量缩减到三或四个。

②　如要求用做基层的混合料有较高强度时，水泥剂量可用4%、5%、6%、7%、8%。

的击实试验，即最小剂量、中间剂量和最大剂量。其他两个剂量混合料的最佳含水量和最大干密度用内插法确定。

(3)按规定压实度分别计算不同水泥剂量的试件应有的干密度。

(4)按最佳含水量和计算得的干密度制备试件。进行强度试验时，作为平行试验的最少试件数量应不少于表4-63的规定。如试验结果的偏差系数大于表中规定的值，则应重做试验，并找出原因，加以解决。如不能降低偏差系数，则应增加试件数量。

表4-63　最少试件数量

偏差系数 / 试件数量 / 土类	<10%	10%～15%	15%～20%
细粒土	6	9	
中粒土	6	9	13
粗粒土		9	13

(5)试件在规定温度下保湿养生6d，浸水24h后，按《公路工程无机结合料稳定材料试验规程》(JTJ 057—1994)进行无侧限抗压强度试验(表4-64)。

表4-64　无侧限抗压强度试验报告单

工程名称		试验单位	
作业段桩号		试验完成日期	年　月　日
试件尺寸及制备方法		试验执行标准	
结合料剂量(%)		试验人签字	
最大干容重/(g/cm^3)		审核人签字	
试件压实度(%)		试验室主任签字	

试件编号	1	2	3	4	5	6	7	8	9	10	11	12	13
取样桩号													
养生前试件质量 m_2/g													
浸水前试件质量 m_3/g													
浸水后试件质量 m_4/g													
养生期间质量损失(m_2-m_3)/g													
吸水量(m_4-m_3)/g													
养生前试件高度 h/cm													
浸水后试件高度 h/cm													
试验最大压力 P/N													
无侧限抗压强度 R_i/MPa													

设计抗压强度 R_d(MPa)=	平均抗压强度 $\bar{R}$(MPa)=	标准差 S(MPa)=	
偏差系数 C_v(%)=	Z_α=	$R_d(1-Z_\alpha C_v)$(MPa)=	质量评定：
结论： 签字：　年　月　日			

(6)计算试验结果的平均值和偏差系数。

(7)根据表 4-62 的强度标准，选定合适的水泥剂量，此剂量试件室内试验结果的平均抗压强度 $\overline{R}$ 应符合下式的要求：

$$\overline{R} \geqslant \frac{R_d}{(1-Z_\alpha C_v)}$$

式中　R_d——设计抗压强度(表 4-62)；

C_v——试验结果的偏差系数(以小数计)；

Z_α——标准正态分布表中随保证率(或置信度 α)而变的系数，高速公路和一级公路应取保证率 95%，即 $Z_\alpha=1.645$；其他公路应取保证率 90%，即 $Z_\alpha=1.282$。

水泥改善土的塑性指数应不大于 6，承载比应不小于 240。

(8)工地实际采用的水泥剂量应比室内试验确定的剂量多 0.5%～1.0%。采用集中厂拌法施工时，可只增加 0.5%；采用路拌法施工时，宜增加 1%。

(9)水泥的最小剂量应符合表 4-65 的规定。

表 4-65　水泥的最小剂量

拌合方法 / 土类	路拌法	集中厂拌法
中粒土和粗粒土	4%	3%
细粒土	5%	4%

(10)综合稳定土的组成设计与上述步骤相同。

(二)石灰稳定土混合料组成设计

1. 一般规定

(1)各级公路用石灰稳定土的 7d 浸水抗压强度应符合表 4-66 的规定。

表 4-66　石灰稳定土的抗压强度标准　MPa

公路等级 / 层位	二级和二级以下公路	高速公路和一级公路
基层	≥0.8①	—
底基层	0.5～0.7②	≥0.8

①在低塑性土(塑性指数小于 7)地区，石灰稳定砂砾土和碎石土的 7d 浸水抗压强度应大于 0.5MPa(100g 平衡锥测液限)。

②低限用于塑性指数小于 7 的黏性土，且低限值宜仅用于二级以下公路。高限用于塑性指数大于 7 的黏性土。

(2)石灰稳定土的组成设计应根据表 4-66 的强度标准，通过试验选取最适宜于稳定的土，确定必需的或最佳的石灰剂量和混合料的最佳含水量，在需要改善混合料的物理力学性质时，还应确定掺加料的比例。

(3)石灰稳定土的各项试验应按《公路工程无机结合料稳定材料试验规程》进行。

2. 原材料试验

(1)在石灰稳定土层施工前，应取所定料场中有代表性的土样进行下列试验：

1)颗粒分析；

2)液限和塑性指数；

3)击实试验；

4)碎石或砾石的压碎值；

5)有机质含量(必要时做)；

6)硫酸盐含量(必要时做)。

(2)如碎石、碎石土、砂砾、砂砾土等的级配不好，宜先改善其级配。

(3)应检验石灰的有效钙和氧化镁含量。

3. 混合料的设计步骤

(1)按下列石灰剂量配制同一种土样、不同石灰剂量的混合料。

1)做基层用：

砂砾土和碎石土：3%，4%，5%，6%，7%

塑性指数小于12的黏性土：10%，12%，13%，14%，16%

塑性指数大于12的黏性土：5%，7%，9%，11%，13%

2)做底基层用：

塑性指数小于12的黏性土：8%，10%，11%，12%，14%

塑性指数大于12的黏性土：5%，7%，8%，9%，11%

(2)确定混合料的最佳含水量和最大干(压实)密度，至少应做三个不同石灰剂量混合料的击实试验，即最小剂量、中间剂量和最大剂量，其余两种混合料的最佳含水量和最大干密度用内插法确定。

(3)按规定的压实度，分别计算不同石灰剂量的试件应有的干密度。

(4)重复水泥稳定土混合料组成设计3. 中(4)～(8)的步骤。

(5)石灰稳定不含黏性土的级配碎石、未筛分碎石和级配砂砾用做高级沥青路面的基层时，碎石和砂砾的颗粒组成应符合级配范围，并应添加黏性土。石灰和所加土的总质量与碎石或砂砾的质量比宜为1∶4～1∶5，即碎石或砾石在混合料中的质量应不少于80%。

(三)热拌沥青混合料配合比设计

(1)沥青混合料必须在对同类公路配合比设计和使用情况调查研究的基础上，充分借鉴成功的经验，选用符合要求的材料，进行配合比设计。

(2)沥青混合料的矿料级配应符合工程设计规定的级配范围。

(3)经配合比设计确定的各类沥青混凝土混合料的技术指标应符合表4-67的规定，并应具有良好的施工性能。

表4-67　　热拌沥青混合料马歇尔试验技术指标

试验项目	沥青混合料类型	高速公路、一级公路、城市快速路、主干路	其他等级公路与城市道路	行人道路
击实次数(次)	沥青混凝土 沥青碎石、抗滑表层	两面各75 两面各50	两面各50 两面各50	两面各35 两面各35
稳定度[①] /kN	Ⅰ型沥青混凝土 Ⅱ型沥青混凝土、抗滑表层	>7.5 >5.0	>5.0 >4.0	>3.0 —
流值(0.1mm)	Ⅰ型沥青混凝土 Ⅱ型沥青混凝土、抗滑表层	20～40 20～40	20～45 20～45	20～50 —

（续）

试验项目	沥青混合料类型	高速公路、一级公路、城市快速路、主干路	其他等级公路与城市道路	行人道路
空隙率[②]（%）	Ⅰ型沥青混凝土 Ⅱ型沥青混凝土、抗滑表层 沥青碎石	3～6 4～10 >10	3～6 4～10 >10	2～5 — —
沥青饱和度（%）	Ⅰ型沥青混凝土 Ⅱ型沥青混凝土、抗滑表层 沥青碎石	70～85 60～75 40～60	70～85 60～75 40～60	75～90 — —
残留稳定度（%）	Ⅰ型沥青混凝土 Ⅱ型沥青混凝土、抗滑表层	>75 >70	>75 >70	>75 —

注：1. 沥青混凝土混合料的矿料间隙率（VMA）应符合表4-68的要求。

2. 当沥青碎石混合料试件在60℃水中浸泡即发生松散时，可不进行马歇尔试验，但应测定密度、空隙率、沥青饱和度等指标。

3. 残留稳定度可根据需要采用浸水马歇尔试验或真空饱水后浸水马歇尔试验进行测定。

①粗粒式沥青混凝土稳定度可降低1kN。

②Ⅰ型细粒式及砂粒式沥青混凝土的空隙率为2%～6%。

表4-68　　矿料间隙率

最大集料粒径/mm	方孔筛	37.5	31.5	26.5	19.0	16.0	13.2	9.5	4.75
	圆孔筛	50	35或40	30	25	20	15	10	5
VMA　不小于　（%）		12	12.5	13	14	14.5	15	16	18

沥青混合料马歇尔稳定度试验记录式样见表4-69及表4-70。

表4-69　　沥青混合料马歇尔稳定度试验记录（蜡封法）

工程名称		现场桩号		试验单位	
混合料种类		沥青种类及标号		试验完成日期	年　月　日
矿料密度/(g/cm³)		沥青密度/(g/cm³)		试验执行标准	
滑石粉相对密度		蜡相对密度		试验人签字	
击实温度(℃)		击实次数		审核人签字	

试件编号	沥青用量(%)	试件厚度(mm) 单值					试件厚度(mm) 平均值	试件的空中质量/g	蜡封试件空中质量/g	蜡封试件水中质量/g	体积/cm³	密度/(g/cm³) 毛体积	密度/(g/cm³) 理论	沥青体积百分率(%)	空隙率(%)	矿料间隙率(%)	饱和度(%)	稳定度/kN	流值/mm	马歇尔模数/(kN/mm)	残留稳定度(%)	结论
平均																						

表 4-70　　　　沥青混合料马歇尔稳定度试验记录(表干法)

工程名称		现场桩号		试验单位	
混合料种类		沥青种类及标号		试验完成日期	年　月　日
矿料密度/(g/cm³)		沥青密度/(g/cm³)		试验执行标准	
击实温度/℃		击实次数		试验人签字	
				审核人签字	

试件编号	沥青用量(%)	试件厚度/mm						干燥试件的空中质量/g	试件空中质量/g	试件水中质量/g	体积/cm³	密度/(g/cm³)		沥青体积百分率(%)	空隙率(%)	矿料间隙率(%)	饱和度(%)	稳定度/kN	流值/mm	马歇尔模数/(kN/mm)	残留稳定度(%)	结论
		单值					平均值					毛体积	理论									
平均																						

(4)对用于高速公路、一级公路和城市快速路、主干路沥青路面的上面层和中面层的沥青混凝土混合料进行配合比设计时，应通过车辙试验机对抗车辙能力进行检验。在温度 60℃、轮压 0.7MPa 条件下进行车辙试验的动稳定度，对高速公路和城市快速路应不小于 800 次/mm，对一级公路及城市主干路应不小于 600 次/mm。

(5)沥青碎石混合料的配合比设计应根据实践经验和马歇尔试验的结果，经过试拌、试铺论证确定。

(6)高速公路、一级公路和城市快速路、主干路的热拌沥青混合料的配合比设计应按下列步骤进行：

1)目标配合比设计阶段。应采用工程实际使用的材料计算各种材料的用量比例，配合成的矿料级配应符合设计的规定，并应通过马歇尔试验确定最佳沥青用量。此矿料级配及沥青用量应作为目标配合比，供拌和机确定各冷料仓的供料比例、进料速度及试拌使用。

2)生产配合比设计阶段。对间歇式拌和机，应从二次筛分后进入各热料仓的材料中取样，并进行筛分，确定各热料仓的材料比例，供拌和机控制室使用。同时，应反复调整冷料仓进料比例，使供料均衡，并取目标配合比设计的最佳沥青用量、最佳沥青用量加 0.3%和最佳沥青用量减 0.3%等三个沥青用量进行马歇尔试验，确定生产配合比的最佳沥青用量。

3)生产配合比验证阶段。拌和机应采用生产配合比进行试拌，铺筑试验段，应用拌合的沥青混合料进行马歇尔试验及路上钻取的芯样检验，由此确定生产用的标准配合比。标准配合比应作为生产上控制的依据和质量检验的标准。标准配合比的矿料合成级配中，0.075mm、2.36mm、4.75mm(圆孔筛 0.075mm、2.5mm、5mm)三档筛孔的通过率应接近要求级配的中值。

(7)经设计确定的标准配合比在施工过程中不得随意变更。生产过程中，当进场材料发生变化，沥青混合料的矿料级配、马歇尔试验技术指标不符合要求时，应及时调整配合比，使沥青混合料质量符合要求并保持相对稳定，必要时重新进行配合比设计。

第四节　路基工程施工资料文件

一、路基工程施工资料分类

路基工程施工资料分类见表 4-71。

表 4-71　　路基工程施工资料分类

序号	分部工程	资料类别	
1	路基土石方工程	施工原始资料	(1)施工放样报验单(表 4-9)； (2)路基施工原始记录(表 4-73)； (3)______质量检验报告单(表 4-72)； (4)纵断高程检验记录表(表 4-74)； (5)中线偏位检验记录表(表 4-75)； (6)砂垫层厚度检验记录表(表 4-76)； (7)宽度检验记录表(表 4-77)； (8)平整度检验记录表(表 4-78)； (9)横坡检验记录表(表 4-79)； (10)边坡检验记录表(表 4-80)； (11)回弹弯沉值测定记录表(表 4-83)； (12)水准测量记录表(表 4-81)
		试验、检测报告	(1)含水量试验记录表(表 4-82)； (2)土的击实试验记录(表 4-59)； (3)标准击实曲线图(表 4-60)
		工程质量文件	(1)纵断高程检验记录表(表 4-74)； (2)中线偏位检验记录表(表 4-75)； (3)宽度检验记录表(表 4-77)； (4)平整度检验记录表(表 4-78)； (5)横坡检验记录表(表 4-79)； (6)边坡检验记录表(表 4-80)； (7)回弹弯沉值测定记录表(表 4-83)； (8)______分项工程质量检验评定表(表 4-84)
2	排水工程	施工原始资料	(1)施工放样报验单(表 4-9)； (2)____质量检验报告单(表 4-85)； (3)浆砌排水沟沟底高程检验记录表(表 4-92)； (4)浆砌排水沟检验记录表(表 4-93)； (5)土沟(盲沟)检验记录表(表 4-94)； (6)______工程检验记录表(表 4-88)； (7)混凝土浇筑申请报告单(表 4-86)； (8)水泥混凝土施工记录(表 4-87)； (9)水准测量记录表(表 4-81)； (10)钢筋制作与焊接记录(表 4-89)； (11)钢模板制作检验记录表(表 4-90)； (12)模板安装检验记录表(表 4-91)； (13)水泥混凝土抗压强度试验记录(表 4-57)； (14)水泥砂浆(水泥浆)抗压强度试验报告单(由检验单位提供)

（续一）

序号	分部工程	资　料　类　别	
2	排水工程	试验、检测报告	(1)土的击实试验记录(表 4-59)； (2)标准击实曲线图(表 4-60)； (3)水泥混凝土抗压强度试验记录(表 4-57)； (4)水泥砂浆(水泥浆)抗压强度试验报告单(由检测单位提供)
		工程质量文件	(1)______工程检验记录表(表 4-88)； (2)浆砌排水沟沟底高程检验记录表(表 4-92)； (3)浆砌排水沟检验记录表(表 4-93)； (4)土沟(盲沟)检验记录表(表 4-94)； (5)______分项工程质量检验评定表(表 4-95)
3	小桥及符合小桥标准的通道、人行天桥	施工原始资料	(1)施工放样报验单(表 4-9)； (2)______工程检验记录表(表 4-88)； (3)______质量检验报告单(表 4-96)； (4)钻孔钻进记录(表 4-99)； (5)后张法预应力筋张拉记录(表 4-100)； (6)张拉原始记录(表 4-101)； (7)预应力孔道(压浆)施工记录(表 4-102)； (8)桥涵放样记录(表 4-103)； (9)水准测量记录(表 4-81)； (10)结构物基坑基底承载力试验(表 4-104)； (11)结构物基坑基底承载力试验(触探法)(表 4-105)； (12)抗滑构造深度检验记录表(铺砂法)(表 4-98)； (13)沥青路面压实度检验(表 4-97)； (14)水泥混凝土抗压强度试验记录(表 4-57)； (15)水泥砂浆(水泥浆)抗压强度试验报告单(由检测单位提供)
		试验、检测报告	(1)结构物基坑基底承载力试验(表 4-104)； (2)结构物基坑基底承载力试验(触探法)(表 4-105)； (3)沥青路面压实度检验(表干法)(表 4-97)； (4)水泥混凝土抗压强度试验记录(表 4-57)； (5)水泥砂浆(水泥浆)抗压强度试验报告单(由检测单位提供)
		工程质量文件	(1)台背填土压实度试验记录(表 4-61)； (2)______分项工程质量检验评定表(表 4-106)
4	涵洞、通道	施工原始资料	(1)施工放样报验单(表 4-9)； (2)______工程检验记录表(表 4-88)； (3)______质量检验报告单(表 4-107)； (4)桥涵放样记录(表 4-103)； (5)水准测量记录表(表 4-81)； (6)钢筋制作与焊接记录(表 4-89)； (7)结构物基坑基底承载力试验(表 4-104)； (8)结构物基坑基底承载力试验(触探法)(表 4-105)； (9)压实度试验记录(灌砂法)(表 4-61)； (10)水泥混凝土抗压强度试验记录(表 4-57)； (11)水泥砂浆(水泥浆)抗压强度试验报告单(由检测单位提供)

（续二）

序号	分部工程	资料类别	
4	涵洞、通道	试验、检测报告	(1)土的击实试验记录(表4-59)； (2)标准击实曲线图(表4-60)； (3)水泥混凝土抗压强度试验记录(表4-57)； (4)水泥砂浆(水泥浆)抗压强度试验报告单(由检测单位提供)
		工程质量文件	(1)______工程检验记录表(表4-88)； (2)台背填土压实度试验记录(表4-61)； (3)抗滑构造深度检验记录表(铺砂法)(表4-98)； (4)______分项工程质量检验评定表(表4-108)
5	挡土墙、防护工程	施工原始资料	(1)施工放样报验单(表4-9)； (2)　　　工程检验记录表(表4-88)； (3)______质量检验报告单(表4-109)； (4)水准测量记录(表4-81)； (5)结构物基坑基底承载力试验(触探法)(表4-105)； (6)水泥砂浆(水泥浆)抗压强度试验报告单(由检测单位提供)
		试验、检测报告	(1)土的击实试验记录(表4-59)； (2)标准击实曲线图(表4-60)
		工程质量文件	(1)______工程检验记录表(表4-88)； (2)水泥砂浆(水泥浆)抗压强度试验报告单(由检测单位提供) (3)______分项工程质量检验评定表(表4-110)

二、路基土石方工程施工资料

(1)路基施工前应详细检查核对纵横断面，发现问题时应进行复测，若设计单位未提供横断面图，应全部补测。

对填方和借方地段的原始地面应进行表面清理，清理深度应根据种植土厚度决定，清出的种植土应集中堆放。填方地段地表清理完毕后，应整平压实到规定要求，方可进行填方作业。基层强度、稳定性不足时，应进行处理，以保证路基稳定，减少工后沉降。

(2)通过砂垫层或浅层处治，可以达到增加地表强度，防止地基局部剪切变形的目的。砂垫层摊铺后适当洒水，分层压实，压实厚度宜为15～20cm。砂垫层宽度应宽出路基边脚0.5～1.0m，两侧端以片石护砌或采用其他方式防护以免砂料流失。

(3)路基分层压实指上路床顶面以外的路基填筑各层，即路堤、下路床、上路床底层等三部分。路基填筑施工必须根据设计断面要求，按照路基设计横断面全宽，采用水平分层填筑的方法逐层向上填筑，层层压实。

如原地面不平，应由最低处分层填起。每填一层经过压实符号规定要求后再填上一层。若填方分几个作业段施工，两段交接处不在同一时间填筑，则先填地段应按1∶1坡度分层留台阶；若两个地段同时填筑，则分层相互交叠衔接，其搭接长度不得小于2.0m。

路基填筑过程中为避免线路偏位、宽度不足、松铺厚度过大等现象发生，路基分层压实检测必须随工程进展按每填筑层、每工作班或每作业段为工序逐层进行报验。

路基压实度的检验频率每2000m^{2}检验8点，不足200m^{2}时，至少应检验2点，必要时可根据需要增加检验点。每层的压实度检验合格后，方可填筑其上一层。土质路基的压实度试验方法可采用灌砂法、环刀法、蜡封法、灌水法(水袋法)或核子密度湿度仪(简称核子仪)法。采用核子仪法,应先进行标定和对比试验。

(4)路基土石方施工检验记录。土方路基和石方路基的实测项目技术指标按高速公路、一级公路和其他公路(指二级公路及以下公路)两档设定,其中土方路基压实度按高速公路和一级公路、二级公路、三四级公路三档设定。

如果检查路段以延长米计时,规定的实测项目的检查频率,规定为:双车道公路以每一检查段内的最低检查频率,多车道公路必须按车道数与双车道之比,相应增加检查数量。

路基压实度分层检测,其他检查项目均在路基顶面进行检查测定。

服务区停车场、收费广场的土方工程压实标准可按土方路基要求进行监控。

路基土石方工程施工资料常用表格式样见表 4-72 至表 4-84。

表 4-72　　石方路基质量检验报告单

承包单位:××集团有限公司××公路工程 A2 标段项目经理部　　合同号:A2

监理单位:××工程咨询有限公司××公路工程 A2 标段监理部　　编　号:

<table>
<tr><td colspan="3">工程名称</td><td colspan="2">石方路基</td><td>施工时间</td><td>××年×月×日</td></tr>
<tr><td colspan="3">桩号及部位</td><td colspan="2">K2+000~K3+000
上路堤第三层</td><td>检验时间</td><td>××年×月×日</td></tr>
<tr><td rowspan="2">项次</td><td colspan="2" rowspan="2">检查项目</td><td colspan="2">规定值或允许偏差</td><td rowspan="2">检验结果</td><td rowspan="2">检验频率和方法</td></tr>
<tr><td>高速公路
一级公路</td><td>其他公路</td></tr>
<tr><td>1</td><td colspan="2">压　实</td><td colspan="2">层厚和碾压遍数符合要求</td><td>符合设计要求</td><td>查施工记录</td></tr>
<tr><td>2</td><td colspan="2">纵断高程/mm</td><td>+10,-20</td><td>+10,-30</td><td>符合《验评标准》</td><td>水准仪:每 200m 测 4 断面</td></tr>
<tr><td>3</td><td colspan="2">中线偏位/mm</td><td>50</td><td>100</td><td>符合《验评标准》</td><td>经纬仪:每 200m 测 4 点,弯道加 HY、YH 两点</td></tr>
<tr><td>4</td><td colspan="2">宽　度/mm</td><td colspan="2">符合设计要求</td><td>符合设计要求</td><td>米尺:每 200m 测 4 处</td></tr>
<tr><td>5</td><td colspan="2">平整度/mm</td><td>20</td><td>30</td><td>符合《验评标准》</td><td>3m 直尺:每 200m 测 2 处×10 尺</td></tr>
<tr><td>6</td><td colspan="2">横　坡(%)</td><td>±0.3</td><td>±0.5</td><td>符合《验评标准》</td><td>水准仪:每 200m 测 4 断面</td></tr>
<tr><td rowspan="2">7</td><td rowspan="2">边　坡</td><td>坡　度</td><td colspan="2">符合设计要求</td><td>符合设计要求</td><td rowspan="2">尺量:每 200m 测 4 处</td></tr>
<tr><td>平顺度</td><td colspan="2">符合设计要求</td><td>符合设计要求</td></tr>
<tr><td></td><td></td><td></td><td colspan="2"></td><td></td><td></td></tr>
<tr><td colspan="4">自检说明:

符合设计规范及《验评标准》的要求。

施工员:×××

××年×月×日</td><td colspan="3">监理评语:

符合设计规范及《验评标准》的要求。

监理员:×××

××年×月×日</td></tr>
</table>

施工负责人:×××　　质量检查员:×××　　监理工程师:×××

表 4-73　　路基施工原始记录

<table>
<tr><td colspan="2">工程名称</td><td colspan="2"></td><td>路基部位(层数)</td><td></td></tr>
<tr><td colspan="2">施工桩号</td><td colspan="2"></td><td>土质类别</td><td></td></tr>
<tr><td colspan="2">施工日期</td><td colspan="2"></td><td>天气情况</td><td></td></tr>
<tr><td colspan="2">施工方法</td><td colspan="2"></td><td>碾压厚度/mm</td><td></td></tr>
<tr><td colspan="2">最佳含水量(%)</td><td colspan="2"></td><td>松铺系数</td><td></td></tr>
<tr><td colspan="2">施工时含水量(%)</td><td colspan="2"></td><td>碾压遍数</td><td></td></tr>
<tr><td colspan="2">整平方法</td><td colspan="2"></td><td>压路机类型及吨位</td><td></td></tr>
<tr><td colspan="2"></td><td colspan="2"></td><td></td><td></td></tr>
<tr><td rowspan="9">完成标准情况</td><td>项目名称</td><td>检查点数</td><td>合格点数</td><td>合格率(%)</td><td>自检情况</td></tr>
<tr><td>压 实 度</td><td></td><td></td><td></td><td></td></tr>
<tr><td>弯　　沉</td><td></td><td></td><td></td><td></td></tr>
<tr><td>纵断高程</td><td></td><td></td><td></td><td></td></tr>
<tr><td>中线偏位</td><td></td><td></td><td></td><td></td></tr>
<tr><td>宽　　度</td><td></td><td></td><td></td><td></td></tr>
<tr><td>平 整 度</td><td></td><td></td><td></td><td></td></tr>
<tr><td>横　　坡</td><td></td><td></td><td></td><td></td></tr>
<tr><td>边　　坡</td><td></td><td></td><td></td><td></td></tr>
<tr><td colspan="6">驻地监理工程师(代表)意见：

签字：
年　　月　　日</td></tr>
</table>

施工负责人：　　　　质量检查员：　　　　驻地监理工程师：

表 4-74　　纵断高程检验记录表

工程名称				施工日期				
桩　　号				检验日期				
桩　　号	左　幅			路　　中			右　幅		
	距路中心						距路中心		
	设计/m	实测/m	偏差/mm	设计/m	实测/m	偏差/mm	设计/m	实测/m	偏差/mm
允许偏差/mm				检测点数					
合格点数				合格率(%)					

施工负责人：　　　　质量检查员：　　　　驻地监理工程师：

表 4-75　　中线偏位检验记录表

工程名称		施工日期	
桩　　号		检验日期	
桩　　号	偏差/mm	桩　　号	偏差/mm
允许偏差/mm		检测点数	
合格点数		合格率(%)	

施工负责人：　　　　质量检查员：　　　　驻地监理工程师：

表 4-76　　砂垫层厚度检验记录表

工程名称			施工日期		
桩　号			检验日期		

桩　号	左幅/cm			右幅/cm		
	设计	实测	偏差	设计	实测	偏差

允许偏差/mm		检测点数	
合格点数		合格率(%)	

施工负责人：　　质量检查员：　　驻地监理工程师：

表 4-77　　宽度检验记录表

工程名称					施工日期				
桩　号					检验日期				
桩　号	左幅/m		右幅/m		桩　号	左幅/m		右幅/m	
	设计	实测	设计	实测		设计	实测	设计	实测

允许偏差/mm		检测点数	
合格点数		合格率(%)	

施工负责人：　　质量检查员：　　驻地监理工程师：

表 4-78 平整度检验记录表

工程名称					施工日期						
桩　　号					检验日期						
桩　号	检测部位		实　测/mm								
			1	2	3	4	5	6	7	8	9	10
允许偏差/mm						检测点数						
合格点数						合格率(%)						

施工负责人：　　　　　　　　质量检查员：　　　　　　　　驻地监理工程师：

表 4-79 横坡检验记录表

工程名称			桩　号			施工日期			检验日期				
桩　号	左　　幅							右　　幅						
	实测值/m				横坡度(%)			实测值/m				横坡度(%)		
	内侧高程	外侧高程	高差	宽度	设计	实测	偏差	内侧高程	外侧高程	高差	宽度	设计	实测	偏差
允许偏差(%)			检查点数			合格点数				合格率(%)				

施工负责人：　　　　　　　　质量检查员：　　　　　　　　驻地监理工程师：

表 4-80　**边坡检验记录表**

工程名称		施工日期	
桩　　号		检验日期	

桩　号	左　　幅		右　　幅	
	设　　计	实　　测	设　　计	实　　测

允许偏差		检测点数	
合格点数		合格率(%)	

施工负责人：　　　　质量检查员：　　　　驻地监理工程师：

表 4-81　**水准测量记录**

桩　号	后视读数	视线高	前视读数			高　　程			设计高程
			左	中	右	左	中	右	

施工负责人：　　　　质量检查员：　　　　驻地监理工程师：

表 4-82　　含水量试验记录表

工程名称			施工路段			试样名称		
最佳含水量（%）			试验日期			试验执行标准		
取样位置(桩号)								
盒　　号								
盒质量	g	①						
盒+湿试样质量	g	②						
盒+干试样质量	g	③						
水的质量	g	④=②-③						
干试样质量	g	⑤=③-①						
含水量	g	⑥=④/⑤						
平均	%	⑦						
平均含水量	%	⑧						
结论： 签字： 年　　月　　日								

试验：　　　　　　　　　　审核：

表 4-83　　回弹弯沉值测定记录表

工程名称		桩　　号			
试验车型号		后轴重/kN		当量圆直径/cm	
轮胎气压/MPa		弯沉仪型号			
测定日期	年　月　日	天　　气		温　　度/℃	

桩　号	左/mm			左中/mm			右中/mm			右/mm		
	初读数	末读数	弯沉值	初读数	末读数	弯沉值	初读数	末读数	弯沉值	初读数	末读数	弯沉值

设计弯沉(0.01mm)		检测点数	
合格点数		合格率(%)	

施工负责人：　　　　　　　　质量检查员：　　　　　　　　驻地监理工程师：

表 4-84　　　　石方路基分项工程质量检验评定表

分项工程名称：**石方路基**　　　　所属分部工程名称：**路基土石方工程**

所属建设项目：　　　　工程部位：**K10+000～K11+000**

施工单位：**××集团有限责任公司**

××公路工程项目经理部

监理单位：**××国际工程咨询有限公司**

××公路监理部

基本要求	**石方路堑采用光爆法开挖，爆破后险石、松石及时清理，边坡安全、稳定；填石空隙用石碴、石屑嵌压稳定；石料最大尺寸符合规范规定；采用振动压路机分层碾压，填筑层顶面石块稳定；20t 以上压路机振压两遍无明显标高差异；路基表面整修平整。**

实测项目	项次	检查项目		规定值或允许偏差	实测值或实测偏差值										质量评定			
					1	2	3	4	5	6	7	8	9	10	平均值、代表值	合格率(%)	权值	得分
	1	压实度		层厚和碾压遍数符合要求												**100**	**3**	**100**
	2	纵断高程/mm		+10，−20												**100**	**2**	**100**
	3	中线偏位/mm		50												**100**	**2**	**100**
	4	宽度/mm		符合设计要求												**100**	**2**	**100**
	5	平整度/mm		20												**100**	**2**	**100**
	6	横坡(%)		±0.3												**100**	**1**	**100**
	7	边　坡	坡　度	符合设计要求												**100**	**1**	**100**
			平顺度	符合设计要求														
	合　　计																**13**	**100**

外观鉴定	**路基边线不够直顺**	减分	**2**	监理意见	**同意施工单位的评定** 签字：××× ××年×月×日
质量保证资料	**资料齐全、完整、真实**	减分	**0**		
工程质量等级评定	评分：**98**			质量等级：**合格**	

检验负责人：×××　　检测：×××　　记录：×××　　复核：×××　　××年×月×日

三、排水工程施工资料

路基排水包括坡面和路界内地表水排水、路面和中央分隔带排水。坡面和路界内地表水排水由边沟、排水沟、跌水和急流槽、盲沟、截水沟等结构物组成;路面和中央分隔带排水由纵、横、竖向排水管,渗沟,缝隙式圆形集水管、集水井,路肩排水沟和拦水等结构物组成。

为了保证路基工程的质量,防止水害的发生,在进行路基设计施工时,应根据地区、气候、环境的不同及工程的地形、地貌、水文和地质的差异,对防水排水进行综合处治,采取有效措施,解决地表水和地下表的排放问题,确保路基的稳定性和耐久性。

路基排水工程施工资料常用表格式样见表4-80至表4-90。

表4-85　　管节预制质量检验报告单

承包单位:××集团有限公司××公路工程A2标段项目经理部　　合同号:A2

监理单位:××工程咨询有限公司××公路工程A2标段监理部　　编　号:

工程名称		排水工程	施工时间	××年×月×日
桩号及部位		K9+200～K9+400 左侧排水管节预制	检验时间	××年×月×日
项　次	检查项目	规定值或允许偏差	检验结果	检验频率和方法
1△	混凝土强度/MPa	在合格标准内	符合《验评标准》	
2	内　径/mm	不小于设计值	符合设计要求	尺量:2个断面
3	壁　厚/mm	不小于设计壁厚,－3	符合设计要求	尺量:2个断面
4	顺直度	矢度不大于0.2% 管节长	符合设计要求	沿管节拉线量,取最大矢高
5	长　度/mm	+5,－0	符合《验评标准》	尺量
自检说明: 符合设计规范及《验评标准》的要求。 施工员:××× ××年×月×日			监理评语: 符合设计规范及《验评标准》的要求。 监理员:××× ××年×月×日	

施工负责人:×××　　质量检查员:×××　　监理工程师:×××

表 4-86　　　　混凝土浇筑申请报告单

工程名称		工程部位		图纸号	
桩　号		混凝土强度等级		工程量	
申请日期		计划浇筑时间			

材料名称	存放地点或料场号	批准文号	备　注
砂			
石料			
水泥			
外加剂			
支架、模板			
脱模剂			
机具设备及数量			
机具设备备用量			
主要技工			

混凝土配合比试验单编号	水灰比	每立方米混凝土材料用量/kg					矿料级配	坍落度/mm	单位体积重/(kg/m³)	抗压(弯拉)强度	
		水泥	砂	碎石	水	外加剂				龄期/d	强度/MPa

监理意见：

年　　月　　日

施工负责人：　　　　　　质量检查员：　　　　　　驻地监理工程师：

表 4-87　　水泥混凝土施工记录

<table>
<tr><td colspan="3">工程名称</td><td colspan="2"></td><td colspan="2">工程部位</td><td colspan="2"></td></tr>
<tr><td colspan="3">施工日期</td><td colspan="2"></td><td colspan="2">最低气温/℃</td><td colspan="2"></td></tr>
<tr><td colspan="3">设计强度等级</td><td colspan="2"></td><td colspan="2">试配强度/MPa</td><td colspan="2"></td></tr>
<tr><td colspan="3">水泥品种及厂家</td><td colspan="2"></td><td colspan="2">水泥强度等级</td><td colspan="2"></td></tr>
<tr><td colspan="3">混凝土设计配合比</td><td colspan="2"></td><td colspan="2">混凝土水灰比</td><td colspan="2"></td></tr>
<tr><td colspan="3">水泥用量/(kg/m^3)</td><td colspan="2"></td><td colspan="2">坍落度/mm</td><td colspan="2"></td></tr>
<tr><td rowspan="4">施工材料情况</td><td colspan="2">水泥/(kg/m^3)</td><td colspan="2"></td><td colspan="4" rowspan="4">每天施工前要进行材料的级配复核试验，并根据材料的实际含水量计算材料的用量</td></tr>
<tr><td colspan="2">砂/(kg/m^3)</td><td colspan="2"></td></tr>
<tr><td colspan="2">碎石/(kg/m^3)</td><td colspan="2"></td></tr>
<tr><td colspan="2">水/(kg/m^3)</td><td colspan="2"></td></tr>
<tr><td colspan="2" rowspan="3">施工坍落度
/mm</td><td>含砂情况</td><td rowspan="3"></td><td></td><td rowspan="3"></td><td></td><td rowspan="3"></td><td></td></tr>
<tr><td>黏聚性</td><td></td><td></td><td></td></tr>
<tr><td>保水性</td><td></td><td></td><td></td></tr>
<tr><td colspan="3">施工拌和方法</td><td colspan="2"></td><td colspan="2">振捣方法</td><td colspan="2"></td></tr>
<tr><td colspan="3">试件编号</td><td colspan="2"></td><td colspan="2"></td><td colspan="2"></td></tr>
<tr><td colspan="3">试件强度/MPa</td><td>7d</td><td></td><td>28d</td><td></td><td>28d</td><td></td></tr>
<tr><td colspan="3">试件养生方法</td><td colspan="2"></td><td colspan="2">施工养生方法及天数</td><td colspan="2"></td></tr>
<tr><td colspan="9">驻地监理工程师(代表)意见：

签字：
年　　月　　日</td></tr>
</table>

施工负责人：　　　　质量检查员：　　　　驻地监理工程师：

表 4-88　　________工程检验记录表

工程名称		工程部位		桩　号		施工日期		检验日期	
检验项目	规定值或允许偏差	设计值	实测值		偏　差		检验点数	合格点数	合格率(%)

施工负责人：　　　　质量检查员：　　　　驻地监理工程师：

表 4-89 钢筋制作与焊接记录

工程名称		工程部位		施工日期	
桩　　号		图纸号		钢筋焊接形式	
钢筋直径		钢筋级别		生产厂家	
出厂证编号		抽检报告编号		可焊性编号	
焊条型号			焊条出厂合格证		
焊条生产厂家			焊接接头试验编号		
防风、防雨设施			防寒设施		
钢筋制作平台			电焊机型号		
焊工数量		焊工姓名		上岗证编号	
接头数量		批　　数		接头试验次数	
接头弯曲试验结果			接头拉伸试验结果		
接头几何尺寸偏差及缺陷检查结果：					
外观鉴定：					
驻地监理工程师(代表)意见： 签字： 年　月　日					

施工负责人：　　　　质量检查员：　　　　驻地监理工程师：

表 4-90 钢模板制作检验记录表

工程名称			工程部位		检验日期			
检验项目		规定值或允许偏差	设计值	实测值	偏差	检验点数	合格点数	合格率(%)
外形尺寸/mm	长和高	0,－1						
	肋高	±5						
面板端偏斜/mm			≤0.5					
连接配件(螺栓、卡子等)的孔眼位置/mm	孔中心与板面的间距	±0.3						
	板端中心与板端的间距	0,－5						
	沿板长、宽方向的孔	±0.6						
板面局部不平/mm			1.0					
板面和板侧挠度/mm			±1.0					

施工负责人：　　　　质量检查员：　　　　驻地监理工程师：

表 4-91　　模板安装检验记录表

工程名称		工程部位		模板类型		检验日期		
检验项目	规定值或允许偏差/mm	设计值	实测值	偏差	检验点数	合格点数	合格率(%)	
模板高程	基础:±15; 柱、墙和梁、墩台:±10							
模板内部尺寸	上部构造:+5,0; 基础:±30; 墩台:±20	长、宽、高						
轴线偏位	基础:15; 柱或墙:8; 梁、墩台:10							
装配式构件支承面的高程	+2,−5							
相邻两板表面高低差	2							
模板表面平整	5							
预留件中心线位置	3							
预留孔洞中心线位置	10							
预留孔洞截面内部尺寸	+10,0							

施工负责人：　　　　质量检查员：　　　　驻地监理工程师：

表 4-92　　浆砌排水沟(土沟、盲沟)沟底高程检验记录表

工程名称				桩　号			
工程部位		施工日期			检验日期		
桩　号	设计/m	实测/m	偏差/mm	桩　号	设计/m	实测/m	偏差/mm
允许偏差/mm				检测点数			
合格点数				合格率(%)			

施工负责人：　　　　质量检查员：　　　　驻地监理工程师：

表 4-93　**浆砌排水沟检验记录表**

排水沟类型		桩号		工程部位		施工日期			检验日期		
检验项目	规定值或允许偏差	设计值	实　测　值	偏差	检验点数		合格点数		合格率（%）
					本项	累计	本项	累计	
砂浆强度/MPa	在合格标准内								
轴线偏位/mm	50								
墙面直顺度/mm或坡度	30或符合设计要求								
断面尺寸/mm	±30								
铺砌厚度/mm	不小于设计								
基础垫层宽、厚/mm	不小于设计								

施工负责人：　　　　　　　　　　质量检查员：　　　　　　　　　　驻地监理工程师：

表 4-94　**土沟(盲沟)检验记录表**

工程名称		桩号		工程部位		施工日期		检验日期	
检验项目	规定值或允许偏差	设　计　值	实　测　值	检验点数	合格点数	合格率(%)
断面尺寸(%)	不小于设计					
边坡坡度	不陡于设计					
边棱直顺度/mm	50					

施工负责人：　　　　　　　　　　质量检查员：　　　　　　　　　　驻地监理工程师：

表 4-95 浆砌排水沟分项工程质量检验评定表

分项工程名称：浆砌排水沟 所属分部工程名称：排水工程

所属建设项目： 工程部位：K11＋000～K12＋000

施工单位：××集团有限责任公司 ××公路工程项目经理部

监理单位：××国际工程咨询有限公司 ××公路监理部

基本要求	砌体砂浆配合比准确，砌缝内砂浆均匀饱满，勾缝密实；浆砌片石质量和规格符合设计要求；基础中缩缝与墙身对齐；砌体抹面平整、压光、直顺，无裂缝、空鼓现象。																
实测项目	项次	检查项目	规定值或允许偏差	实测值或实测偏差值										质量评定			
				1	2	3	4	5	6	7	8	9	10	平均值、代表值	合格率(%)	权值	得分
	1△	砂浆强度/MPa	在合格标准内												100	3	100
	2	轴线偏位/mm	50												100	1	100
	3	沟底高程/mm	±15												100	2	100
	4	墙面直顺度或坡度/mm	30 或符合设计要求												100	1	100
	5	断面尺寸/mm	±30												100	2	100
	6	铺砌厚度/mm	不小于设计												100	1	100
	7	基础垫层宽、厚/mm	不小于设计												100	1	100
	合计															11	100

外观鉴定	沟底内有杂物	减分	2	监理意见	同意施工单位的评定 签字：××× ××年×月×日
质量保证资料	资料齐全、完整、真实	减分	0		
工程质量等级评定	评分：98		质量等级：合格		

检验负责人：××× 检测：××× 记录：××× 复核：××× ××年×月×日

四、小桥及符合小桥标准的通道、人行天桥工程施工资料

(1)通常每座小桥为一个分部工程，主要包括基础及下部构造，上部构造预制、安装或浇筑，桥面，栏杆，人行道等五个分项工程。

(2)跨径或全长符合小桥标准的通道，以每座为一个分部工程，按小桥标准进行组卷，小桥按桥梁工程要求进行组卷。

(3)人行天桥只允许行人通过，用于避免车流和人流平面相交时的冲突，保障行人安全的穿越，提高车速，减少交通事故。

小桥及符合小桥标准的通道、人行天桥工程施工资料常用表格式样见表4-96～表4-106。

表4-96　　　　**结构物基坑基底现场质量检验报告单**

工程名称		工程部位		施工日期	
桩号		图纸号		检验日期	
检验项目	规定值或允许偏差	检验方法与频率	检验结果	检验资料编号	备　注
轴线偏位/mm	25	全站仪或经纬仪：纵、横各测量2处			
基底高程/mm　土质	±50	水平仪：测量8点			
基底高程/mm　石质	+50，−200				
基底土质	符合设计要求	按设计要求检查			需符合设计要求，监理工程师认为必要时作相应试验确定土质种类
基底承载力/MPa	符合设计要求	按设计要求检查			
平面尺寸	不小于设计要求	尺量：长、宽各检查3处			需符合基础设计并满足基坑排水
压实度(%)	符合设计要求	实测：每50m²检测1处			基底换填或基底承载力设计要求以压实度为标准的
外观鉴定					
质量评定					

施工负责人：　　　　　　　　质量检查员：　　　　　　　　驻地监理工程师：

表 4-97　　沥青路面压实度检验(表干法)

工程名称			试验单位		
现场桩号			试验完成日期	年　月　日	
层　次			试验执行标准		
标准密度/(g/cm³)			试验人签字		
混合料类型			审核人签字		
组　次						
编　号	1	3	3	1	2	3
桩　号						
取样位置/m						
试件厚度/cm						
干燥试件的空中质量/g						
试件的水中质量/g						
试件表干质量/g						
路面试件密度/(g/cm³)						
压实度(%)						
平均值(%)						
压实度标准(%)						

结论：

签字：
年　月　日

表 4-98　　抗滑构造深度检验记录表(铺砂法)

工程名称			施工日期		
桩　号			检验日期		
桩　号	测点位置	砂的体积 V /cm³	摊平砂的平均直径 D /mm	构造深度 TD/mm	
				单　值	平均值
允许偏差/mm			检测点数		
合格点数			合格率(%)		

施工负责人：　　　　质量检查员：　　　　驻地监理工程师：

表 4-99　　　　**钻孔钻进记录(冲击钻)**

<table>
<tr><td colspan="3">工程名称</td><td colspan="3"></td><td colspan="2">工程部位</td><td colspan="3"></td><td colspan="4">桩位编号</td><td colspan="3"></td></tr>
<tr><td colspan="3">桩径/mm</td><td colspan="3"></td><td colspan="2">地面高程/m</td><td colspan="3"></td><td colspan="4">设计桩底高程/m</td><td colspan="3"></td></tr>
<tr><td colspan="3">护筒长度/m</td><td colspan="3"></td><td colspan="2">护筒顶高程/m</td><td colspan="3"></td><td colspan="4">护筒埋置深度/m</td><td colspan="3"></td></tr>
<tr><td colspan="3">钻头直径/mm</td><td colspan="3"></td><td colspan="2">钻头形式</td><td colspan="3"></td><td colspan="4">钻头质量/kg</td><td colspan="3"></td></tr>
<tr><td colspan="5">时　间</td><td rowspan="4">累计/h</td><td rowspan="4">工作内容</td><td rowspan="4">冲程/m</td><td rowspan="4">冲击次数(次/min</td><td colspan="2">钻进深度/m</td><td colspan="4">孔位偏差/mm</td><td rowspan="4">孔底高程/m</td><td rowspan="4">孔内水位/m</td><td rowspan="4">结论</td></tr>
<tr><td rowspan="3">年　月　日</td><td colspan="2">起</td><td colspan="2">止</td><td rowspan="3">本次</td><td rowspan="3">累计</td><td colspan="2">顺桥向</td><td colspan="2">横桥向</td></tr>
<tr><td rowspan="2">时</td><td rowspan="2">分</td><td rowspan="2">时</td><td rowspan="2">分</td><td rowspan="2">前</td><td rowspan="2">后</td><td rowspan="2">左</td><td rowspan="2">右</td></tr>
<tr></tr>
<tr><td></td><td></td><td></td><td></td><td></td><td></td><td></td><td></td><td></td><td></td><td></td><td></td><td></td><td></td><td></td><td></td><td></td><td></td></tr>
<tr><td></td><td></td><td></td><td></td><td></td><td></td><td></td><td></td><td></td><td></td><td></td><td></td><td></td><td></td><td></td><td></td><td></td><td></td></tr>
<tr><td></td><td></td><td></td><td></td><td></td><td></td><td></td><td></td><td></td><td></td><td></td><td></td><td></td><td></td><td></td><td></td><td></td><td></td></tr>
<tr><td></td><td></td><td></td><td></td><td></td><td></td><td></td><td></td><td></td><td></td><td></td><td></td><td></td><td></td><td></td><td></td><td></td><td></td></tr>
</table>

施工负责人：　　　　　　　　质量检查员：　　　　　　　　驻地监理工程师：

表 4-100　　　　**后张法预应力筋张拉记录**

<table>
<tr><td>构件名称</td><td></td><td>设计控制应力/MPa</td><td></td><td>设计伸长量/mm</td><td></td></tr>
<tr><td>构件编号</td><td></td><td>油表读数/MPa</td><td></td><td>实际伸长量/mm</td><td></td></tr>
<tr><td>千斤顶号</td><td></td><td>钢丝束编号</td><td></td><td>张拉温度/℃</td><td></td></tr>
<tr><td>混凝土设计强度/MPa</td><td></td><td>张拉时混凝土强度/MPa及龄期</td><td></td><td>预应力筋规格及抗拉强度</td><td></td></tr>
<tr><td colspan="4">预应力张拉程序：</td><td colspan="2">预应力钢丝束编号示意图：</td></tr>
<tr><td colspan="6">滑丝根数：　　　　滑丝总长度：　　　　断丝根数：</td></tr>
<tr><td colspan="6">驻地监理工程师(代表)意见：
签字：
年　　月　　日</td></tr>
</table>

施工负责人：　　　　　　　　质量检查员：　　　　　　　　驻地监理工程师：

表 4-101 张拉原始记录

构件名称							构件编号									张拉日期				
束号	控制张拉力/kN	顶号	表号	油表读数/MPa						伸长值/mm						张拉伸长量/mm		张拉伸长率(%)		滑、断丝
				10%	20%	100%	10%	20%	100%	10%	20%	100%	10%	20%	100%	理论伸长	实际伸长	允许偏差	实测伸长率	

施工负责人：　　　　质量检查员：　　　　驻地监理工程师：

表 4-102 预应力孔道(压浆)施工记录

工程名称					水灰比			大气温度/℃			
桩　　号					水泥浆泌水率(%)			净浆温度/℃			
构件名称					水泥浆膨胀率(%)			压浆温度/℃			
构件编号					水泥浆稠度/s			外加剂品种			
水泥品种					水泥强度等级			外加剂剂量(%)			
序号	束号	压浆次数	孔　　号								
			压浆端	冒浆端	压力/MPa	稳压压力/MPa	开始时间	结束时间	压浆时间	稳压时间	间隔时间/min
		1									
		2									
		1									
		2									
		1									
		2									
		1									
		2									
水泥浆设计强度/MPa					试件组数			平均抗压强度/MPa			

驻地监理工程师(代表)意见：

签字：

年　　月　　日

施工负责人：　　　　质量检查员：　　　　驻地监理工程师：

表 4-103　**桥涵放样记录**

工程名称		工程部位		测量日期	
驻地监理工程师(代表)意见： 签字： 年　月　日					

施工负责人：　　质量检查员：　　驻地监理工程师：

表 4-104　**结构物基坑基底承载力试验**

工程名称		试验单位	
墩台编号		试验完成日期	年　月　日
设计地基承载力/kPa		试验人签字	
试验执行标准		审核人签字	

试验项目	试验结果	备　注
天然含水量(%)		
天然湿密度/(g/cm^3)		
颗粒密度/(g/cm^3)		
天然孔隙比		
液限(%)		
塑限(%)		
液性指数		
地基承载力/kPa		
结论： 签字： 年　月　日		

表 4-105　　结构物基坑基底承载力试验(触探法)

<table>
<tr><td colspan="2">工程名称</td><td colspan="3"></td><td colspan="2">试验单位</td><td colspan="3"></td></tr>
<tr><td colspan="2">桩　　号</td><td colspan="3"></td><td colspan="2">试验完成日期</td><td colspan="3">年　　月　　日</td></tr>
<tr><td colspan="2">墩台编号</td><td colspan="3"></td><td colspan="2">试验人签字</td><td colspan="3"></td></tr>
<tr><td colspan="2">设计地基承载力/kPa</td><td colspan="3"></td><td colspan="2">审核人签字</td><td colspan="3"></td></tr>
<tr><td>动力触探类型</td><td></td><td colspan="2">贯入速率
/(N/min)</td><td colspan="2"></td><td colspan="2">土的类别</td><td colspan="2"></td></tr>
<tr><td>锤击点数</td><td>1</td><td>2</td><td>3</td><td>4</td><td>5</td><td>6</td><td>7</td><td>8</td><td>9</td></tr>
<tr><td>锤击数/N</td><td></td><td></td><td></td><td></td><td></td><td></td><td></td><td></td><td></td></tr>
<tr><td>贯入深度/mm</td><td></td><td></td><td></td><td></td><td></td><td></td><td></td><td></td><td></td></tr>
<tr><td>容许承载力/kPa</td><td></td><td></td><td></td><td></td><td></td><td></td><td></td><td></td><td></td></tr>
<tr><td>锤击点数</td><td>10</td><td>11</td><td>12</td><td>13</td><td>14</td><td>15</td><td>16</td><td>17</td><td>18</td></tr>
<tr><td>锤击数/N</td><td></td><td></td><td></td><td></td><td></td><td></td><td></td><td></td><td></td></tr>
<tr><td>贯入深度/mm</td><td></td><td></td><td></td><td></td><td></td><td></td><td></td><td></td><td></td></tr>
<tr><td>容许承载力/kPa</td><td></td><td></td><td></td><td></td><td></td><td></td><td></td><td></td><td></td></tr>
<tr><td>锤击点数</td><td>19</td><td>20</td><td>21</td><td>22</td><td>23</td><td>24</td><td>25</td><td>26</td><td>27</td></tr>
<tr><td>锤击数/N</td><td></td><td></td><td></td><td></td><td></td><td></td><td></td><td></td><td></td></tr>
<tr><td>贯入深度/mm</td><td></td><td></td><td></td><td></td><td></td><td></td><td></td><td></td><td></td></tr>
<tr><td>容许承载力/kPa</td><td></td><td></td><td></td><td></td><td></td><td></td><td></td><td></td><td></td></tr>
<tr><td colspan="10">结论：

签字：
年　　月　　日</td></tr>
</table>

表 4-106　　扩大基础分项工程质量检验评定表

分项工程名称：扩大基础　　所属分部工程名称：小桥及符合小桥标准的通道、人行天桥

所属建设项目：　　工程部位：K10+000～K11+000

施工单位：××集团有限责任公司　　监理单位：××国际工程咨询有限公司

××公路工程项目经理部　　××公路监理部

<table>
<tr><td colspan="2">基本要求</td><td colspan="9"></td></tr>
<tr><td rowspan="8">实测项目</td><td rowspan="2">项次</td><td rowspan="2" colspan="2">检查项目</td><td rowspan="2">规定值或允许偏差</td><td rowspan="2">实测值或实测偏差值</td><td colspan="4">质量评定</td></tr>
<tr><td>平均值、代表值</td><td>合格率（%）</td><td>权值</td><td>得分</td></tr>
<tr><td>1△</td><td colspan="2">混凝土强度/MPa</td><td>在合格标准内</td><td></td><td></td><td></td><td>3</td><td></td></tr>
<tr><td>2</td><td colspan="2">平面尺寸/mm</td><td>±50</td><td></td><td></td><td></td><td>2</td><td></td></tr>
<tr><td rowspan="2">3△</td><td rowspan="2">基础底面高程/mm</td><td>土质</td><td>±50</td><td></td><td rowspan="2"></td><td rowspan="2"></td><td rowspan="2">2</td><td rowspan="2"></td></tr>
<tr><td>石质</td><td>+50，−200</td><td></td></tr>
<tr><td>4</td><td colspan="2">基础顶面高程/mm</td><td>±30</td><td></td><td></td><td></td><td>1</td><td></td></tr>
<tr><td>5</td><td colspan="2">轴线偏位/mm</td><td>25</td><td></td><td></td><td></td><td>2</td><td></td></tr>
<tr><td></td><td colspan="4">合　计</td><td colspan="3"></td><td></td><td></td></tr>
<tr><td colspan="3">外观鉴定</td><td colspan="2"></td><td>减分</td><td></td><td rowspan="2">监理意见</td><td colspan="3" rowspan="2"></td></tr>
<tr><td colspan="3">质量保证资料</td><td colspan="2"></td><td>减分</td><td></td></tr>
<tr><td colspan="3">工程质量等级评定</td><td colspan="8">评分：　　质量等级：</td></tr>
</table>

检验负责人：×××　　检测：×××　　记录：×××　　复核：×××　　××年×月×日

五、涵洞、通道工程施工资料

(1)涵洞是指在水渠通过公路时，为了不妨碍交通，修筑于路面下，让水从公路的下面流过再翻到地面上来，形状有管形、箱形及拱形等。它是根据连通器的原理，常用砖、石、混凝土和钢筋混凝土等材料筑成。它是路堤通过洼地或跨越水沟，或为把路基上方的水流宣泄到下方时，而设置的横穿路基的小型地面排水结构物。其单跨计算跨径 L 小于 5m，多孔跨径小于 8m。

涵洞按建筑材料可分为砖涵、石涵、混凝土涵和钢筋混凝土涵；按涵洞断面形式可分为管涵、板涵、箱涵、拱涵；按涵顶填土情况可分为明涵（涵顶无填土）和暗涵（涵顶填土大于 50cm）；按水

力性能分为无压涵、半压力涵和压力涵；按构造可分为拱涵、箱涵、圆涵等。

选择上述涵洞类型时要考虑净空断面的大小、地基的状况、施工条件及工程造价等。

涵洞构造中能直接影响涵洞的宣泄能力和保证洞身安全的部分是洞口建筑。

涵洞承受的荷载包括路堤土体重量给予涵身的压力和列车、车辆重量通过路堤土传到涵身的压力。涵洞顶面承受竖向压力，两侧承受侧压力。其各部分截面尺寸应根据上列荷载计算决定。各种涵洞现均有标准设计图。

（2）每座涵洞或通道为一个子分部工程，涵洞（通道）主要包括基础及下部构造，主要构件预制、安装和浇筑，填土，总体等四个分项工程。

（3）跨径或全长符合涵洞标准的通道，以每座为一个子分部工程，按照涵洞资料要求进行组卷。

涵洞、通道工程施工资料常用表格式样见表 4-107 及表 4-108。

表 4-107　　涵洞总体质量检验报告单

承包单位：××集团有限公司××公路工程 A2 标段项目经理部　　合同号：A2

监理单位：××工程咨询有限公司××公路工程 A2 标段监理部　　编　号：

工程名称		K9＋000 涵洞	施工时间	××年×月×日
桩号及部位		总　体	检验时间	××年×月×日
项　次	检查项目	规定值或允许偏差/mm	检验结果	检验频率和方法
1	轴线偏位	明涵 20，暗涵 50	符合《验评标准》	经纬仪：检查 2 处
2△	流水面高程	±20	符合《验评标准》	水准仪、尺量：检查洞口 2 处，拉线检查中间 1～3 处
3	涵底铺砌厚度	＋40，－10	符合《验评标准》	尺量：检查 3～5 处
4	长　度	＋100，－50	符合《验评标准》	尺量：检查中心线
5	孔　径	±20	符合《验评标准》	尺量：检查 3～5 处
6	净　高	明涵±20，暗涵±50	符合《验评标准》	尺量：检查 3～5 处
自检说明： 符合设计规范及《验评标准》的要求。 施工员：××× ××年×月×日			监理评语： 符合设计规范及《验评标准》的要求。 监理员：××× ××年×月×日	

施工负责人：×××　　质量检查员：×××　　监理工程师：×××

表 4-108　　涵洞总体分项工程质量检验评定表

分项工程名称：涵洞总体　　所属分部工程名称：涵洞工程

所属建设项目：　　工程部位：K9 +000

施工单位：××集团有限责任公司　　监理单位：××国际工程咨询有限公司

××公路工程项目经理部　　××公路监理部

基本要求	涵洞施工严格按照设计图纸、施工规范和有关技术操作规程要求；各接缝、沉降缝位置正确；填缝无空鼓、开裂、漏水现象；涵洞内无垃圾、杂物。															
实测项目	项次	检查项目	规定值或允许偏差/mm	实测值或实测偏差值										质量评定			
				1	2	3	4	5	6	7	8	9	10	平均值、代表值	合格率(%)	权值	得分
	1	轴线偏位	暗涵 50												100	2	100
	2△	流水面高程	±20												100	3	100
	3	涵底铺砌厚度	+40，−10												100	1	100
	4	长　度	+100，−50												100	1	100
	5△	孔　径	±20												100	3	100
	6	净　高	暗涵±50												100	1	100
	合　计															11	100
外观鉴定	外露混凝土表面不够平整，颜色不一致	减分	3	监理意见	同意施工单位的评定 签字：××× ××年×月×日												
质量保证资料	资料齐全、完整、真实	减分	0														
工程质量等级评定	评分：97	质量等级：合格															

检验负责人：×××　　检测：×××　　记录：×××　　复核：×××　　××年×月×日

六、挡土墙、防护工程施工资料

(1)挡土墙主要包括砌体或混凝土挡土墙、大型挡土墙、加筋土挡土墙等三部分。防护工程主要包括护坡和锚喷支护等两部分。

(2)根据《验评标准》要求，砌体挡土墙，当平均墙高小于6m或墙身面积小于1200m² 时，每处可作为一个分项工程进行组卷。否则，应作为分部工程进行组卷。

(3)悬臂式和扶壁式挡土墙、加筋土挡土墙应作为分部工程进行组卷。

(4)大型砌体或混凝土挡土墙可分为基础和墙身两个分项工程。基础使用桥梁工程“浆砌片石基础”和“混凝土基础”表格，墙身使用一般挡土墙表格。

(5)大型加筋土挡土墙可划分为基础、面板预制、面板安装和加筋土挡土墙总体四个分项工程。其中基础、面板预制使用桥梁工程混凝土现浇部分相关表格。

(6)护坡、锚喷支护，以每处作为一个分项工程。

挡土墙、防护工程施工资料常用表格式样见表4-109及表4-110。

表4-109　　锥、护坡质量检验报告单

承包单位：××集团有限公司××公路工程A2标段项目经理部　　合同号：A2

监理单位：××工程咨询有限公司××公路工程A2标段监理部　　编　号：

工程名称		防护工程	施工时间	××年×月×日
桩号及部位		K9+200～K9+300 右侧护坡	检验时间	××年×月×日
项　次	检查项目	规定值或允许偏差	检验结果	检验频率和方法
1△	砂浆强度/MPa	在合格标准内	符合《验评标准》	
2	顶面高程/mm	±50	符合《验评标准》	水准仪：每50m检查3点，不足50m时至少2点
3	表面平整度/mm	30	符合《验评标准》	2m直尺：锥坡检查3处，护坡每50m检查3处
4	坡　度	不陡于设计	符合《验评标准》	坡度尺量：每50m量3处
5△	厚　度/mm	不小于设计	符合《验评标准》	尺量：每100m检查3处
6	底面高程/mm	±50	符合《验评标准》	水准仪：每50m检查3点
自检说明： 符合设计规范及《验评标准》的要求。 施工员：××× ××年×月×日			监理评语： 符合设计规范及《验评标准》的要求。 监理员：××× ××年×月×日	

施工负责人：×××　　质量检查员：×××　　监理工程师：×××

表 4-110　　**锥、护坡分项工程质量检验评定表**

分项工程名称：**锥、护坡**　　所属分部工程名称：**护坡工程**　　所属建设项目：

工 程 部 位：**K50＋000～K70＋000**　　施　工　单　位：**××集团有限责任公司 ××公路工程项目经理部**　　监 理 单 位：**××国际工程咨询有限公司**

<table>
<tr><td colspan="3">基本要求</td><td colspan="7"></td></tr>
<tr><td rowspan="13">实测项目</td><td rowspan="2">项次</td><td rowspan="2">检查项目</td><td rowspan="2">规定值或允许偏差</td><td rowspan="2">实测值或实测偏差值</td><td colspan="4">质 量 评 定</td></tr>
<tr><td>平均值、代表值</td><td>合格率（%）</td><td>权值</td><td>得分</td></tr>
<tr><td>1△</td><td>砂浆强度/MPa</td><td>在合格标准内</td><td></td><td></td><td></td><td>3</td><td></td></tr>
<tr><td>2</td><td>顶面高程/mm</td><td>±50</td><td></td><td></td><td></td><td>1</td><td></td></tr>
<tr><td>3</td><td>表面平整度/mm</td><td>30</td><td></td><td></td><td></td><td>1</td><td></td></tr>
<tr><td>4</td><td>坡度</td><td>不陡于设计</td><td></td><td></td><td></td><td>1</td><td></td></tr>
<tr><td>5△</td><td>厚度/mm</td><td>不小于设计</td><td></td><td></td><td></td><td>2</td><td></td></tr>
<tr><td>6</td><td>底面高程/mm</td><td>±50</td><td></td><td></td><td></td><td>1</td><td></td></tr>
<tr><td></td><td></td><td></td><td></td><td></td><td></td><td></td><td></td></tr>
<tr><td></td><td></td><td></td><td></td><td></td><td></td><td></td><td></td></tr>
<tr><td></td><td></td><td></td><td></td><td></td><td></td><td></td><td></td></tr>
<tr><td></td><td></td><td></td><td></td><td></td><td></td><td></td><td></td></tr>
<tr><td></td><td></td><td></td><td></td><td></td><td></td><td></td><td></td></tr>
<tr><td colspan="3">外观鉴定</td><td></td><td>减分</td><td></td><td rowspan="2">监理意见</td><td colspan="3" rowspan="2"></td></tr>
<tr><td colspan="3">质量保证资料</td><td></td><td>减分</td><td></td></tr>
<tr><td colspan="3">工程质量等级评定</td><td colspan="7">评分：　　　　质量等级：</td></tr>
</table>

检验负责人：×××　　检测：×××　　记录：×××　　复核：×××　　××年×月×日

第五节 路面工程施工资料文件

一、路面工程施工资料分类

路面工程施工资料分类见表 4-111。

表 4-111 路面工程施工资料分类

<table>
<tr><th>序号</th><th>分部工程</th><th colspan="2">资 料 类 别</th></tr>
<tr><td rowspan="3">1</td><td rowspan="3">路面面层</td><td>施工原始资料</td><td>(1)沥青路面压实度检验(表干法)(由检测单位提供)。
(2)沥青路面压实度检验(蜡封法)(由检测单位提供)。
(3)水泥混凝土弯拉强度试验报告单(由检测单位提供)。
(4)水泥混凝土弯拉试件断块抗压强度试验报告单(由检测单位提供)。
(5)路面渗水系数试验(表 4-116)。
(6)________粗集料技术性能试验(表 4-114)。
(7)水泥混凝土粗集料级配试验(由检测单位提供)。
(8)________细集料技术性能试验(表 4-115)。
(9)水泥混凝土施工期间微调配合比试验报告单(由检测单位提供)。
(10)水泥混凝土拌合物配合比分析试验报告单(由检测单位提供)。
(11)施工放样报验单(表 4-9)。
(12)水准测量记录(表 4-81)。
(13)路面结构厚度检验记录表(表 4-113)。
(14)抗滑构造深度检验记录表(铺砂法)(表 4-98)。
(15)中线偏位检验记录表(表 4-75)。
(16)宽度检验记录表(表 4-77)。
(17)纵断高程检验记录表(表 4-74)。
(18)横坡检验记录表(表 4-79)。
(19)水泥混凝土路面弯拉强度汇总表(表 4-120)。
(20)沥青混合料马歇尔稳定度试验汇总表(表 4-121)</td></tr>
<tr><td>试验、检测报告</td><td>(1)沥青路面压实度检验(表干法)(由检测单位提供)。
(2)沥青路面压实度检验(蜡封法)(由检测单位提供)。
(3)水泥混凝土弯拉强度试验报告单(由检测单位提供)。
(4)水泥混凝土弯拉试件断块抗压强度试验报告单(由检测单位提供)。
(5)________粗集料技术性能试验(表 4-114)。
(6)水泥混凝土粗集料级配度验(由检测单位提供)。
(7)________细集料技术性能试验(表 4-115)</td></tr>
<tr><td>工程质量文件</td><td>(1)路面结构厚度检验记录表(表 4-113)。
(2)平整度检验记录表(表 4-78)。
(3)抗滑构造深度检验记录表(铺砂法)(表 4-98)。
(4)中线偏位检验记录表(表 4-75)。
(5)宽度检验记录表(表 4-77)。
(6)纵断高程检验记录表(表 4-74)。
(7)横坡检验记录表(表 4-79)。
(8)沥青路面压实度检验(表干法)(由检测单位提供)</td></tr>
</table>

（续一）

序号	分部工程	资料类别	
1	路面面层	工程质量文件	(9)沥青路面压实度检验(蜡封法)(由检测单位提供)。 (10)路面渗水系数试验(表 4-116)。 (11)抗滑构造深度检验记录表(铺砂法)(表 4-98)。 (12)路面横向力系数评定表(摩擦系数测定车)(表 4-118)。 (13)路面结构厚度检验记录表(表 4-113)。 (14)________分项工程质量检验评定表(表 4-117)
2	路面基层	施工原始资料	(1)________质量检验报告单(表 4-123)。 (2)无侧限抗压强度试验报告单(表 4-64)。 (3)无侧限抗压强度试验汇总表(表 4-122)。 (4)水泥(石灰)剂量试验(EDTA 滴定法)(由检测单位提供)。 (5)路面基层集料技术性能试验(由检测单位提供)。 (6)路面基层集料级配试验(由检测单位提供)。 (7)施工放样报验单(表 4-9)。 (8)平整度检验记录表(表 4-78)。 (9)纵断高程检验记录表(表 4-74)。 (10)宽度检验记录表(表 4-77)。 (11)路面结构厚度检验记录表(表 4-113)。 (12)横坡检验记录表(表 4-79)。 (13)水准测量记录(表 4-81)
		试验、检测报告	(1)无侧限抗压强度试验报告单(表 4-64)。 (2)水泥(石灰)剂量试验(EDTA 滴定法)(由检测单位提供)。 (3)路面基层集料技术性能试验(由检测单位提供)。 (4)路面基层集料级配试验(由检测单位提供)
		工程质量文件	(1)平整度检验记录表(表 4-78)。 (2)纵断高程检验记录表(表 4-74)。 (3)宽度检验记录表(表 4-77)。 (4)路面结构厚度检验记录表(表 4-113)。 (5)横坡检验记录表(表 4-79)。 (6)________分项工程质量检验评定表(表 4-124)
3	路面垫层	施工原始资料	(1)施工放样报验单(表 4-9)。 (2)路面砂垫层施工原始记录(表 4-126)。 (3)路面结构厚度检验记录表(表 4-113)。 (4)纵断高程检验记录表(表 4-74)。 (5)宽度检验记录表(表 4-77)。 (6)平整度检验记录表(表 4-78)。 (7)横坡检验记录表(表 4-79)。 (8)水准测量记录(表 4-81)。 (9)砂砾技术性能试验报告(表 4-50)
		试验、检测报告	(1)砂砾技术性能试验(表 4-127)。 (2)土的击实试验记录(表 4-59)。 (3)标准击实曲线图(表 4-60)
		工程质量文件	(1)路面砂砾垫层现场质量检验报告单(高速及一级公路)(表 4-128)。 (2)路面砂砾垫层现场质量检验报告单(其他公路)(表 4-129)

(续二)

序号	分部工程	资　料　类　别	
4	路缘石	施工原始资料	(1)施工放样报验单(表4-9)。 (2)________工程检验记录表(表4-88)。 (3)________质量检验报告单(表4-130)
		试验、检测报告	——
		工程质量文件	(1)________工程检验记录表(表4-88)。 (2)________分项工程质量检验评定表(表4-131)
5	路肩	施工原始资料	(1)施工放样报验单(表4-9)。 (2)________质量检验报告单(表4-132)。 (3)平整度检验记录表(表4-78)。 (4)横坡检验记录单(表4-79)。 (5)宽度检验记录表(表4-77)
		试验、检测报告	(1)路基填料试验报告(表4-49)。 (2)土的击实试验记录(表4-59)。 (3)标准击实曲线图(表4-60)
		工程质量文件	(1)压实度检验评定表(表4-138)。 (2)平整度检验记录表(表4-78)。 (3)横坡检验记录表(表4-79)。 (4)宽度检验记录表(表4-77)。 (5)________分项工程质量检验评定表(表4-133)

二、路面面层施工资料

面层是直接同车轮和大气接触的结构层。按使用性能、材料组成和结构强度可分为高级路面、次高级路面、中级路面和低级路面;按力学性能可分为刚性路面、半刚性路面与柔性路面;按所用材料不同可分为沥青混凝土路面、水泥混凝土路面、碎(砾)石路面等。

(1)施工前必须检查各种材料的来源和质量。对经招标程序购进的沥青、集料等重要材料,供货单位必须提交最新检测的正式试验报告。从国外进口的材料应提供该批材料的船运单。对首次使用的集料,应检查生产单位的生产条件、加工机械、覆盖层的清理情况。所有材料都应按规定取样检测,经质量认可后方可订货。、

(2)各种材料都必须在施工前以“批”为单位进行检查,不符合规范技术要求的材料不得进场。材料试样的取样数量与频度按现行试验规程的规定进行。

(3)工程开始前,必须对材料的存放场地、防雨和排水措施进行确认,不符合规范要求时材料不得进场。进场的各种材料的来源、品种、质量应与招标及提供的样品一致,不符合要求的材料严禁使用。

(4)使用成品改性沥青的工程,应要求供应商提供所使用的改性剂型号、基质沥青的质量检测报告。使用现场改性沥青的工程,应对试秤的改性沥青进行检测。质量不合格的不可使用。

(5)施工前应对沥青搅拌篓、摊铺机、压路机等各种施工机械设备进行调试,对机械设备的配套情况、技术性能、传感器计量精度等进行认真检查、标定,并得到监理的认可。

(6)正式开工前,各种原材料的试验结果,及据此进行的目标配合比设计和生产配合比设计

结果，应在规定的期限内向业主及监理提出正式报告，待取得正式认可后，方可使用。

路面面层资料常用表格式样见表 4-112 至表 4-121。

表 4-112　　水泥混凝土面层质量检验报告单

承包单位：××集团有限公司××公路工程 A2 标段项目经理部　　合同号：A2

监理单位：××工程咨询有限公司××公路工程 A2 标段监理部　　编　号：

<table>
<tr><td colspan="3">工程名称</td><td colspan="2">路面工程</td><td colspan="2">施工时间</td><td>××年×月×日</td></tr>
<tr><td colspan="3">桩号及部位</td><td colspan="2">K11+000～K12+000 左幅面层</td><td colspan="2">检验时间</td><td>××年×月×日</td></tr>
<tr><td rowspan="2">项次</td><td rowspan="2" colspan="2">检查项目</td><td colspan="2">规定值或允许偏差</td><td colspan="2">检验结果</td><td rowspan="2">检验频率和方法</td></tr>
<tr><td>高速公路
一级公路</td><td>其他公路</td><td>高速公路
一级公路</td><td>其他公路</td></tr>
<tr><td>1△</td><td colspan="2">弯拉强度/MPa</td><td colspan="2">在合格标准内</td><td colspan="2">符合《验评标准》</td><td></td></tr>
<tr><td rowspan="2">2△</td><td rowspan="2">板厚度
/mm</td><td>代表值</td><td colspan="2">−5</td><td colspan="2">符合《验评标准》</td><td rowspan="2">每 200m 每车道测 2 处</td></tr>
<tr><td>合格值</td><td colspan="2">−10</td><td colspan="2">符合《验评标准》</td></tr>
<tr><td rowspan="3">3</td><td rowspan="3">平整度</td><td>标准偏差
σ/mm</td><td>1.2</td><td>2.0</td><td>符合《验评标准》</td><td>符合《验评标准》</td><td rowspan="2">平整度仪：全线每车道连续按每 100m 计算 σ 或 IRI</td></tr>
<tr><td>IRI
/(m/km)</td><td>2.0</td><td>3.2</td><td>符合《验评标准》</td><td>符合《验评标准》</td></tr>
<tr><td>最大间歇
h/mm</td><td>—</td><td>5</td><td>符合《验评标准》</td><td>符合《验评标准》</td><td>3m 直尺：半幅车道板带每 200m 测 2 处×10 尺</td></tr>
<tr><td>4</td><td colspan="2">抗滑构造深度
/mm</td><td>一般路段不小于 0.7 且不大于 1.1；特殊路段不小于 0.8 且不大于 1.2</td><td>一般路段不小于 0.5 且不大于 1.0；特殊路段不小于 0.6 且不大于 1.1</td><td>符合《验评标准》</td><td>符合《验评标准》</td><td>铺砂法：每 200m 测 1 处</td></tr>
<tr><td>5</td><td colspan="2">相邻板、高差
/mm</td><td>2</td><td>3</td><td>符合《验评标准》</td><td>符合《验评标准》</td><td>抽量：每条胀缝 2 点；每 200m 抽纵、横各 2 条，每条 2 点</td></tr>
<tr><td>6</td><td colspan="2">纵、横缝顺直度
/mm</td><td colspan="2">10</td><td colspan="2">符合《验评标准》</td><td>纵缝 20m 拉线，每 200m 测 4 处；横缝沿板宽拉线，每 200m 测 4 条</td></tr>
<tr><td>7</td><td colspan="2">中线平面偏位
/mm</td><td colspan="2">20</td><td colspan="2">符合《验评标准》</td><td>经纬仪：每 200m 测 4 点</td></tr>
<tr><td>8</td><td colspan="2">路面宽度/mm</td><td colspan="2">±20</td><td colspan="2">符合《验评标准》</td><td>抽量：每 200m 测 4 处</td></tr>
<tr><td>9</td><td colspan="2">纵断高程/mm</td><td>±10</td><td>±15</td><td>符合《验评标准》</td><td>符合《验评标准》</td><td>水准仪：每 200m 测 4 断面</td></tr>
<tr><td>10</td><td colspan="2">横坡(%)</td><td>±0.15</td><td>±0.25</td><td>符合《验评标准》</td><td>符合《验评标准》</td><td>水准仪：每 200m 测 4 断面</td></tr>
<tr><td colspan="5">自检说明：
符合设计规范及《验评标准》的要求。

施工员：×××
××年×月×日</td><td colspan="3">监理评语：
符合设计规范及《验评标准》的要求。

监理员：×××
××年×月×日</td></tr>
</table>

施工负责人：×××　　质量检查员：×××　　监理工程师：×××

表 4-113 **路面结构厚度检验记录表**

工程名称			施工日期			
桩　号			检难日期			
桩　号	左幅/cm			右幅/cm		
	设计	实测	偏差	设计	实测	偏差
允许偏差/mm			平均值/cm			
检测点数		合格点数			合格率(%)	

施工负责人：　　　　　　　　质量检查员：　　　　　　　　驻地监理工程师：

表 4-114　　路面用水泥混凝土粗集料技术性能试验

<table>
<tr><td>材料名称及规格</td><td colspan="3"></td><td colspan="2">试验单位</td><td colspan="2"></td></tr>
<tr><td>代表数量/m³</td><td colspan="3"></td><td colspan="2">试验完成日期</td><td colspan="2">年　月　日</td></tr>
<tr><td>产　地</td><td colspan="3"></td><td colspan="2">试验执行标准</td><td colspan="2"></td></tr>
<tr><td>工程名称</td><td colspan="3"></td><td colspan="2">试验人签字</td><td colspan="2"></td></tr>
<tr><td>工程部位</td><td colspan="3"></td><td colspan="2">审核人签字</td><td colspan="2"></td></tr>
<tr><td colspan="8">碎石筛分记录(干筛法)</td></tr>
<tr><td rowspan="2">干燥试样总量
/g</td><td colspan="3">第 1 组</td><td colspan="3">第 2 组</td><td rowspan="2">平均</td></tr>
<tr><td colspan="3"></td><td colspan="3"></td></tr>
<tr><td rowspan="2">筛孔尺寸
/mm</td><td>筛上重
m_i/g</td><td>分计筛余
(%)</td><td>累计筛余
(%)</td><td>筛上重
m_i/g</td><td>分计筛余
(%)</td><td>累计筛余
(%)</td><td>累计筛余
(%)</td></tr>
<tr><td>(1)</td><td>(2)</td><td>(3)</td><td>(1)</td><td>(2)</td><td>(3)</td><td>(4)</td></tr>
<tr><td>37.5</td><td></td><td></td><td></td><td></td><td></td><td></td><td></td></tr>
<tr><td>31.5</td><td></td><td></td><td></td><td></td><td></td><td></td><td></td></tr>
<tr><td>26.5</td><td></td><td></td><td></td><td></td><td></td><td></td><td></td></tr>
<tr><td>19.0</td><td></td><td></td><td></td><td></td><td></td><td></td><td></td></tr>
<tr><td>16.0</td><td></td><td></td><td></td><td></td><td></td><td></td><td></td></tr>
<tr><td>9.5</td><td></td><td></td><td></td><td></td><td></td><td></td><td></td></tr>
<tr><td>4.75</td><td></td><td></td><td></td><td></td><td></td><td></td><td></td></tr>
<tr><td>2.36</td><td></td><td></td><td></td><td></td><td></td><td></td><td></td></tr>
<tr><td>筛底</td><td></td><td></td><td></td><td></td><td></td><td></td><td></td></tr>
<tr><td>筛分后总量
$\sum m_i$/g</td><td></td><td></td><td></td><td></td><td></td><td></td><td></td></tr>
<tr><td>损耗/g</td><td></td><td></td><td></td><td></td><td></td><td></td><td></td></tr>
<tr><td>损耗率(%)</td><td></td><td></td><td></td><td></td><td></td><td></td><td></td></tr>
<tr><td>超径颗粒含量(%)</td><td></td><td></td><td></td><td></td><td></td><td></td><td></td></tr>
<tr><td></td><td></td><td></td><td></td><td></td><td></td><td></td><td></td></tr>
<tr><td></td><td></td><td></td><td></td><td></td><td></td><td></td><td></td></tr>
<tr><td></td><td></td><td></td><td></td><td></td><td></td><td></td><td></td></tr>
<tr><td></td><td></td><td></td><td></td><td></td><td></td><td></td><td></td></tr>
<tr><td></td><td></td><td></td><td></td><td></td><td></td><td></td><td></td></tr>
<tr><td colspan="8">结论：

签字：
年　月　日</td></tr>
</table>

表 4-115　　　　水泥混凝土细集料技术性能试验

材料名称及规格		试验单位	
代表数量/m^3		试验日期	年　月　日
产　地		试验执行标准	
工程名称		试验人签字	
工程部位		审核人签字	

碎的筛分记录(干筛法)

干燥试样总量/g	第 1 组				第 2 组				平均
	500				500				
筛孔尺寸/mm	筛上重 m_i/g	分计筛余(%)	累计筛余(%)	通过百分率(%)	筛上重 m_i/g	分计筛余(%)	累计筛余(%)	通过百分率(%)	累计筛余(%)
	(1)	(2)	(3)	(4)	(1)	(2)	(3)	(4)	(5)
9.5(10.0)									
4.75(5.0)									
2.36(2.5)									
1.18(1.25)									
0.6(0.63)									
0.3(0.315)									
0.15(0.16)									
底盘									
筛分后总量 $\sum m_i$/g									
损耗/g									
损耗率(%)									
细度模数									

结论：

签字：

年　月　日

注：《公路桥涵施工技术规范》(JTJ 041—2000)中砂的级配范围要求以圆孔筛表示，所以在筛孔尺寸的括号中列入圆孔筛尺寸。

表 4-116

路面渗水系数试验

工程名称		试验单位	
试验执行标准		试验完成日期	年 月 日
试验人签字		审核人签字	

桩号	测试位置（距中线距离）	第一次读数时的水量/mL	第二次读数时的水量/mL	第一次读数时的时间/s	第二次读数时的水量/s	渗水系数/(mL/min)	
						单值	平均值

结论：

签字：

年 月 日

表 4-117　　水泥混凝土面层分项工程质量检验评定表

分项工程名称：水泥混凝土面层　　　　所属分部工程名称：路面工程

所属建设项目：　　　　工程部位：K11 ＋000～K12＋000

施工单位：××集团有限责任公司　　　　监理单位：××国际工程咨询有限公司

××公路工程项目经理部　　　　××公路监理部

基本要求	基层质量合格；水泥等各种材料符合设计要求；施工配合比为最佳配合比；接缝的施工及传力杆、拉杆的设置符合设计要求；抗滑构造深度、养生符合施工规范要求。

	项次	检查项目	规定值或允许偏差	实测值或实测偏差值										质量评定			
				1	2	3	4	5	6	7	8	9	10	平均值、代表值	合格率(%)	权值	得分
实测项目	1△	弯拉强度/MPa	在合格标准内												100	3	100
	2△	板厚度/mm	代表值－5，合格值－10												100	3	100
	3	平整度/mm	5												100	2	100
	4	抗滑构造深度/mm	0.7～1.1												100	2	100
	5	相邻板高差/mm	2												100	2	100
	6	纵、横缝顺直度/mm	10												100	1	100
	7	中线平面偏位/mm	20												100	1	100
	8	路面宽度/mm	±20												100	1	100
	9	纵断高程/mm	±10												100	1	100
	10	横坡(%)	±0.15												100	1	100
	合计															17	100

外观鉴定	路面侧石不够直顺，曲线不够圆滑	减分	2	监理意见	同意施工单位的评定 签字：××× ××年×月×日
质量保证资料	资料齐全、完整、真实	减分	0		
工程质量等级评定	评分：98			质量等级：合格	

检验负责人：×××　　检测：×××　　记录：×××　　复核：×××　　××年×月×日

表 4-118　　路面横向力系数评定表(摩擦系数测定车)

<table>
<tr><td>工程名称</td><td colspan="2"></td><td>桩号</td><td colspan="3"></td></tr>
<tr><td>公路等级</td><td></td><td>路表温度</td><td>℃</td><td colspan="2">测试日期</td><td></td></tr>
<tr><td>路面结构类型</td><td></td><td>外观描述</td><td></td><td colspan="2">天气情况</td><td></td></tr>
<tr><td colspan="7">粘贴打印的摩擦系数测试结果</td></tr>
<tr><td colspan="2">检测点数=</td><td colspan="2">平均值($\overline{SFC}$)=</td><td>标准差(S)=</td><td colspan="2">变异系数=</td></tr>
<tr><td colspan="2">设计标准=</td><td colspan="2">代表值($\overline{SFC_r}$)=</td><td>合格率(%)=</td><td colspan="2">质量评定:</td></tr>
</table>

施工负责人:　　　　计算:　　　　驻地监理工程师:

表 4-119　　路面结构厚度检验评定表

<table>
<tr><td>工程名称</td><td colspan="3"></td><td>分项工程桩号</td><td colspan="3"></td></tr>
<tr><td rowspan="2">桩号</td><td rowspan="2">距中线位置/m</td><td colspan="2">实测厚度/cm</td><td rowspan="2">桩号</td><td rowspan="2">距中线位置/m</td><td colspan="2">实测厚度/cm</td></tr>
<tr><td>左幅</td><td>右幅</td><td>左幅</td><td>右幅</td></tr>
<tr><td></td><td></td><td></td><td></td><td></td><td></td><td></td><td></td></tr>
<tr><td></td><td></td><td></td><td></td><td></td><td></td><td></td><td></td></tr>
<tr><td></td><td></td><td></td><td></td><td></td><td></td><td></td><td></td></tr>
<tr><td></td><td></td><td></td><td></td><td></td><td></td><td></td><td></td></tr>
<tr><td></td><td></td><td></td><td></td><td></td><td></td><td></td><td></td></tr>
<tr><td></td><td></td><td></td><td></td><td></td><td></td><td></td><td></td></tr>
<tr><td></td><td></td><td></td><td></td><td></td><td></td><td></td><td></td></tr>
<tr><td></td><td></td><td></td><td></td><td></td><td></td><td></td><td></td></tr>
<tr><td></td><td></td><td></td><td></td><td></td><td></td><td></td><td></td></tr>
<tr><td></td><td></td><td></td><td></td><td></td><td></td><td></td><td></td></tr>
<tr><td></td><td></td><td></td><td></td><td></td><td></td><td></td><td></td></tr>
<tr><td colspan="4">设计厚度(cm)=</td><td colspan="4">平均厚度 x(cm)=</td></tr>
<tr><td colspan="2">标准差 S(cm)=</td><td colspan="2">变异系数 C_v=</td><td colspan="4">厚度代表值 X_L(cm)=</td></tr>
<tr><td colspan="2">n=</td><td colspan="2">$t_\alpha/\sqrt{n}$=</td><td colspan="4">合格率(%)=</td></tr>
</table>

施工负责人:　　　　计算:　　　　驻地监理工程师:

表 4-120　　水泥混凝土路面弯拉强度汇总表

弯拉强度评定表中编号	分项工程桩号	作业段桩号	设计弯拉强度标准值 f_r/MPa	混凝土弯拉强度								
				组数 n	弯拉强度 R_i/MPa		平均弯拉强度 f_{ce}/MPa	弯拉强度最小值 f_{min}/MPa	强度标准差 σ/MPa	弯异系数 C_v	平均强度合格判断值(f_r+k_σ)或 1.10f_r/MPa
					左幅	右幅					

填表：　　　　　　　　　　　　　　　　复核：

表 4-121　　沥青混合料马歇尔稳定度试验汇总表

工程名称		分项工程桩号	
混合料种类		试验方法	

马歇尔试验单编号	沥青用量(%)	空隙率(%)	饱和度(%)	稳定度/kN	流值/mm	备注

填表：　　　　　　　　　　　　　　　　复核：

三、路面基层施工资料

基层位于面层之下，是路面结构的主要承重层，承受由面层传来的车辆荷载，并把它扩散到垫层和土基中。基层有时分层铺筑，其下层称为底基层。基层一般分为无机结合料稳定类和粒料类两种类型。无机结合料稳定类基层又称为半刚性基层，一般包括水泥稳定、石灰稳定和粉煤灰稳定及综合稳定类。

路面基层混合料应按《公路工程无机结合料稳定材料试验规程》(JTJ 057—94)的规定进行试验，并填写混合料合格比报告。

(1)报告内容应包括用做底基层和基层的原材料的试验资料，通过重型击实试验所确定的最佳含水量和最大干密度，工地预期干密度大的承载比，进行材料配合比设计的抗压强度，施工允许的延迟时间。

(2)在组织现场施工以前以及在施工过程中，原材料(包括土)或混合料发生变化时，必须对拟采用的材料进行规定的基本性能试验，评定材料的质量和性能是否符合要求。同时，把混合料的配合比报告按使用的原材料、掺配比例及结构层次组卷，并且把监理工程师的审批意见放在试验报告的前面。

路面基层施工资料常用表格式样见表 4-122 至表 4-124。

表 4-122　　**无侧限抗压强度试验汇总表**

抗压强度评定表中编号	分项工程桩号	作业段桩号	工程量/m^2	抗压强度标准/MPa	试件组数	实际抗压强度/MPa	备注

填表：　　　　　　　　　　　　　　　　　　复核：

表 4-123　　　　水泥土基层和底基层质量检验报告单

承包单位：××集团有限公司××公路工程 A2 标段项目经理部　　　　合同号：A2

监理单位：××工程咨询有限公司××公路工程 A2 标段监理部　　　　编　号：

<table>
<tr><td colspan="3">工程名称</td><td colspan="4">路面工程</td><td colspan="4">施工时间</td><td>××年×月×日</td></tr>
<tr><td colspan="3">桩号及部位</td><td colspan="4">K11+000～K12+000 基层</td><td colspan="4">检验时间</td><td>××年×月×日</td></tr>
<tr><td rowspan="3">项次</td><td colspan="2" rowspan="3">检查项目</td><td colspan="4">规定值或允许偏差</td><td colspan="4">检验结果</td><td rowspan="3">检验频率和方法</td></tr>
<tr><td colspan="2">基　层</td><td colspan="2">底基层</td><td colspan="2">基　层</td><td colspan="2">底基层</td></tr>
<tr><td>高速公路
一级公路</td><td>其他
公路</td><td>高速公路
一级公路</td><td>其他
公路</td><td>高速公路
一级公路</td><td>其他
公路</td><td>高速公路
一级公路</td><td>其他
公路</td></tr>
<tr><td rowspan="2">1△</td><td rowspan="2">压实度
(%)</td><td>代表值</td><td>—</td><td>95</td><td>95</td><td>93</td><td colspan="4">符合《验评标准》</td><td rowspan="2">每 200m 每车道测 2 处</td></tr>
<tr><td>极　值</td><td>—</td><td>91</td><td>91</td><td>89</td><td colspan="4">符合《验评标准》</td></tr>
<tr><td>2</td><td colspan="2">平整度/mm</td><td>—</td><td>12</td><td>12</td><td>15</td><td colspan="4">符合《验评标准》</td><td>3m 直尺：每 200m 测 2 处×10 尺</td></tr>
<tr><td>3</td><td colspan="2">纵断高程/mm</td><td>—</td><td>+5，
−15</td><td>+5，
−15</td><td>+5，
−20</td><td colspan="4">符合《验评标准》</td><td>水准仪：每 200m 测 4 断面</td></tr>
<tr><td>4</td><td colspan="2">宽　度/mm</td><td colspan="2">符合设计要求</td><td colspan="2">符合设计要求</td><td colspan="4">符合设计要求</td><td>尺量：每 200m 测 4 处</td></tr>
<tr><td rowspan="2">5△</td><td rowspan="2">厚度
/mm</td><td>代表值</td><td>—</td><td>−10</td><td>−10</td><td>−12</td><td colspan="4">符合《验评标准》</td><td rowspan="2">每 200m 每车道 2 点</td></tr>
<tr><td>极　值</td><td>—</td><td>−20</td><td>−25</td><td>−30</td><td colspan="4">符合《验评标准》</td></tr>
<tr><td>6</td><td colspan="2">横坡(%)</td><td>—</td><td>±0.5</td><td>±0.3</td><td>±0.5</td><td colspan="4">符合《验评标准》</td><td>水准仪：每 200m 测 4 断面</td></tr>
<tr><td>7△</td><td colspan="2">强度/MPa</td><td colspan="2">符合设计要求</td><td colspan="2">符合设计要求</td><td colspan="4">符合设计要求</td><td></td></tr>
<tr><td colspan="7">自检说明：

符合设计规范及《验评标准》的要求。

施工员：×××

××年×月×日</td><td colspan="5">监理评语：

符合设计规范及《验评标准》的要求。

监理员：×××

××年×月×日</td></tr>
</table>

施工负责人：×××　　　　质量检查员：×××　　　　监理工程师：×××

表 4-124 水泥砂砾基层分项工程质量检验评定表

分项工程名称：**6%水泥砂砾基层** 所属分部工程名称：**路面工程**

所属建设项目： 工程部位：**K11 +000～K12+000**

施工单位：**××集团有限责任公司** 监理单位：**××国际工程咨询有限公司**

××公路工程项目经理部 **××公路监理部**

基本要求	粒料符合设计和施工规范的要求；摊铺时无离析现象；碾压检查合格后养生及时。															
实测项目	项次	检查项目	规定值或允许偏差	实测值或实测偏差值										质量评定			
				1	2	3	4	5	6	7	8	9	10	平均值、代表值	合格率(%)	权值	得分
	1△	压实度(%)	98												**100**	**3**	**100**
	2	平整度/mm	8												**100**	**2**	**100**
	3	纵断高程/mm	+5，−10												**100**	**1**	**100**
	4	宽度/mm	符合设计要求												**100**	**1**	**100**
	5△	厚度/mm	代表值−8， 合格值−15												**100**	**2**	**100**
	6	横坡(%)	±0.3												**100**	**1**	**100**
	7△	强度/MPa	符合设计要求												**100**	**3**	**100**
	合　计															**13**	**100**

外观鉴定	**表面不够平整密实**	减分	**2**	监理意见	**同意施工单位的评定** 签字：××× ××年×月×日
质量保证资料	**资料齐全、完整、真实**	减分	**0**		
工程质量等级评定	评分：**98**			质量等级：**合格**	

检验负责人：××× 检测：××× 记录：××× 复核：××× ××年×月×日

四、路面垫层施工资料

垫层是介于基层与土基之间的结构层，主要作用是保证面层与基层具有足够的强度，减轻路基冻胀，防止地下水上升，以及排水和防污。

路面垫层施工资料常用表格式样见表 4-125 至表 4-127。

表 4-125　　路面砂砾垫层现场质量检验报告单

<table>
<tr><td>工程名称</td><td></td><td>工程部位</td><td></td><td>施工日期</td><td></td></tr>
<tr><td>桩号</td><td></td><td>图纸号</td><td></td><td>检验日期</td><td></td></tr>
<tr><td>检验项目</td><td>规定值或允许偏差</td><td>检验方法与频率</td><td>检验结果</td><td>检验资料编号</td><td>备　注</td></tr>
<tr><td>压实度(%)</td><td>≥96</td><td>灌砂法：每 100m 测每车道 2 处</td><td></td><td></td><td></td></tr>
<tr><td>厚度/mm</td><td>−15</td><td>尺量：每 200m 测 4 处</td><td></td><td></td><td></td></tr>
<tr><td>纵断高程/mm</td><td>+5，−15</td><td>水准仪：每 200m 测 4 点</td><td></td><td></td><td></td></tr>
<tr><td>宽度/mm</td><td>不小于设计</td><td>尺量：每 200m 测 4 处</td><td></td><td></td><td></td></tr>
<tr><td>平整度/mm</td><td>15</td><td>3m 直尺：每 200m 测 4 处×10 尺</td><td></td><td></td><td></td></tr>
<tr><td>横坡(%)</td><td>±0.3</td><td>水准仪：每 200m 测 4 个断面</td><td></td><td></td><td></td></tr>
<tr><td></td><td></td><td></td><td></td><td></td><td></td></tr>
<tr><td colspan="2">外观检查</td><td colspan="4"></td></tr>
<tr><td colspan="2">质量评定</td><td colspan="4"></td></tr>
</table>

施工负责人：　　　　　　　　质量检查员：　　　　　　　　驻地监理工程师：

表 4-126　　路面砂垫层施工原始记录

<table>
<tr><td colspan="2">工程名称</td><td colspan="2"></td><td colspan="2">施工日期</td><td></td></tr>
<tr><td colspan="2">施工桩号</td><td colspan="2"></td><td colspan="2">天气情况</td><td></td></tr>
<tr><td colspan="2">最佳含水量(%)</td><td colspan="2"></td><td colspan="2">实际含水量(%)</td><td></td></tr>
<tr><td colspan="2">设计含泥量(%)</td><td colspan="2"></td><td colspan="2">实际含泥量(%)</td><td></td></tr>
<tr><td colspan="2">设计最大粒径/mm</td><td colspan="2"></td><td colspan="2">实际最大粒径/mm</td><td></td></tr>
<tr><td rowspan="7">完成标准情况</td><td>检验项目</td><td>检查点数</td><td>合格点数</td><td colspan="2">合格率(%)</td><td>评定结果</td></tr>
<tr><td>压实度</td><td></td><td></td><td colspan="2"></td><td></td></tr>
<tr><td>纵断高程</td><td></td><td></td><td colspan="2"></td><td></td></tr>
<tr><td>厚度</td><td></td><td></td><td colspan="2"></td><td></td></tr>
<tr><td>平整度</td><td></td><td></td><td colspan="2"></td><td></td></tr>
<tr><td>宽度</td><td></td><td></td><td colspan="2"></td><td></td></tr>
<tr><td>横坡度</td><td></td><td></td><td colspan="2"></td><td></td></tr>
<tr><td colspan="7">驻地监理工程师(代表)意见：

签字：
年　　月　　日</td></tr>
</table>

施工负责人：　　　　　　　　质量检查员：　　　　　　　　驻地监理工程师：

表 4-127　　　　**砂砾技术性能试验**

<table>
<tr><td colspan="2">砂砾品种及规格</td><td colspan="2"></td><td colspan="2">试验单位</td><td></td></tr>
<tr><td colspan="2">代表数量/m³</td><td colspan="2"></td><td colspan="2">试验完成日期</td><td>年　月　日</td></tr>
<tr><td colspan="2">产　地</td><td colspan="2"></td><td colspan="2">试验执行标准</td><td></td></tr>
<tr><td colspan="2">工程名称</td><td colspan="2"></td><td colspan="2">试验人签字</td><td></td></tr>
<tr><td colspan="2">现场桩号</td><td colspan="2"></td><td colspan="2">审核人签字</td><td></td></tr>
<tr><td rowspan="4">含泥量</td><td colspan="2" rowspan="2">试样试验前烘干质量/g</td><td colspan="2" rowspan="2">试样试验后烘干质量/g</td><td colspan="2">含泥量(%)</td></tr>
<tr><td>单值</td><td>平均值</td></tr>
<tr><td colspan="2"></td><td colspan="2"></td><td></td><td rowspan="2"></td></tr>
<tr><td colspan="2"></td><td colspan="2"></td><td></td></tr>
<tr><td rowspan="3">最大粒径/mm</td><td colspan="6">通过下列筛孔/mm质量百分率(%)</td></tr>
<tr><td>0.15</td><td>0.3</td><td>0.6</td><td>10</td><td>20</td><td>50</td></tr>
<tr><td></td><td></td><td></td><td></td><td></td><td></td></tr>
<tr><td colspan="7">结论：

签字：
年　月　日</td></tr>
</table>

表 4-128　　　　**路面砂砾垫层现场质量检验报告单**(高速及一级公路)

工程名称		工程部位		施工日期	
桩号		图纸号		检验日期	
检验项目	规定值或允许偏差	检验方法与频率	检验结果	检验资料编号	备　注
压实度(%)	≥96	灌砂法:每100m测每车道2处			
厚度/mm	−15	尺量:每200m测4处			
纵断高程/mm	+5,−15	水准仪:每200m测4点			
宽度/mm	不小于设计	尺量:每200m测4处			
平整度/mm	15	3m直尺:每200m测4处×10尺			
横坡(%)	±0.3	水准仪:每200m测4个断面			
外观检查					
质量评定					

表 4-129　　　　路面砂砾垫层现场质量检验报告单(其他等级公路)

工程名称		工程部位		施工日期	
桩号		图纸号		检验日期	
检验项目	规定值或允许偏差	检验方法与频率	检验结果	检验资料编号	备　注
压实度(%)	≥95	灌砂法：每 100m 测每车道 2 处			
厚度/mm	−20	尺量：每 200m 测 4 处			
纵断高程/mm	+5，−20	水准仪：每 200m 测 4 点			
宽度/mm	不小于设计	尺量：每 200m 测 4 处			
平整度/mm	20	3m 直尺：每 200m 测 4 处×10 尺			
横坡(%)	±0.5	水准仪：每 200m 测 4 个断面			
外观检查					
质量评定					

施工负责人：　　　　　　　　质量检查员：　　　　　　　　马主地监理工程师：

五、路缘石分项工程施工资料

路缘石指的是设在路面边缘的界石，简称缘石。它是设置在路面边缘与其他构造带分界的条石。

路缘石是公路两侧路面与路肩之间的条形构造物。结构尺寸通常是 99cm×15cm×15cm。一般高出路面 10cm。

在分隔带和路面之间，人行道与路面之间一般都要设置路缘石，另外在交通岛、安全岛都设置缘石。其形式有立式、斜式和平式等。

路缘石分项工程常用资料式样见表 4-130 及表 4-131。

表 4-130　　　　路缘石铺设质量检验报告单

承包单位：××集团有限公司××公路工程 A2 标段项目经理部　　　　合同号：A2

监理单位：××工程咨询有限公司××公路工程 A2 标段监理部　　　　编　号：

工程名称			路面工程	施工时间	××年×月×日
桩号及部位			K11+000～K12+000 左侧路缘石	检验时间	××年×月×日
项次	检查项目		规定值或允许偏差/mm	检验结果	检验频率和方法
1	直顺度		10	符合《验评标准》	20m 拉线：每 200m 测 4 处
2	预制铺设	相邻两块高差	3	符合《验评标准》	水平尺：每 200m 测 4 处
		相邻两块缝宽	±3	符合《验评标准》	尺量：每 200m 测 4 处
	现浇	宽　度	±5	符合《验评标准》	尺量：每 200m 测 4 处
3	顶面高程		±10	符合《验评标准》	水准仪：每 200m 测 4 处
自检说明： 符合设计规范及《验评标准》的要求。 施工员：××× ××年×月×日				监理评语： 符合设计规范及《验评标准》的要求。 监理员：××× ××年×月×日	

施工负责人：×××　　　　质量检查员：×××　　　　监理工程师：×××

表 4-131　　**路缘石铺设分项工程质量检验评定表**

分项工程名称：**路缘石铺设**　　所属分部工程名称：**路面工程**

所属建设项目：　　工程部位：**K11+000～K12+000**

施工单位：**××集团有限责任公司**　　监理单位：**××国际工程咨询有限公司**

××公路工程项目经理部　　**××公路监理部**

<table>
<tr><td>基本要求</td><td colspan="10"></td></tr>
<tr><td rowspan="8">实测项目</td><td rowspan="2">项次</td><td rowspan="2" colspan="2">检查项目</td><td rowspan="2">规定值或允许偏差</td><td rowspan="2" colspan="2">实测值或实测偏差值</td><td colspan="4">质量评定</td></tr>
<tr><td>平均值、代表值</td><td>合格率(%)</td><td>权值</td><td>得分</td></tr>
<tr><td>1</td><td colspan="2">直顺度/mm</td><td>10</td><td colspan="2"></td><td></td><td></td><td>3</td><td></td></tr>
<tr><td rowspan="3">2</td><td rowspan="2">预制铺设</td><td>相邻两块高差/mm</td><td>3</td><td colspan="2"></td><td></td><td></td><td>2</td><td></td></tr>
<tr><td>相邻两块缝宽/mm</td><td>±3</td><td colspan="2"></td><td></td><td></td><td>1</td><td></td></tr>
<tr><td>现浇</td><td>宽度/mm</td><td>±5</td><td colspan="2"></td><td></td><td></td><td>2</td><td></td></tr>
<tr><td>3</td><td colspan="2">顶面高程/mm</td><td>±10</td><td colspan="2"></td><td></td><td></td><td>2</td><td></td></tr>
<tr><td colspan="4">合　计</td><td colspan="4"></td><td></td><td></td></tr>
<tr><td colspan="3">外观鉴定</td><td colspan="2"></td><td>减分</td><td></td><td rowspan="2" colspan="2">监理意见</td><td rowspan="2" colspan="2"></td></tr>
<tr><td colspan="3">质量保证资料</td><td colspan="2"></td><td>减分</td><td></td></tr>
<tr><td colspan="3">工程质量等级评定</td><td colspan="4">评分：</td><td colspan="4">质量等级：</td></tr>
</table>

检验负责人：×××　　检测：×××　　记录：×××　　复核：×××　　××年×月×日

六、路肩分项工程施工资料

路肩指的是位于车行道外缘至路基边缘，具有一定宽度的带状部分，包括硬路肩与土路肩。

(1)路肩的作用。路肩的主要作用有：

1)保护行车道等主要结构的稳定；

2)为发生机械故障或遇到紧急情况需要临时停车的车辆提供位置；

3)提供侧向余宽，有利于安全，增加舒适感；

4)可供行人、自行车通行；

5)为设置路上设施提供位置；

6)作为养护操作的工作场地；

7)在不损坏公路构造的前提下，也可用于埋设地下设施；

8)改善挖方路段的弯道视距，增强交通安全；

9)使雨水能够在远离行车道的位置排放，减少行车道雨水渗透，减少路面损坏。

(2)右侧路肩。设计速度为 120km/h 的四车道高速公路，宜采用 3.50m 的右侧硬路肩。六车道、八车道高速公路，宜采用 3.0m 的右侧硬路肩。当受地形条件及其他特殊情况限制时，可采用最小值。

(3)左侧路肩。对于八车道及其以上的高速公路为整体式断面时,让出现故障或耗尽燃料的车辆穿过几条车道停到右侧路肩既不安全,也不现实。根据经验,应在左侧设置至少不窄于2.5m的硬路肩供抛锚车辆停靠或等待拖走。

高速公路、一级公路采用分离式断面时,应设左侧硬路肩。还应在左、右侧硬路肩宽度内分别在靠车道边设路缘带,其宽度一般为0.75m或0.50m。

路肩分项工程资料常用式样见表4-132及表4-133。

表4-132　　　　路肩质量检验报告单

承包单位:××集团有限公司××公路工程A2标段项目经理部　　　　合同号:A2

监理单位:××工程咨询有限公司××公路工程A2标段监理部　　　　编　号:

<table>
<tr><td colspan="2">工程名称</td><td colspan="2">路面工程</td><td>施工时间</td><td>××年×月×日</td></tr>
<tr><td colspan="2">桩号及部位</td><td colspan="2">K11+000～K12+000左侧路肩</td><td>检验时间</td><td>××年×月×日</td></tr>
<tr><td>项次</td><td colspan="2">检查项目</td><td>规定值或允许偏差</td><td>检验结果</td><td>检验频率和方法</td></tr>
<tr><td>1</td><td colspan="2">压实度(%)</td><td>不小于设计值</td><td>符合设计要求</td><td>每200m测2处</td></tr>
<tr><td rowspan="2">2</td><td rowspan="2">平整度
/mm</td><td>土路肩</td><td>20</td><td>符合《验评标准》</td><td rowspan="2">3m直尺:每200m测2处×4尺</td></tr>
<tr><td>硬路肩</td><td>10</td><td>符合《验评标准》</td></tr>
<tr><td>3</td><td colspan="2">横　坡(%)</td><td>±1.0</td><td>符合《验评标准》</td><td>水准仪:每200m测2处</td></tr>
<tr><td>4</td><td colspan="2">宽　度/mm</td><td>符合设计要求</td><td>符合设计要求</td><td>尺量:每200m测2处</td></tr>
<tr><td></td><td colspan="2"></td><td></td><td></td><td></td></tr>
<tr><td></td><td colspan="2"></td><td></td><td></td><td></td></tr>
<tr><td></td><td colspan="2"></td><td></td><td></td><td></td></tr>
<tr><td></td><td colspan="2"></td><td></td><td></td><td></td></tr>
<tr><td colspan="3">自检说明:
符合设计规范及《验评标准》的要求。
施工员:×××
××年×月×日</td><td colspan="3">监理评语:
符合设计规范及《验评标准》的要求。
监理员:×××
××年×月×日</td></tr>
</table>

施工负责人:×××　　　　质量检查员:×××　　　　监理工程师:×××

表 4-133 **路肩分项工程质量检验评定表**

分项工程名称：**路肩** 所属分部工程名称：**路面工程**

所属建设项目： 工程部位：**K11＋000～K12＋000**

施工单位：**××集团有限责任公司** 监理单位：**××国际工程咨询有限公司**

××公路工程项目经理部 **××公路监理部**

<table>
<tr><td>基本要求</td><td colspan="9"></td></tr>
<tr><td rowspan="12">实测项目</td><td rowspan="2">项次</td><td colspan="2" rowspan="2">检查项目</td><td rowspan="2">规定值或允许偏差</td><td rowspan="2">实测值或实测偏差值</td><td colspan="4">质量评定</td></tr>
<tr><td>平均值、代表值</td><td>合格率（%）</td><td>权值</td><td>得分</td></tr>
<tr><td>1</td><td colspan="2">压实度
/mm</td><td>不小于设计</td><td></td><td></td><td></td><td>2</td><td></td></tr>
<tr><td rowspan="2">2</td><td rowspan="2">平整度
/mm</td><td>土路肩</td><td>20</td><td></td><td></td><td rowspan="2"></td><td rowspan="2">1</td><td rowspan="2"></td></tr>
<tr><td>硬路肩</td><td>10</td><td></td><td></td></tr>
<tr><td>3</td><td colspan="2">横 坡
（%）</td><td>±1.0</td><td></td><td></td><td></td><td>1</td><td></td></tr>
<tr><td>4</td><td colspan="2">宽 度
/mm</td><td>符合设计要求</td><td></td><td></td><td></td><td>2</td><td></td></tr>
<tr><td></td><td colspan="2"></td><td></td><td></td><td></td><td></td><td></td><td></td></tr>
<tr><td></td><td colspan="2"></td><td></td><td></td><td></td><td></td><td></td><td></td></tr>
<tr><td></td><td colspan="2"></td><td></td><td></td><td></td><td></td><td></td><td></td></tr>
<tr><td></td><td colspan="2"></td><td></td><td></td><td></td><td></td><td></td><td></td></tr>
<tr><td colspan="4">合 计</td><td colspan="3"></td><td></td><td></td></tr>
<tr><td colspan="3">外观鉴定</td><td colspan="2"></td><td>减分</td><td></td><td rowspan="2">监理意见</td><td colspan="2" rowspan="2"></td></tr>
<tr><td colspan="3">质量保证资料</td><td colspan="2"></td><td>减分</td><td></td></tr>
<tr><td colspan="3">工程质量等级评定</td><td colspan="4">评分：</td><td colspan="3">质量等级：</td></tr>
</table>

检验负责人：××× 检测：××× 记录：××× 复核：××× ××年×月×日

第六节　桥梁工程施工资料文件

一、桥梁工程施工资料分类

桥梁工程施工资料分类见表 4-134。

表 4-134　　桥梁工程施工资料分类

序号	分部工程	资料类别	
1	基础及下部构造	施工原始资料	(1)施工放样报验单(表 4-9)。 (2)________工程检验记录表(表 4-88)。 (3)基础砌体质量检验报告单(表 4-135)。 (4)钻孔钻进记录(表 4-99)。 (5)桥涵放样记录(表 4-103)。 (6)水准测量记录(表 4-81)。 (7)结构物基坑基底承载力试验(表 4-104)。 (8)结构物基坑基底承载力试验(触探法)(表 4-105)。 (9)钢筋制作与焊接记录(表 4-89)。 (10)钻孔桩水下混凝土灌注记录(表 4-136)。 (11)水泥混凝土抗压强度试验记录(表 4-57)。 (12)台背填土压实度试验记录(表 4-61)
		试验、检测报告	(1)路基填料试验报告(表 4-49)。 (2)水泥混凝土抗压强度试验记录(表 4-57)。 (3)水泥砂浆(水泥浆)抗压强度试验报告单(由检测单位提供)。 (4)土的击实试验记录(表 4-59)。 (5)标准击实曲线图(表 4-60)
		工程质量文件	(1)________工程检验记录表(表 4-88)。 (2)水泥混凝土抗压强度评定表(表 4-138)。 (3)台背填土压实度检验评定表(表 4-137)。 (4)钻孔灌注桩分项工程质量检验评定表(表 4-137)
2	上部构造	施工原始资料	(1)施工放样报验单(表 4-9)。 (2)________工程检验记录表(表 4-88)。 (3)墩、台身安装质量检验报告单(表 4-140)。 (4)钢筋制作与焊接记录(表 4-89)。 (5)后张法预应力筋张拉记录(表 4-100)。 (6)张拉原始记录(表 4-101)。 (7)预应力孔道(压浆)施工记录(表 4-102)。 (8)水泥砂浆(水泥浆)抗压强度试验报告(由检测单位提供)。 (9)水泥混凝土抗压强度试验记录(表 4-57)
		试验、检测报告	(1)路基填料试验报告(表 4-49)。 (2)水泥混凝土抗压强度试验记录(表 4-57)。 (3)水泥砂浆(水泥浆)抗压强度试验报告单(由检测单位提供)。 (4)土的击实试验记录(表 4-59)。 (5)标准击实曲线图(表 4-60)

（续）

序号	分部工程	资　料　类　别	
2	上部构造	工程质量文件	(1)________工程检验记录表(表 4-88)。 (2)水泥混凝土抗压强度评定表(表 4-138)。 (3)梁(板)预制分项工程质量检验评定表(表 4-141)。 (4)梁(板)安装分项工程质量检验评定表(表 4-142)
3	总体、桥面系和附属工程	施工原始资料	(1)施工放样报验单(表 4-9)。 (2)________工程检验记录表(表 4-88)。 (3)桥面铺装质量检验报告单(表 4-143)。 (4)钢筋制作与焊接记录(表 4-89)。 (5)抗滑构造深度检验记录表(铺砂法)(表 4-98)。 (6)沥青路面压实度检验(表 4-97)。 (7)水泥混凝土抗压强度试验记录(表 4-57)
		试验、检测报告	(1)路基填料试验报告(表 4-49)。 (2)水泥混凝土抗压强度试验记录(表 4-57)。 (3)水泥砂浆(水泥浆)抗压强度试验报告单(由检测单位提供)。 (4)土的击实试验记录(表 4-59)。 (5)标准击实曲线图(4-60)
		工程质量文件	(1)________工程检验记录表(表 4-88)。 (2)水泥混凝土抗压强度评定表(表 4-136)。 (3)抗滑构造深度检验记录表(铺砂法)(表 4-98)。 (4)沥青路面压实度检验评定表(表 4-145)。 (5)桥梁总体分项工程质量检验评定表(表 4-144)
4	防护工程	施工原始资料	(1)施工放样报验单(表 4-9)。 (2)________工程检验记录表(表 4-88)。 (3)水准测量记录(表 4-81)。 (4)结构物基坑基底承载力试验(触探法)(表 4 105)。 (5)水泥砂浆(水泥浆)抗压强度试验报告单(由检测单位提供)
		试验、检测报告	(1)路基填料试验报告(表 4-49)。 (2)水泥混凝土抗压强度试验记录(表 4-57)。 (3)水泥砂浆(水泥浆)抗压强度试验报告单(由检测单供提供)。 (4)土的击实试验记录(表 4-59)。 (5)标准击实曲线图(表 4-60)
		工程质量文件	(1)________工程检验记录表(表 4-88)。 (2)________分项工程质量检验评定表(表 4-146)

二、基础及下部构造工程施工资料

下部结构由桥墩、桥台组成(单孔桥没有桥墩)。下部结构的作用是支承上部结构，并将结构重力和车辆荷载等传给地基；桥台还与路堤连接并抵御路堤土压力。

基础及下部结构较多时，可分为几个分部工程组卷，其卷内资料以墩(台)为单元，按基础、墩(台)身、墩(台)帽或盖梁等分项工程顺序排列，并将分项工程质量评定表放在各分项工程检验记录表之前。

桥梁基础及下部构造施工资料常用表格式样见表 4-135 至表 4-139。

表 4-135 **基础砌体质量检验报告单**

承包单位：××集团有限公司××公路工程 A2 标段项目经理部 合同号：A2

监理单位：××工程咨询有限公司××公路工程 A2 标段监理部 编　号：

<table>
<tr><td colspan="2">工程名称</td><td colspan="2">K11+000 大桥</td><td>施工时间</td><td>××年×月×日</td></tr>
<tr><td colspan="2">桩号及部位</td><td colspan="2">K11+000 大桥扩大基础</td><td>检验时间</td><td>××年×月×日</td></tr>
<tr><td>项次</td><td colspan="2">检查项目</td><td>规定值或允许偏差</td><td>检验结果</td><td>检验频率和方法</td></tr>
<tr><td>1△</td><td colspan="2">砂浆强度/MPa</td><td>在合格标准内</td><td>符合《验评标准》</td><td></td></tr>
<tr><td>2</td><td colspan="2">轴线偏位/mm</td><td>25</td><td>符合《验评标准》</td><td>经纬仪：纵、横各测量 2 点</td></tr>
<tr><td>3</td><td colspan="2">断面尺寸/mm</td><td>±50</td><td>符合《验评标准》</td><td>尺量：长、宽各 3 处</td></tr>
<tr><td>4</td><td colspan="2">顶面高程/mm</td><td>±30</td><td>符合《验评标准》</td><td>水准仪：测 5～8 点</td></tr>
<tr><td rowspan="2">5△</td><td rowspan="2">基础高程</td><td>土　质</td><td>±50</td><td>符合《验评标准》</td><td rowspan="2">水准仪：测 5～8 点</td></tr>
<tr><td>石　质</td><td>+50，−200</td><td>符合《验评标准》</td></tr>
<tr><td></td><td colspan="2"></td><td></td><td></td><td></td></tr>
<tr><td></td><td colspan="2"></td><td></td><td></td><td></td></tr>
<tr><td></td><td colspan="2"></td><td></td><td></td><td></td></tr>
<tr><td></td><td colspan="2"></td><td></td><td></td><td></td></tr>
<tr><td></td><td colspan="2"></td><td></td><td></td><td></td></tr>
<tr><td colspan="4">自检说明：

符合设计规范及《验评标准》的要求。

施工员：×××

××年×月×日</td><td colspan="2">监理评语：

符合设计规范及《验评标准》的要求。

监理员：×××

××年×月×日</td></tr>
</table>

施工负责人：××× 质量检查员：××× 监理工程师：×××

表 4-136　　钻孔桩水下混凝土灌注记录

工程名称		工程部位		桩位编号		桩设计直径	m
设计桩底高程	m	灌注前孔底高程	m	护筒顶高程	m	钢筋骨架底高程	m
计算混凝土浇筑量	m^3	混凝土强度等级		水泥品种及强度等级		坍　落　度	mm

时间	护筒顶至混凝土面深度/m	护筒顶至导管下口深度/m	导管拆除数量		实际混凝土数量			钢筋位置情况、孔内情况、停灌原因、停灌时间、事故原因和处理情况等重要记事
			节数	长度	盘数	数量/m^3	累计数量/m^3	
								结论

施工负责人：　　　　　　　　　　质量检查员：　　　　　　　　　　驻地监理工程师：

表 4-137 钻孔灌注桩分项工程质量检验评定表

分项工程名称:**钻孔灌注桩** 所属分部工程名称:**基础及下部构造**

所属建设项目: 工程部位:**K11 +000 大桥**

施工单位:**××集团有限责任公司** 监理单位:**××国际工程咨询有限公司**

××公路工程项目经理部 **××公路监理部**

基本要求	桩身混凝土所用材料的质量和规格符合规范要求;孔径、孔深、孔位和沉淀层厚度满足设计要求;水下混凝土连续灌注,无夹层和断桩。

	项次	检查项目	规定值或允许偏差	实测值或实测偏差值										质量评定			
				1	2	3	4	5	6	7	8	9	10	平均值、代表值	合格率(%)	权值	得分
实测项目	1△	混凝土强度/MPa	在合格标准内												**100**	**3**	**100**
	2	桩位/mm	100												**100**	**2**	**100**
	3△	孔深/m	不小于设计												**100**	**3**	**100**
	4△	孔径/mm	不小于设计												**100**	**3**	**100**
	5	钻孔倾斜度/mm	1%桩长,且不大于500												**100**	**1**	**100**
	6△	沉淀厚度/mm	符合设计规定												**100**	**2**	**100**
	7	钢筋骨架底面高程/mm	±50												**100**	**1**	**100**
	合计															**15**	**100**

外观鉴定	**桩顶面不够平整**	减分	**2**	监理意见	**同意施工单位的评定** 签字:××× ××年×月×日
质量保证资料	**资料齐全、完整、真实**	减分	**0**		
工程质量等级评定	评分:**98**		质量等级:**合格**		

检验负责人:××× 检测:××× 记录:××× 复核:××× ××年×月×日

表 4-138　　**水泥混凝土抗压强度评定表**

工程名称				桩号			
强度报告单中试样编号	工程部位	试件组数	实测值/MPa	强度报告单中的编号	工程部位	试件组数	实测值/MPa
试件组数 n=			设计强度等级 R(MPa)=			平均值 R_n(MPa)=	
标准差 S_n(MPa)=			合格判断值($0.9R+K_1S_n$)(MPa)=			K_2R(MPa)=	
R_{min}(MPa)=　$1.15R$(MPa)=　$0.95R$(MPa)=						质量评定：	

施工负责人：　　　　　　　　计算：　　　　　　　　驻地监理工程师：

表 4-139　　　　　　　　**台背填土压实度检验评定表**

工程名称		桩号			工程部位(侧)				
压实层	压实度(%)				压实层	压实度(%)			
压实度平均值 $\bar{k}$(%)=					压实度标准值 K_0(%)=			标准差 S(%)=	
代表值 K(%)=　　(K_0-2)(%)=					扣分点($K_0-2>K_i>K_{jz}$)=　　点				
n=　　$t_\alpha/\sqrt{n}$=					极值 K_{jz}(%)=　　合格率(%)=				

施工负责人：　　　　　　　　　　　　计算：　　　　　　　　　　　　驻地监理工程师：

三、上部构造工程施工资料

上部结构包括承重结构和桥面系，是在线路中断时跨越障碍的主要承重结构。它的作用是承受车辆等荷载，并通过支座传给墩台。

若上部结构中的预制和安装施工检验记录资料较多时，可分为数卷归档。上部构造预制和安装记录一起装订，以线孔为单元进行组卷。

桥梁工程上部构造施工资料常用表格式样见表 4-140 至表 4-142。

表 4-140　　墩、台身安装质量检验报告单

承包单位：××集团有限公司××公路工程 A2 标段项目经理部　　合同号：A2

监理单位：××工程咨询有限公司××公路工程 A2 标段监理部　　编　号：

工程名称		K11＋000 大桥	施工时间	××年×月×日
桩号及部位		K11＋000 大桥墩台安装	检验时间	××年×月×日
项次	检查项目	规定值或允许偏差/mm	检验结果	检验频率和方法
1△	轴线偏位	10	符合《验评标准》	全站仪或经纬仪：纵、横各测量2点
2	顶面高程	±10	符合《验评标准》	水准仪：检查 4～8 处
3	倾斜度	0.3%墩、台高，且不大于 20	符合《验评标准》	吊垂线：检查 4～8 处
4	相邻墩、台柱间距	±15	符合《验评标准》	尺量或全站仪：检查 3 处
5	节段间错台	3	符合《验评标准》	尺量：每节检查 2～4 处
自检说明： 符合设计规范及《验评标准》的要求。 施工员：××× ××年×月×日			监理评语： 符合设计规范及《验评标准》的要求。 监理员：××× ××年×月×日	

施工负责人：×××　　质量检查员：×××　　监理工程师：×××

表 4-141　　梁(板)预制分项工程质量检验评定表

分项工程名称:梁(板)预制　　所属分部工程名称:上部构造预制和安装

所属建设项目:　　工程部位:K11 +000 大桥

施工单位:××集团有限责任公司　　监理单位:××国际工程咨询有限公司

××公路工程项目经理部　　××公路监理部

<table>
<tr><td>基本要求</td><td colspan="19">混凝土所用材料的质量和规格符合规范要求;无漏筋和空洞现象。</td></tr>
<tr><td rowspan="14">实测项目</td><td rowspan="2">项次</td><td rowspan="2">检查项目</td><td rowspan="2">规定值或允许偏差</td><td colspan="10">实测值或实测偏差值</td><td colspan="4">质量评定</td></tr>
<tr><td>1</td><td>2</td><td>3</td><td>4</td><td>5</td><td>6</td><td>7</td><td>8</td><td>9</td><td>10</td><td>平均值、代表值</td><td>合格率(%)</td><td>权值</td><td>得分</td></tr>
<tr><td>1△</td><td>混凝土强度/MPa</td><td>在合格标准内</td><td></td><td></td><td></td><td></td><td></td><td></td><td></td><td></td><td></td><td></td><td></td><td>100</td><td>3</td><td>100</td></tr>
<tr><td>2</td><td>梁(板)长度/mm</td><td>+5,−10</td><td></td><td></td><td></td><td></td><td></td><td></td><td></td><td></td><td></td><td></td><td></td><td>100</td><td>1</td><td>100</td></tr>
<tr><td>3</td><td>宽度/mm</td><td>±20</td><td></td><td></td><td></td><td></td><td></td><td></td><td></td><td></td><td></td><td></td><td></td><td>100</td><td>1</td><td>100</td></tr>
<tr><td>4△</td><td>高度/mm</td><td>±5</td><td></td><td></td><td></td><td></td><td></td><td></td><td></td><td></td><td></td><td></td><td></td><td>100</td><td>1</td><td>100</td></tr>
<tr><td>5△</td><td>断面尺寸/mm</td><td>+5,−0</td><td></td><td></td><td></td><td></td><td></td><td></td><td></td><td></td><td></td><td></td><td></td><td>100</td><td>2</td><td>100</td></tr>
<tr><td>6</td><td>平整度/mm</td><td>5</td><td></td><td></td><td></td><td></td><td></td><td></td><td></td><td></td><td></td><td></td><td></td><td>100</td><td>1</td><td>100</td></tr>
<tr><td>7</td><td>连系梁及预埋件位置/mm</td><td>5</td><td></td><td></td><td></td><td></td><td></td><td></td><td></td><td></td><td></td><td></td><td></td><td>100</td><td>1</td><td>100</td></tr>
<tr><td></td><td></td><td></td><td></td><td></td><td></td><td></td><td></td><td></td><td></td><td></td><td></td><td></td><td></td><td></td><td></td><td></td></tr>
<tr><td></td><td></td><td></td><td></td><td></td><td></td><td></td><td></td><td></td><td></td><td></td><td></td><td></td><td></td><td></td><td></td><td></td></tr>
<tr><td></td><td></td><td></td><td></td><td></td><td></td><td></td><td></td><td></td><td></td><td></td><td></td><td></td><td></td><td></td><td></td><td></td></tr>
<tr><td></td><td></td><td></td><td></td><td></td><td></td><td></td><td></td><td></td><td></td><td></td><td></td><td></td><td></td><td></td><td></td><td></td></tr>
<tr><td></td><td></td><td></td><td></td><td></td><td></td><td></td><td></td><td></td><td></td><td></td><td></td><td></td><td></td><td></td><td></td><td></td></tr>
<tr><td colspan="3">合　计</td><td colspan="12"></td><td>10</td><td>100</td></tr>
<tr><td colspan="3">外观鉴定</td><td colspan="5">混凝土表面不够平整</td><td>减分</td><td>2</td><td colspan="2" rowspan="2">监理意见</td><td colspan="6" rowspan="2">同意施工单位的评定
签字:×××
××年×月×日</td></tr>
<tr><td colspan="3">质量保证资料</td><td colspan="5">资料齐全、完整、真实</td><td>减分</td><td>0</td></tr>
<tr><td colspan="3">工程质量等级评定</td><td colspan="17">评分:98　　质量等级:合格</td></tr>
</table>

检验负责人:×××　　检测:×××　　记录:×××　　复核:×××　　××年×月×日

表 4-142　　**梁(板)安装分项工程质量检验评定表**

分项工程名称:**梁(板)安装**　　所属分部工程名称:**上部构造预制和安装**

所属建设项目:　　工程部位:**K11 +000 大桥**

施工单位:**××集团有限责任公司**　　监理单位:**××国际工程咨询有限公司**

××公路工程项目经理部　　**××公路监理部**

<table>
<tr><td>基本要求</td><td colspan="17">梁在吊移出预制底座时,混凝土的强度满足设计所要求的吊装强度;梁在安装时,支撑结构的强度符合设计要求;两梁之间接缝填充材料的规格和强度符合设计要求。</td></tr>
<tr><td rowspan="13">实测项目</td><td rowspan="2">项次</td><td rowspan="2">检查项目</td><td rowspan="2">规定值或允许偏差</td><td colspan="10">实测值或实测偏差值</td><td colspan="4">质量评定</td></tr>
<tr><td>1</td><td>2</td><td>3</td><td>4</td><td>5</td><td>6</td><td>7</td><td>8</td><td>9</td><td>10</td><td>平均值、代表值</td><td>合格率(%)</td><td>权值</td><td>得分</td></tr>
<tr><td>1△</td><td>支座中心偏位/mm</td><td>5</td><td></td><td></td><td></td><td></td><td></td><td></td><td></td><td></td><td></td><td></td><td></td><td>100</td><td>3</td><td>100</td></tr>
<tr><td>2</td><td>倾斜度(%)</td><td>1.2</td><td></td><td></td><td></td><td></td><td></td><td></td><td></td><td></td><td></td><td></td><td></td><td>100</td><td>2</td><td>100</td></tr>
<tr><td>3</td><td>梁(板)顶面纵向高程/mm</td><td>+8,−5</td><td></td><td></td><td></td><td></td><td></td><td></td><td></td><td></td><td></td><td></td><td></td><td>100</td><td>2</td><td>100</td></tr>
<tr><td>4</td><td>相邻梁(板)顶面高差/mm</td><td>8</td><td></td><td></td><td></td><td></td><td></td><td></td><td></td><td></td><td></td><td></td><td></td><td>100</td><td>1</td><td>100</td></tr>
<tr><td></td><td></td><td></td><td></td><td></td><td></td><td></td><td></td><td></td><td></td><td></td><td></td><td></td><td></td><td></td><td></td><td></td></tr>
<tr><td></td><td></td><td></td><td></td><td></td><td></td><td></td><td></td><td></td><td></td><td></td><td></td><td></td><td></td><td></td><td></td><td></td></tr>
<tr><td></td><td></td><td></td><td></td><td></td><td></td><td></td><td></td><td></td><td></td><td></td><td></td><td></td><td></td><td></td><td></td><td></td></tr>
<tr><td></td><td></td><td></td><td></td><td></td><td></td><td></td><td></td><td></td><td></td><td></td><td></td><td></td><td></td><td></td><td></td><td></td></tr>
<tr><td></td><td></td><td></td><td></td><td></td><td></td><td></td><td></td><td></td><td></td><td></td><td></td><td></td><td></td><td></td><td></td><td></td></tr>
<tr><td></td><td></td><td></td><td></td><td></td><td></td><td></td><td></td><td></td><td></td><td></td><td></td><td></td><td></td><td></td><td></td><td></td></tr>
<tr><td colspan="3">合　　计</td><td colspan="12"></td><td>8</td><td>100</td></tr>
</table>

<table>
<tr><td>外观鉴定</td><td>混凝土表面不够平整</td><td>减分</td><td>2</td><td rowspan="2">监理意见</td><td rowspan="2">同意施工单位的评定
签字:×××
××年×月×日</td></tr>
<tr><td>质量保证资料</td><td>资料齐全、完整、真实</td><td>减分</td><td>0</td></tr>
<tr><td>工程质量等级评定</td><td colspan="5">评分:98　　质量等级:合格</td></tr>
</table>

检验负责人:×××　　检测:×××　　记录:×××　　复核:×××　　××年×月×日

四、总体、桥面系和附属工程施工资料

附属结构包括桥头锥形护坡、护岸以及导流结构物等。它的作用是抵御水流的冲刷、防止路堤土坍塌。

若总体及桥面施工检验记录(包括桥面铺装、混凝土护栏、伸缩缝安装等项目施工形成的检验记录和桥梁总体检验记录)的项目较大、资料较多时,也可以分项工程组卷。

桥梁总体、桥面系和附属工程施工资料常用表格式样见表 4-143 至表 4-145。

表 4-143　　　　桥面铺装质量检验报告单

承包单位:××集团有限公司××公路工程 A2 标段项目经理部　　　　合同号:A2

监理单位:××工程咨询有限公司××公路工程 A2 标段监理部　　　　编　号:

<table>
<tr><td colspan="3">工程名称</td><td colspan="3">K11+000 大桥</td><td>施工时间</td><td>××年×月×日</td></tr>
<tr><td colspan="3">桩号及部位</td><td colspan="3">K11+000 大桥桥面铺装</td><td>检验时间</td><td>××年×月×日</td></tr>
<tr><td>项次</td><td colspan="3">检查项目</td><td colspan="2">规定值或允许偏差</td><td>检验结果</td><td>检验频率和方法</td></tr>
<tr><td>1△</td><td colspan="3">强度或压实度</td><td colspan="2">在合格标准内</td><td>符合《验评标准》</td><td></td></tr>
<tr><td>2△</td><td colspan="3">厚度/mm</td><td colspan="2">+10,−5</td><td>符合《验评标准》</td><td>以同梁体产生相同下挠变形的点为基准点,测量桥面浇筑前后相对高差:每 100m 测 5 处</td></tr>
<tr><td rowspan="7">3△</td><td rowspan="7">平整度</td><td rowspan="3">高速、一级公路</td><td></td><td>沥青混凝土</td><td>水泥混凝土</td><td>检验结果</td><td>检验频率和方法</td></tr>
<tr><td>IRI/(m/km)</td><td>2.5</td><td>3.0</td><td>符合《验评标准》</td><td rowspan="5">平整度仪:全桥每车道连续检测,每 100m 计算 IRI 或 σ</td></tr>
<tr><td>σ/mm</td><td>1.5</td><td>1.8</td><td>符合《验评标准》</td></tr>
<tr><td rowspan="4">其他公路</td><td>IRI/(m/km)</td><td colspan="2">4.2</td><td>符合《验评标准》</td></tr>
<tr><td>σ/mm</td><td colspan="2">2.5</td><td>符合《验评标准》</td></tr>
<tr><td>最大间隙 h/mm</td><td colspan="2">5</td><td>符合《验评标准》</td><td>3m 直尺:每 100m 测 3 处×3 尺</td></tr>
<tr><td colspan="4"></td></tr>
<tr><td rowspan="2">4</td><td rowspan="2">横坡</td><td colspan="2">水泥混凝土</td><td colspan="2">±0.15</td><td>符合《验评标准》</td><td rowspan="2">水准仪:每 100m 检查 3 个断面</td></tr>
<tr><td colspan="2">沥青面层</td><td colspan="2">±0.3</td><td>符合《验评标准》</td></tr>
<tr><td>5</td><td colspan="3">抗滑构造深度</td><td colspan="2">符合设计要求</td><td>符合设计要求</td><td>砂铺法:每 200m 查 3 处</td></tr>
<tr><td></td><td colspan="3"></td><td colspan="2"></td><td></td><td></td></tr>
<tr><td colspan="6">自检说明:
符合设计规范及《验评标准》的要求。
施工员:×××
××年×月×日</td><td colspan="2">监理评语:
符合设计规范及《验评标准》的要求。
监理员:×××
××年×月×日</td></tr>
</table>

施工负责人:×××　　　　质量检查员:×××　　　　监理工程师:×××

表 4-144　　桥梁总体分项工程质量检验评定表

分项工程名称：桥梁总体　　所属分部工程名称：总体桥面系和附属工程

所属建设项目：　　工程部位：K11 ＋000 大桥

施工单位：××集团有限责任公司　　监理单位：××国际工程咨询有限公司

××公路工程项目经理部　　××公路监理部

<table>
<tr><td>基本要求</td><td colspan="18">桥梁施工严格按照设计图纸、施工技术规范和有关技术操作规程要求进行；桥下净空不小于设计要求。</td></tr>
<tr><td rowspan="15">实测项目</td><td rowspan="2">项次</td><td rowspan="2">检查项目</td><td rowspan="2">规定值或允许偏差/mm</td><td colspan="10">实测值或实测偏差值</td><td colspan="4">质量评定</td></tr>
<tr><td>1</td><td>2</td><td>3</td><td>4</td><td>5</td><td>6</td><td>7</td><td>8</td><td>9</td><td>10</td><td>平均值、代表值</td><td>合格率(%)</td><td>权值</td><td>得分</td></tr>
<tr><td>1</td><td>桥面中线偏位</td><td>20</td><td></td><td></td><td></td><td></td><td></td><td></td><td></td><td></td><td></td><td></td><td></td><td>100</td><td>2</td><td>100</td></tr>
<tr><td>2</td><td>桥宽</td><td>±10</td><td></td><td></td><td></td><td></td><td></td><td></td><td></td><td></td><td></td><td></td><td></td><td>100</td><td>2</td><td>100</td></tr>
<tr><td>3</td><td>桥长</td><td>＋300，－100</td><td></td><td></td><td></td><td></td><td></td><td></td><td></td><td></td><td></td><td></td><td></td><td>100</td><td>1</td><td>100</td></tr>
<tr><td>4</td><td>引道中心线与桥梁中心线的衔接</td><td>20</td><td></td><td></td><td></td><td></td><td></td><td></td><td></td><td></td><td></td><td></td><td></td><td>100</td><td>2</td><td>100</td></tr>
<tr><td>5</td><td>桥头高程衔接</td><td>±3</td><td></td><td></td><td></td><td></td><td></td><td></td><td></td><td></td><td></td><td></td><td></td><td>100</td><td>2</td><td>100</td></tr>
<tr><td></td><td></td><td></td><td></td><td></td><td></td><td></td><td></td><td></td><td></td><td></td><td></td><td></td><td></td><td></td><td></td><td></td></tr>
<tr><td></td><td></td><td></td><td></td><td></td><td></td><td></td><td></td><td></td><td></td><td></td><td></td><td></td><td></td><td></td><td></td><td></td></tr>
<tr><td></td><td></td><td></td><td></td><td></td><td></td><td></td><td></td><td></td><td></td><td></td><td></td><td></td><td></td><td></td><td></td><td></td></tr>
<tr><td></td><td></td><td></td><td></td><td></td><td></td><td></td><td></td><td></td><td></td><td></td><td></td><td></td><td></td><td></td><td></td><td></td></tr>
<tr><td></td><td></td><td></td><td></td><td></td><td></td><td></td><td></td><td></td><td></td><td></td><td></td><td></td><td></td><td></td><td></td><td></td></tr>
<tr><td></td><td></td><td></td><td></td><td></td><td></td><td></td><td></td><td></td><td></td><td></td><td></td><td></td><td></td><td></td><td></td><td></td></tr>
<tr><td></td><td></td><td></td><td></td><td></td><td></td><td></td><td></td><td></td><td></td><td></td><td></td><td></td><td></td><td></td><td></td><td></td></tr>
<tr><td colspan="3">合　计</td><td colspan="12"></td><td>9</td><td>100</td></tr>
<tr><td colspan="2">外观鉴定</td><td colspan="4">踏步不够顺直</td><td colspan="2">减分</td><td>2</td><td rowspan="2" colspan="2">监理意见</td><td rowspan="2" colspan="8">同意施工单位的评定
签字：×××
××年×月×日</td></tr>
<tr><td colspan="2">质量保证资料</td><td colspan="4">资料齐全、完整、真实</td><td colspan="2">减分</td><td>0</td></tr>
<tr><td colspan="2">工程质量等级评定</td><td colspan="9">评分：98</td><td colspan="8">质量等级：合格</td></tr>
</table>

检验负责人：×××　　检测：×××　　记录：×××　　复核：×××　　××年×月×日

表 4-145　　　　沥青路面压实度检验评定表

工程名称				分期工程桩号			
桩　号	距中线位置/m	压实度(%)		桩　号	距中线位置/m	压实度(%)	
		左幅	右幅			左幅	右幅
压实度平均值 $\bar{k}$(%)=				标准值 K_0(%)=			标准差 S(%)=
代表值 K(%)=　　(K_0-1)(%)=				扣分点($K_i<K-1$)=　　点			
n=　　$t_\alpha/\sqrt{n}$=				合格率(%)=			

施工负责人：　　　　　　　　计算：　　　　　　　　驻地监理工程师：

五、防护工程施工资料

护坡指的是为防止边坡受冲刷，在坡面上所做的各种铺砌和栽植的统称。

桥址所在河段受水流冲刷，会使河岸不断地坍塌。为保护桥梁和路堤安全，须在凹岸修筑防护建筑物。此外，因设桥引起河水流向变化，冲刷河岸而危及农田和村镇时，也须在河岸修建防护建筑物。这种建筑物通常又称为护岸。护岸的形式有直接防护和间接防护。直接防护是对河岸边坡直接进行加固，以抵抗水流的冲刷和淘刷。常用抛石、干砌片石、浆砌片石、石笼及梢捆等修筑。间接防护适用于河床较宽或防护长度较大的河段，可修筑丁坝、顺坝和格坝等，将水流挑离河岸。

若防护工程(包括护坡、护岸，导流工程，石笼防护，砌石工程等)的施工资料较多时，也可以分项工程组卷。

防护工程施工资料常用表格式样见表 4-146。

表 4-146　**导流分项工程质量检验评定表**

分项工程名称：**导流工程**　　所属分部工程名称：**防护工程**

所属建设项目：　　工程部位：**K10+000～K11+000**

施工单位：**××集团有限责任公司**
××公路工程项目经理部

监理单位：**××国际工程咨询有限公司**
××公路监理部

<table>
<tr><td>基本要求</td><td colspan="9"></td></tr>
<tr><td rowspan="11">实测项目</td><td rowspan="2">项次</td><td colspan="2" rowspan="2">检查项目</td><td rowspan="2">规定值或允许偏差</td><td rowspan="2">实测值或实测偏差值</td><td colspan="4">质量评定</td></tr>
<tr><td>平均值、代表值</td><td>合格率(%)</td><td>权值</td><td>得分</td></tr>
<tr><td>1△</td><td colspan="2">砂浆强度/MPa</td><td>在合格标准内</td><td></td><td></td><td></td><td>3</td><td></td></tr>
<tr><td>2</td><td colspan="2">平面位置/mm</td><td>30</td><td></td><td></td><td></td><td>2</td><td></td></tr>
<tr><td>3</td><td colspan="2">长度/mm</td><td>不小于设计长度－100</td><td></td><td></td><td></td><td>1</td><td></td></tr>
<tr><td>4△</td><td colspan="2">顶面尺寸/mm</td><td>不小于设计</td><td></td><td></td><td></td><td>2</td><td></td></tr>
<tr><td rowspan="2">5</td><td rowspan="2">高程/mm</td><td>基底</td><td>不小于设计</td><td></td><td rowspan="2"></td><td rowspan="2"></td><td rowspan="2">2</td><td rowspan="2"></td></tr>
<tr><td>顶面</td><td>不小于设计</td><td></td></tr>
<tr><td></td><td colspan="2"></td><td></td><td></td><td></td><td></td><td></td><td></td></tr>
<tr><td></td><td colspan="2"></td><td></td><td></td><td></td><td></td><td></td><td></td></tr>
<tr><td></td><td colspan="2"></td><td></td><td></td><td></td><td></td><td></td><td></td></tr>
<tr><td></td><td colspan="4">合　计</td><td colspan="3"></td><td></td><td></td></tr>
<tr><td colspan="2">外观鉴定</td><td colspan="2"></td><td>减分</td><td></td><td rowspan="2">监理意见</td><td colspan="3" rowspan="2"></td></tr>
<tr><td colspan="2">质量保证资料</td><td colspan="2"></td><td>减分</td><td></td></tr>
<tr><td colspan="2">工程质量等级评定</td><td colspan="4">评分：</td><td colspan="4">质量等级：</td></tr>
</table>

检验负责人：×××　　检测：×××　　记录：×××　　复核：×××　　××年×月×日

第七节　交通安全设施施工资料文件

一、交通安全设施施工资料分类

交通安全设施施工资料分类见表 4-147。

表 4-147　　交通安全设施施工资料分类

<table>
<tr><th>序号</th><th>分部工程</th><th colspan="2">资　料　类　别</th></tr>
<tr><td rowspan="3">1</td><td rowspan="3">交通标志</td><td>施工原始资料</td><td>(1)施工放样报验单(表 4-9)。
(2)________工程检验记录表(表 4-88)。
(3)交通标志质量检验报告单(表 4-148)</td></tr>
<tr><td>试验、检测报告</td><td>(1)土的击实试验记录(表 4-59)。
(2)标准击实曲线图(表 4-60)。
(3)水泥混凝土抗压强度试验记录(表 4-57)</td></tr>
<tr><td>工程质量文件</td><td>(1)________工程检验记录表(表 4-88)。
(2)交通标志分项工程质量检验评定表(表 4-149)</td></tr>
<tr><td rowspan="3">2</td><td rowspan="3">路面标线</td><td>施工原始资料</td><td>(1)施工放样报验单(表 4-9)。
(2)________工程检验记录表(表 4-88)。
(3)路面标线质量检验报告单(表 4-150)</td></tr>
<tr><td>试验、检测报告</td><td>(1)土的击实试验记录(表 4-59)。
(2)标准击实曲线图(表 4-60)。
(3)水泥混凝土抗压强度试验记录(表 4-57)</td></tr>
<tr><td>工程质量文件</td><td>(1)________工程检验记录表(表 4-88)。
(2)路面标线分项工程质量检验评定表(表 4-151)</td></tr>
<tr><td rowspan="3">3</td><td rowspan="3">护栏及附属设施</td><td>施工原始资料</td><td>(1)施工放样报验单(表 4-9)。
(2)水泥混凝土施工记录(表 4-87)。
(3)混凝土护栏质量检验报告单(表 4-152)。
(4)________工程检验记录表(表 4-88)。
(5)水泥混凝土抗压强度试验记录(表 4-57)。
(6)压实度试验记录(灌砂法)(表 4-153)</td></tr>
<tr><td>试验、检测报告</td><td>(1)土的击实试验记录(表 4-59)。
(2)标准击实曲线图(表 4-60)。
(3)水泥混凝土抗压强度试验记录(表 4-57)</td></tr>
<tr><td>工程质量文件</td><td>(1)水泥混凝土抗压强度评定表(表 4-136)。
(2)________工程检验记录表(表 4-88)。
(3)混凝土护栏分项工程质量检验评定表(表 4-154)</td></tr>
</table>

二、交通标志施工资料

交通标志按功能分有主标志和辅助标志；按作用分有指示标志、指路标志、警告标志、禁令标志；在结构上有单柱式、双柱式、悬臂式、门式、附着式等几种形式。

构件进场时，除应按出厂合格证和质量检验报告单核查其类别、型号外，还应对其外观质量，底板形状和几何尺寸、图案、颜色、文字和原材料质量进行检验。

交通标志在施工中的实测项目包括：标志板外形尺寸；标志底板厚度；标志汉字、数字、拉丁字的字体及尺寸；标志面反光膜等级及逆反射系数；标志板下缘至路面净空高度及标志板内缘距路边缘距离；立柱竖直度；标志金属构件镀层厚度；标志基础尺寸及基础混凝土强度。

交通标志施工资料常用表格式样见表 4-148 及表 4-149。

表 4-148　　**交通标志质量检验报告单**

承包单位：××集团有限公司××公路工程 A2 标段项目经理部　　合同号：A2

监理单位：××工程咨询有限公司××公路工程 A2 标段监理部　　编　号：

<table>
<tr><td colspan="2">工程名称</td><td>标　志</td><td>施工时间</td><td>××年×月×日</td></tr>
<tr><td colspan="2">桩号及部位</td><td>K11＋000～K12＋000 左侧交通标志</td><td>检验时间</td><td>××年×月×日</td></tr>
<tr><td>项次</td><td>检查项目</td><td>规定值或允许偏差</td><td>检验结果</td><td>检验频率和方法</td></tr>
<tr><td rowspan="2">1</td><td>标志板外形尺寸/mm</td><td>±5。当边长尺寸大于 1.2m 时允许偏差为边长的±0.5%；三角形内角应为 60°±5°</td><td>符合《验评标准》</td><td rowspan="2">钢卷尺、万能角尺、卡尺：检查 100%</td></tr>
<tr><td>标志底板厚度/mm</td><td>不小于设计</td><td>符合设计要求</td></tr>
<tr><td>2</td><td>标志汉字、数字、拉丁字的字体及尺寸/mm</td><td>应符合规定字体，基本字高不小于设计</td><td>符合设计要求</td><td>字体与标准字体对照，字高用钢卷尺：检查 10%</td></tr>
<tr><td>3△</td><td>标志面反光膜等级及逆反射系数 cd/(lx·m²)</td><td>反光膜等级符合设计。逆反射系数值不低于《公路交通标志板技术条件》(JT/T 279)规定</td><td>符合《技术条件》</td><td>反光膜等级用目测初定。便携式测定仪：检查 100%</td></tr>
<tr><td>4</td><td>标志板下缘至路面净空高度及标志板内缘距路边缘距离/mm</td><td>＋100，0</td><td>符合《验评标准》</td><td>用直尺、水平尺或经纬仪：检查 100%</td></tr>
<tr><td>5</td><td>立柱竖直度/(mm/m)</td><td>±3</td><td>符合《验评标准》</td><td>垂线、直尺：检查 100%</td></tr>
<tr><td>6△</td><td>标志金属构件镀层厚度/μm</td><td>标志桩、横梁≥78，紧固件≥50</td><td>符合《验评标准》</td><td>测厚仪：检查 100%</td></tr>
<tr><td>7</td><td>标志基础尺寸/mm</td><td>＋100，－50</td><td>符合《验评标准》</td><td>钢尺、直尺：检查 100%</td></tr>
<tr><td>8</td><td>基础混凝土强度/MPa</td><td>在合格标准内</td><td>符合《验评标准》</td><td>基础施工同时做试件每处 1 组(3 件)：检查 100%</td></tr>
<tr><td colspan="3">自检说明：
符合设计规范及《验评标准》的要求。
施工员：×××
××年×月×日</td><td colspan="2">监理评语：
符合设计规范及《验评标准》的要求。
监理员：×××
××年×月×日</td></tr>
</table>

施工负责人：×××　　质量检查员：×××　　监理工程师：×××

表 4-149　　　　交通标志分项工程质量检验评定表

分项工程名称：**交通标志**　　　　所属分部工程名称：**标志路基土石方工程**

所属建设项目：　　　　工程部位：**K10＋000～K11＋000**

施工单位：**××集团有限责任公司**　　　　监理单位：**××国际工程咨询有限公司**

××公路工程项目经理部　　　　**××公路监理部**

<table>
<tr><td colspan="2">基本要求</td><td colspan="7"></td></tr>
<tr><td rowspan="12">实测项目</td><td rowspan="2">项次</td><td rowspan="2">检查项目</td><td rowspan="2">规定值或允许偏差</td><td rowspan="2">实测值或实测偏差值</td><td colspan="4">质量评定</td></tr>
<tr><td>平均值、代表值</td><td>合格率（%）</td><td>权值</td><td>得分</td></tr>
<tr><td rowspan="2">1</td><td>标志板外形尺寸/mm</td><td>±5。当边长尺寸大于1.2m时允许偏差为边长的±0.5%；三角形内角应为60°±5°</td><td rowspan="2"></td><td rowspan="2"></td><td rowspan="2"></td><td rowspan="2">1</td><td rowspan="2"></td></tr>
<tr><td>标志底板厚度/mm</td><td>不小于设计</td></tr>
<tr><td>2</td><td>标志汉字、数字、拉丁字的字体及尺寸/mm</td><td>应符合规定字体，基本字高不小于设计</td><td></td><td></td><td></td><td>1</td><td></td></tr>
<tr><td>3△</td><td>标志面反光膜等级有逆反射系数 cd/(1x·m²)</td><td>反光膜等级符合设计。逆反射系数值不低于《公路交通标志板技术条件》(JT/T 279)规定</td><td></td><td></td><td></td><td>2</td><td></td></tr>
<tr><td>4</td><td>标志板下缘至路面净空高度及标志板内缘距路边缘距离/mm</td><td>＋100，0</td><td></td><td></td><td></td><td>1</td><td></td></tr>
<tr><td>5</td><td>立柱竖直度/(mm/m)</td><td>±3</td><td></td><td></td><td></td><td>1</td><td></td></tr>
<tr><td>6△</td><td>标志金属构件镀层厚度/μm</td><td>标志柱、横梁≥78，紧固件≥50</td><td></td><td></td><td></td><td>2</td><td></td></tr>
<tr><td>7</td><td>标志基础尺寸/mm</td><td>－50，＋100</td><td></td><td></td><td></td><td>1</td><td></td></tr>
<tr><td>8</td><td>基础混凝土强度/MPa</td><td>在合格标准内</td><td></td><td></td><td></td><td>1</td><td></td></tr>
<tr><td colspan="3">合　计</td><td colspan="3"></td><td></td><td></td></tr>
<tr><td colspan="2">外观鉴定</td><td colspan="2"></td><td>减分</td><td></td><td rowspan="2">监理意见</td><td colspan="2" rowspan="2"></td></tr>
<tr><td colspan="2">质量保证资料</td><td colspan="2"></td><td>减分</td><td></td></tr>
<tr><td colspan="2">工程质量等级评定</td><td colspan="4">评分：</td><td colspan="3">质量等级：</td></tr>
</table>

检验负责人：×××　　检测：×××　　记录：×××　　复核：×××　　××年×月×日

三、路面标线施工资料

交通标线是交通安全设施的重要组成部分，它是引导驾驶员视线，管制驾驶员驾车行为的重要设施。对标线的可见性、耐久性、施工性等有严格要求。交通标线按材料可分为标线涂料（包括常温涂料、加热涂料、热熔涂料）、贴附材料（包括贴附成型标带、热熔成型标带、铝箔标带）、标线器（包括突起路标、分离器）；按施工温度可分为溶剂型（包括常温涂料、加热涂料）、熔融型（热熔涂料）；按形式可分为连续实线、间断线、箭头指示线；按功能可分为警告标线、指示标线、禁止标线；按颜色可分为白色和黄色两种。

进场的标线涂料和玻璃珠，除应按出厂合格证和质量检验报告单核查其类别、型号和性能之外，还应取样到监理工程师指定的试验室进行委托试验，以此检验涂(漆)料配方是否满足图纸要求，施工机具和工艺是否合适。

施工中，路面标线实测项目包括：标线线段长度、标线宽度、标线厚度、标线横向偏位、标线纵向间距、标线剥落面积、反光标线逆反射系数。

路面标线施工资料常用表格式样见表 4-150 及表 4-151。

表 4-150　　**路面标线质量检验报告单**

承包单位：××集团有限公司××公路工程 A2 标段项目经理部　　合同号：A2

监理单位：××工程咨询有限公司××公路工程 A2 标段监理部　　编　号：

<table>
<tr><td colspan="3">工程名称</td><td>标　线</td><td>施工时间</td><td>××年×月×日</td></tr>
<tr><td colspan="3">桩号及部位</td><td>K11+000～K12+000</td><td>左侧路面标线检验时间</td><td>××年×月×日</td></tr>
<tr><td>项次</td><td colspan="2">检查项目</td><td>规定值或允许偏差</td><td>检验结果</td><td>检验频率和方法</td></tr>
<tr><td rowspan="4">1</td><td rowspan="4">标线线段长度/mm</td><td>6000</td><td>±50</td><td>符合《验评标准》</td><td rowspan="4">钢卷尺：抽检 10%</td></tr>
<tr><td>4000</td><td>±40</td><td>符合《验评标准》</td></tr>
<tr><td>3000</td><td>±30</td><td>符合《验评标准》</td></tr>
<tr><td>1000～2000</td><td>±20</td><td>符合《验评标准》</td></tr>
<tr><td rowspan="3">2</td><td rowspan="3">标线宽度/mm</td><td>400～450</td><td>+15,0</td><td>符合《验评标准》</td><td rowspan="3">钢尺：抽检 10%</td></tr>
<tr><td>150～200</td><td>+8,0</td><td>符合《验评标准》</td></tr>
<tr><td>100</td><td>+5,0</td><td>符合《验评标准》</td></tr>
<tr><td rowspan="3">3△</td><td rowspan="3">标线厚度/mm</td><td>常温型(0.12～0.2)</td><td>−0.03,+0.10</td><td>符合《验评标准》</td><td rowspan="3">湿膜厚度计：干膜用水平尺、塞尺或用卡尺，抽检 10%</td></tr>
<tr><td>加热型(0.20～0.4)</td><td>−0.05,+0.15</td><td>符合《验评标准》</td></tr>
<tr><td>热熔型(1.0～4.50)</td><td>−0.10,+0.50</td><td>符合《验评标准》</td></tr>
<tr><td>4</td><td colspan="2">标线横向偏差/mm</td><td>±30</td><td>符合《验评标准》</td><td>钢卷尺：抽检 10%</td></tr>
<tr><td rowspan="4">5</td><td rowspan="4">标线纵向间距/mm</td><td>9000</td><td>±45</td><td>符合《验评标准》</td><td rowspan="4">钢卷尺：抽检 10%</td></tr>
<tr><td>6000</td><td>±30</td><td>符合《验评标准》</td></tr>
<tr><td>4000</td><td>±20</td><td>符合《验评标准》</td></tr>
<tr><td>3000</td><td>±15</td><td>符合《验评标准》</td></tr>
<tr><td>6</td><td colspan="2">标线剥落面积</td><td>检查总面积的 0～3%</td><td>符合《验评标准》</td><td>4 倍放大镜：目测检查</td></tr>
<tr><td>7△</td><td colspan="2">反光标线逆反射系数 cd/(lx · m²)</td><td>白色标线≥150
黄色标线≥100</td><td>符合《验评标准》</td><td>反光标线逆反射系数测量仪：抽检 10%</td></tr>
<tr><td colspan="4">自检说明：
符合设计规范及《验评标准》的要求。

施工员：×××

××年×月×日</td><td colspan="2">监理评语：
符合设计规范及《验评标准》的要求。

监理员：×××

××年×月×日</td></tr>
</table>

施工负责人：×××　　质量检查员：×××　　监理工程师：×××

表 4-151　　路面标线分项工程质量检验评定表

分项工程名称:路面标线　　所属分部工程名称:洞身衬砌标线

所属建设项目:　　工程部位:

施工单位:××集团有限责任公司　　监理单位:××国际工程咨询有限公司

××公路工程项目经理部　　××公路监理部

<table>
<tr><td>基本要求</td><td colspan="9"></td></tr>
<tr><td rowspan="20">实测项目</td><td rowspan="2">项次</td><td colspan="2" rowspan="2">检查项目</td><td rowspan="2">规定值或允许偏差</td><td rowspan="2">实测值或实测偏差值</td><td colspan="4">质量评定</td></tr>
<tr><td>平均值、代表值</td><td>合格率(%)</td><td>权值</td><td>得分</td></tr>
<tr><td rowspan="4">1</td><td rowspan="4">标线线段长度/mm</td><td>6000</td><td>±50</td><td rowspan="4"></td><td rowspan="4"></td><td rowspan="4"></td><td rowspan="4">1</td><td rowspan="4"></td></tr>
<tr><td>4000</td><td>±40</td></tr>
<tr><td>3000</td><td>±30</td></tr>
<tr><td>1000～2000</td><td>±20</td></tr>
<tr><td rowspan="3">2</td><td rowspan="3">标线宽度/mm</td><td>400～450</td><td>+15,0</td><td rowspan="3"></td><td rowspan="3"></td><td rowspan="3"></td><td rowspan="3">1</td><td rowspan="3"></td></tr>
<tr><td>150～200</td><td>+8,0</td></tr>
<tr><td>100</td><td>+5,0</td></tr>
<tr><td rowspan="3">3△</td><td rowspan="3">标线厚度/mm</td><td>常温型(0.12～0.2)</td><td>-0.03,+0.10</td><td></td><td></td><td rowspan="3"></td><td rowspan="3">2</td><td rowspan="3"></td></tr>
<tr><td>加热型(0.20～0.4)</td><td>-0.05,+0.15</td><td></td><td></td></tr>
<tr><td>热熔型(1.0～4.50)</td><td>-0.10,+0.50</td><td></td><td></td></tr>
<tr><td>4</td><td colspan="2">标线横向偏位/mm</td><td>±30</td><td></td><td></td><td></td><td>1</td><td></td></tr>
<tr><td rowspan="4">5</td><td rowspan="4">标线纵向间距/mm</td><td>9000</td><td>±45</td><td rowspan="4"></td><td rowspan="4"></td><td rowspan="4"></td><td rowspan="4">1</td><td rowspan="4"></td></tr>
<tr><td>6000</td><td>±30</td></tr>
<tr><td>4000</td><td>±20</td></tr>
<tr><td>3000</td><td>±15</td></tr>
<tr><td>6</td><td colspan="2">标线剥落面积</td><td>检查总面积的0～3%</td><td></td><td></td><td></td><td>1</td><td></td></tr>
<tr><td>7△</td><td colspan="2">反光标线逆反射系数 cd/(lx·m²)</td><td>白色标线≥150
黄色标线≥100</td><td></td><td></td><td></td><td>2</td><td></td></tr>
<tr><td colspan="5">合　计</td><td colspan="3"></td><td></td><td></td></tr>
<tr><td colspan="2">外观鉴定</td><td colspan="3"></td><td>减分</td><td></td><td rowspan="2">监理意见</td><td colspan="2" rowspan="2"></td></tr>
<tr><td colspan="2">质量保证资料</td><td colspan="3"></td><td>减分</td><td></td></tr>
<tr><td colspan="2">工程质量等级评定</td><td colspan="4">评分:</td><td colspan="4">质量等级:</td></tr>
</table>

检验负责人:×××　　检测:×××　　记录:×××　　复核:×××　　××年×月×日

四、混凝土护栏施工资料

预制混凝土护栏块进场时，除应按出厂合格证和质量检验报告单核查其类别、型号，还应对原材料和外观质量、外形尺寸及混凝土构件强度进行检验。

采用就地浇筑的混凝土护栏的原材料进场时，应按出厂合格证及质量检验报告单核查其类别、型号、性能，还应取样进行试验。

混凝土护栏实测项目包括护栏混凝土强度、地基压实度、护栏断面尺寸、基础平整度、轴向横向偏位及基础厚度。

混凝土护栏施工资料常用表格式样见表4-152至表4-154。

表4-152　　**混凝土护栏质量检验报告单**

承包单位：××集团有限公司××公路工程A2标段项目经理部　　合同号：A2

监理单位：××工程咨询有限公司××公路工程A2标段监理部　　编　号：

工程名称		护　栏	施工时间	××年×月×日
桩号及部位		K11+000～K12+000 左侧混凝土护栏	检验时间	××年×月×日
项次	检查项目	规定值或允许偏差	检验结果	检验频率和方法
1△	护栏混凝土强度/MPa	在合格标准内	符合《验评标准》	
2	地基压实度(%)	符合设计要求	符合设计要求	现场检查
3	护栏断面尺寸/mm　高度	±10	符合《验评标准》	直尺、钢卷尺：抽检10%
	护栏断面尺寸/mm　顶宽	±5	符合《验评标准》	
	护栏断面尺寸/mm　底宽	±5	符合《验评标准》	
4	基础平整度/mm	10	符合《验评标准》	水平尺，检查100%
5△	轴线横向偏位/mm	±20或符合设计要求	符合设计要求	直尺、钢卷尺：抽检10%
6	基础厚度/mm	±10%H	符合《验评标准》	过程检查，直尺：检查100%
自检说明： 符合设计规范及《验评标准》的要求。 施工员：××× ××年×月×日			监理评语： 符合设计规范及《验评标准》的要求。 监理员：××× ××年×月×日	

施工负责人：×××　　质量检查员：×××　　监理工程师：×××

表 4-153 压实度试验记录(灌砂法)

工程名称		试验单位	
桩　号		试验完成日期	年　月　日
土样类别		试验执行标准	
最大干密度/(g/cm^3)		试验人签字	
最佳含水量(%)		审核人签字	

	项目										
	桩　号										
	取样位置/m										
①	灌砂前:筒+砂重/g										
②	灌砂后:筒+砂重/g										
③	锥体砂重/g										
④	试坑砂重①-②-③/g										
⑤	砂密度/(g/cm^3)										
⑥	试坑体积 V=④/⑤/cm^3										
⑦	试坑土重/g										
⑧	湿密度=⑦/⑥/(g/cm^3)										
	盒号										
⑨	盒+温土重/g										
⑩	盒+干土重/g										
⑪	水重/g										
⑫	盒质量/g										
⑬	干土重/g										
⑭	含水量(%)										
⑮	平均含水量(%)										
⑯	干密度/(g/cm^3)										
	压实度(%)										
	路基部位(第几层)										
	压实度标准(%)										
	结论										

表 4-154　　　　混凝土护栏分项工程质量检验评定表

分项工程名称：**混凝土护栏**　　　　所属分部工程名称：**护栏**

所属建设项目：　　　　工程部位：

施工单位：××**集团有限责任公司**　　　　监理单位：××**国际工程咨询有限公司**

××**公路工程项目经理部**　　　　××**公路监理部**

<table>
<tr><td>基本要求</td><td colspan="10"></td></tr>
<tr><td rowspan="10">实测项目</td><td rowspan="2">项次</td><td rowspan="2" colspan="2">检查项目</td><td rowspan="2">规定值或允许偏差</td><td rowspan="2">实测值或实测偏差值</td><td colspan="4">质量评定</td></tr>
<tr><td>平均值、代表值</td><td>合格率（%）</td><td>权值</td><td>得分</td></tr>
<tr><td>1△</td><td colspan="2">护栏混凝土强度/MPa</td><td>在合格标准内</td><td></td><td></td><td></td><td>2</td><td></td></tr>
<tr><td>2</td><td colspan="2">地基压实度（%）</td><td>符合设计要求</td><td></td><td></td><td></td><td>1</td><td></td></tr>
<tr><td rowspan="3">3</td><td rowspan="3">护栏断面尺寸/mm</td><td>高度</td><td>±10</td><td rowspan="3"></td><td rowspan="3"></td><td rowspan="3"></td><td rowspan="3">1</td><td rowspan="3"></td></tr>
<tr><td>顶宽</td><td>±5</td></tr>
<tr><td>底宽</td><td>±5</td></tr>
<tr><td>4</td><td colspan="2">基础平整度/mm</td><td>10</td><td></td><td></td><td></td><td>1</td><td></td></tr>
<tr><td>5△</td><td colspan="2">轴向横向偏位/mm</td><td>±20 或符合设计要求</td><td></td><td></td><td></td><td>2</td><td></td></tr>
<tr><td>6</td><td colspan="2">基础厚度/mm</td><td>±10%H</td><td></td><td></td><td></td><td></td><td></td></tr>
<tr><td></td><td colspan="4">合　计</td><td colspan="3"></td><td></td><td></td></tr>
<tr><td colspan="2">外观鉴定</td><td colspan="3"></td><td>减分</td><td></td><td rowspan="2" colspan="2">监理意见</td><td rowspan="2" colspan="2"></td></tr>
<tr><td colspan="2">质量保证资料</td><td colspan="3"></td><td>减分</td><td></td></tr>
<tr><td colspan="2">工程质量等级评定</td><td colspan="9">评分：　　　　质量等级：</td></tr>
</table>

检验负责人：×××　　检测：×××　　记录：×××　　复核：×××　　××年×月×日

1. 施工技术管理文件主要包括哪些？
2. 分包人资格审查的内容是什么？
3. 施工测量记录的填写要求是什么？
4. 申请开工的项目应具备哪些条件？
5. 施工测量应提交的资料有何要求？
6. 公路工程试验、检测报告资料可分为哪几类？
7. 如何填写路基填料试验报告？

第五章　公路工程监理文件

第一节　施工准备阶段监理资料

一、监理规划编制

监理规划是指导监理工作的纲领性文件。它是由总监理工程师根据监理合同，在监理大纲的基础上，结合项目的具体情况组织编制的，经监理单位技术负责人审核批准，在监理交底会前报送建设单位。

监理规划的内容应有针对性，做到控制目标明确、控制措施有效、工作程序合理、工作制度健全、职责分工清楚，并且对监理实施工作有指导作用。

1. 工程项目所包括的内容

工程项目包括工程项目名称、建设地点、建设规模、预算投资、建设工期、工程特点，以及建设单位、设计单位、监理单位、承包单位、主要分包单位等内容。

2. 监理工作依据

(1)国家和地方有关工程建设的法律、法规。

(2)建设工程委托监理合同。

(3)建设单位与承包单位签订的本工程施工合同及补充协议。

(4)标准、规范及有关技术文件。

(5)本工程的工程地质、水文地质勘察报告。

(6)本工程设计文件，设计变更、工程洽商等有关文件。

(7)工程量清单、工程报价单或预算书。

3. 监理范围和目标

监理范围是指监理单位所承担任务的工程项目建设监理范围。例如：××公路工程××标段路基、桥涵、隧道工程。

监理目标是指监理单位所承担的工程项目监理目标。包括工期控制目标、工程质量控制目标和工程造价控制目标。

4. 工程进度控制

工程进度控制包括总进度计划，工期控制目标的分解，进度控制程序，进度控制要点，控制进度风险的措施，进度控制的动态管理等。

5. 工程质量控制

工程质量控制包括质量控制目标，质量控制目标的分解，质量控制程序，质量控制要点，控制质量风险的措施，质量控制的动态管理等。

6. 工程造价控制

工程造价控制包括工程总造价,投资控制目标的分解,投资使用计划,投资控制程序,控制投资风险的措施,投资控制的动态管理等。

7. 合同及其他事项管理

(1)合同管理:包括合同管理的工作流程与措施,合同执行的动态管理,工程变更、索赔程序,合同争议的协调方法等。

(2)信息管理:包括信息流程图,信息分类表,信息管理的工作流程与措施等。

(3)组织协调:包括与工程项目有关的单位协调工作程序等。

8. 监理组织机构

(1)组织形式和人员构成。

(2)监理人员的职责分工。

(3)监理人员进场计划安排。

9. 监理工作管理制度

(1)监理工作制度:包括图纸会审及设计审核制度,施工组织设计审核制度,工程开工申请制度,工程材料、半成品质量检验制度,分项(部)工程质量验收制度,单位工程、单项工程中间验收制度,设计变更处理制度,现场协调会及工地会议纪要签发制度,施工备忘录签发制度,施工现场紧急情况处理制度,计量支付制度,工程索赔签审制度等。

(2)监理内部工作制度:包括监理组织工作会议制度,对外行文审批制度,监理工作日志制度,监理旬、月报制度,档案管理制度,监理费用预算制度,信息和资料管理制度等。

二、监理实施细则编制

监理实施细则是在监理规划的指导下,由专业监理工程师针对项目具体情况制定的更具有实施性和可操作性的业务文件。

1. 编制依据

(1)已批准的监理规划。

(2)与专业工程相关的标准、设计文件和技术资料。

(3)施工组织设计。

2. 主要内容

(1)专业工程的特点。

(2)监理工作流程。

(3)监理工作的控制要点及目标值。

(4)监理工作的方法及措施。

三、监理工作具体内容

1. 参加设计交底

监理工程师应参加设计交底,掌握本工程的设计意图、设计标准和要点;熟悉对材料与工艺的要求,施工中应特别注意的事项,以及对施工安全、环保工作的要求等;澄清有关问题,收集资料并记录。对发现的设计问题,应书面向建设单位提出意见和建议。

设计交底会一般由施工单位编写会议纪要,监理机构参加交底会的负责人应与其他与会单位代表一起对会议纪要签认。

2. 审批施工组织设计

总监理工程师应在合同规定的期限内及时地审批施工单位提交的施工组织设计,各施工合同的施工组织设计及总体进度计划首先应由驻地监理工程师和专业监理工程师审核并提出审核意见,然后由总监办专业监理工程师审核,再由总监理工程师审核批准,其重点包括:

(1)施工组织设计的审批手续是否齐全有效;

(2)施工质量、安全、环保、进度、费用目标是否与合同一致;

(3)质量、安全和环保等保证体系是否健全有效;

(4)安全技术措施、施工现场临时用电方案及工程项目应急救援抢险方案是否符合要求;

(5)施工总体部署与施工方案和安全、环保等应急预案是否合理可行。

技术复杂或采用新技术、新工艺或在特殊季节施工的分项、分部工程和危险性较大的分部工程,应要求施工单位编制专项施工方案,并由驻地监理工程师审核,总监理工程师批准后实施。

3. 检查保证体系

监理工程师应检查施工单位质量、安全和环保等保证体系是否落实,重点检查项目经理、技术负责人、工地试验室负责人的资格及质量、安全、环保人员的履约情况。

4. 审核工地试验室

工地试验室是施工单位控制工程质量的重要手段,也是检查、评价、验收工程质量的科学依据。通过审查,确保施工单位工地试验室合格,使其充分发挥施工自检、质量保证作用,是质量监理的基础条件之一。

监理工程师应审核施工单位工地试验室的人员、设备和试验检测能力是否满足合同要求,管理制度是否健全。

5. 审批复测结果

控制桩点是决定整个工程平面位置和高程的基准。监理工程师应对施工单位提交的原始基准点、基准线和基准高程的复测结果进行审核和平行复测。当双方复测结果一致并满足规范要求时,监理工程师应在合同规定的期限内批复。

6. 验收地面线

监理工程师应监督施工单位在原始地面线未被扰动前测定地面线,并对测定结果进行抽测。抽测频率应能判定施工单位测定结果是否真实可靠,且不低于施工单位测点的30%。监理工程师应对施工单位提交的土石方工程量计算资料进行审核。

7. 审批工程划分

分项、分部、单位工程的划分是加强工程管理、统一口径的措施。经监理批准的工程划分应作为参建各方面在分项、分部工程开工申请和批准、分项工程质量控制、验收、评定和中间交工以及分部、单位工程质量评定和工程计量支付等施工全过程管理的依据。

总监理工程师应于总体开工前对施工单位提交的分项、分部、单位工程划分予以批复,并报建设单位备案。

8. 确认场地占用计划

施工单位提交合同工程全部场地的占用计划应符合总体进度计划的安排。及时提交建设单位场地占用计划的目的是促使建设单位按时完成征地拆迁。避免因建设单位未能按计划提交施工用地而造成违约，进而引起施工单位的索赔。

总监理工程师对施工单位提交的场地占用计划及临时增减的用地计划予以确认，并及时提交建设单位。

9. 核算工程量清单

工程量清单是合同工程计量支付的主要依据；清单管理也是费用监理的主要工作之一。工程量清单复核是施工单位在开工前必须做好的准备工作之一。

监理工程师审核工程量清单应依据合同条件、合同图纸和技术规范，按照合同规定的计量原则进行工程数量核算。审核无误后，及时对施工单位提交的工程量清单复核结果予以签认。

工程数量的审核应严格区分不同的计量方法，有的工程数量是严格以经核对无误的图纸数量为准（如结构水泥混凝土），不考虑超出设计尺寸或损耗数量；有的工程数量是按实际发生的计量（如路基填方中“挖除非适用材料”），通过工程量清单的计量说明，还应明确每项单价所包含的工程内容。

10. 签发开工预付款支付证书

总监理工程师应在施工单位提交完预付款担保后，按合同规定的金额签发开工预付款支付证书，报建设单位审批。

11. 召开监理交底会

监理交底会可以在开工前单独举行，也可以与第一次工地会议一起举行。

总监理工程师应在合同工程开工前主持召开由施工单位项目经理、技术负责人及相关人员参加的监理交底会，介绍监理计划的相关内容。

12. 召开第一次工地会议

总监理工程师应主持召开第一次工地会议。

13. 签发合同工程开工令

监理工程师收到施工单位提交的合同工程开工申请后，应对合同工程的开工条件进行核查。具备开工条件的，由总监理工程师签发合同工程开工令，并报建设单位备案。

若某项条件因客观原因未完成，且其对开工后的工程正常进行无明显影响时，经建设单位同意后，可签发合同工程开工令。

第二节　施工阶段监理资料

一、工程质量监理

（一）施工阶段质量监理程序

施工阶段质量监理程序如图 5-1 所示。

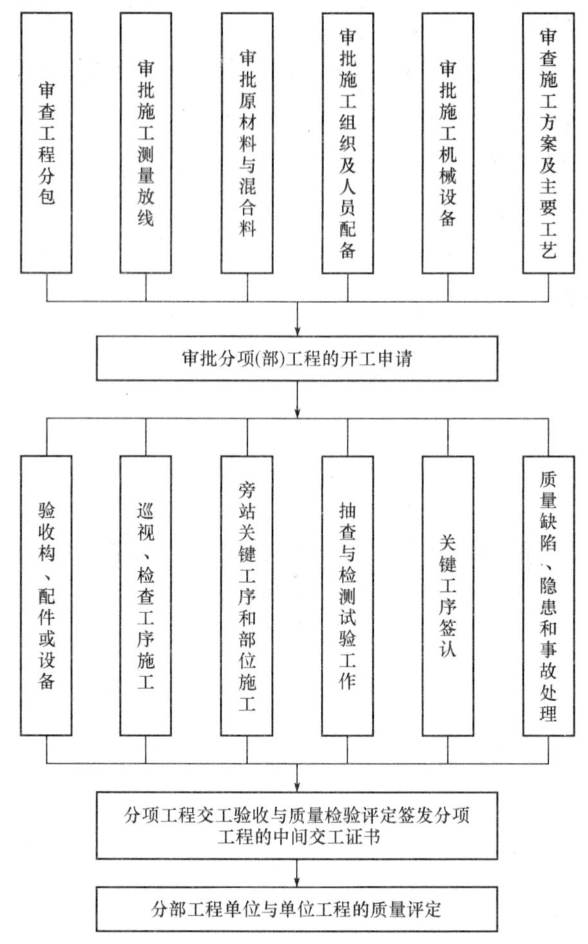

图 5-1　施工阶段质量监理程序

(二)分项工程开工审批内容

1. 审查工程分包

监理工程师应按规定对工程分包进行审查。

2. 审批施工测量放线

监理工程师应检查施工单位使用的测量仪器是否按规定进行了校准,审查其提交的施工测量放线数据、图表及放线成果并予以批复。

监理工程师应对基准点引出的工程控制桩进行复测,对施工放线的重点桩位100%复测,其他桩位不低于30%抽测。

施工放线的重点桩位是指道路工程的路线平面控制点(如直线转角点、圆曲线、缓和曲线起讫点、中点)和各种结构轴线控制桩位以及各高程控制点。

3. 审批工程原材料与混合料

监理工程师应审查施工单位申报的原材料、混合料试验资料,对原材料应独立取样进行平行试验;对混合料可在施工单位标准试验的基础上进行试验验证的,必要时做标准试验,在合同规定的期限内予以批复。

必要时做标准试验是指监理工程师对施工单位申请使用的配合比设计和标准试验结果进行复核试验后，发现施工单位所作的配合比设计不能满足合同要求时，要求施工单位重新进行配合比设计和试验，并指派监理工程师和试验检测人员旁站施工单位的设计和试验过程。如结果仍无改进时，可由监理试验室做平行的标准试验。

监理工程师对施工单位申请使用的商品混凝土或商品混合料配合比进行审查，一般只对其具有出厂合格证的商品混合料进行复核性试验，不再对其原材料进行检查和试验。如对一些直接影响混合料质量的主要原材料有疑问时，可对该原材料进行抽查检验。

4. 审查施工组织及人员配备

分项工程开工前，监理工程师应审查该分项工程的施工组织，包括项目负责人、技术负责人及质量、安全、环保等施工管理、自检人员及主要施工操作人员的配备是否符合合同要求并满足施工要求。

5. 审查施工机械设备

监理工程师应审查施工单位进场的施工机械设备是否满足合同要求，重点审查机械设备是否满足施工质量、安全、环保、进度等要求。施工单位如使用合同约定外的施工机械设备，监理工程师应要求施工单位另行提出使用申请。

施工单位使用非合同规定的施工机械设备，应提出申请，解释变动原因，对拟使用的机械设备作充分说明。监理工程师认为可行的应及时批准，否则应提出否决意见批复施工单位。对施工单位拟使用替代施工机械设备的，监理工程师既无充分依据批准使用，又无充分理由拒绝使用时，可通过试验工程的试验结果来决定是否批准使用。

6. 审查施工方案及主要工艺

监理工程师应审查施工单位提交的分项、分部工程的施工方案及主要工艺，对技术复杂或采用新技术、新工艺、新材料、新设备的工程，应根据试验工程结果进行审批。

7. 审批分项、分部工程的开工申请

监理工程师要求施工单位提交的分项工程开工申请，内容应包括分项工程的概况，施工方案及主要工艺，质量保证，安全技术和环境保护措施，进度计划，质量控制指标及试验检测项目、频率和方法，施工组织、管理人员及施工人员的配备，人员、材料、机械设备等进厂情况，测量放线成果等。

对分项工程开工申请的批准，不仅仅是对某一特定分项工程的审批，也包括在同一合同工程中所有相同单位工程、分部工程中相同分项工程的审批，但分项工程开工条件有变化的除外。

因为施工阶段的质量控制是以分项工程的施工全过程为单位进行的，所以开工申请也应尽量以分项工程为主。但分部工程与分项工程内容相同时也可按分部工程报批。

开工申请批复单见表 5-1，填写要求可参照下列要求。

(1)开工项目：指相应的建设项目或单位工程名称，应与施工图纸的工程名称相一致。

(2)桩号：若整个标段同时开工，则填写该标段起讫里程。若各单位工程分别开工，路基、路面、隧道等线性工程填写起讫里程，桥梁、涵洞等结构物填写设计中心里程。

(3)建议开工/完工日期：所填日期应与审批的施工组织设计和施工进度计划相一致。

(4)此项工程负责人：填写承包人授权的该项目的项目经理名字。

(5)附件：

1)建设单位办理的工程开工证(复印件)；

2)施工组织设计；

3)施工测量放样资料;

4)主要人员资质、材料、设备进场审查资料;

5)施工现场道路、水电、通信等已达到开工条件的证明文件。

(6)监理工程师应对承包人提交的施工方案、施工图纸、使用材料、测量放线、水准点、检测设备等审查合格后批准开工申请批复单。

表 5-1　　　　工程分项开工申请批复单

承包单位:××集团有限公司××公路工程 A2 标段项目经理部　　　　合同号:A2

监理单位:××工程咨询有限公司××公路工程 A2 标段监理部　　　　编　号:

开工项目:K3+000～K7+000 段路基工程
桩号:K3+000～K7+000
建议开工日期:××年×月×日
计划完工日期:××年×月×日
此项工程负责人:×××
附件: (1)建设单位办理的工程开工证(复印件); (2)施工组织设计; (3)施工测量放样资料; (4)主要人员资质、材料、设备进场审查资料; (5)施工现场道路、水电、通讯等已达到开工条件的证明文件。 承包人:××× 日　期:××年×月×日
监理员意见:……
本工程可以进行: 经审查,具备开工条件,同意 K3+000～K7+000 段路基工程于××年×月×日开工。 监理工程师:××× 日　　期:××年×月×日

(三)分项工程施工过程监理内容

1. 验收构、配件或设备

对施工单位外购或定做用于永久工程的构、配件或设备，监理工程师应要求施工单位提交产品合格证和自检报告。可采用常规仪器设备进行检测的，监理工程师应按不低于施工单位自检频率的20%进行抽检，合格后方可准予使用。

2. 巡视

监理人员应重点巡视：正在施工的分项、分部工程是否已批准开工；质量检测、安全管理人员是否按规定到岗；特种作业人员是否持证上岗；现场使用的原材料或混合料、外购产品、施工机械设备及采用的施工方法与工艺是否与批准的一致；质量、安全及环保措施是否实施到位；试验检测仪器、设备是否按规定进行了校准；是否按规定进行了施工自检和工序交接。

监理人员每天对每道工序的巡视应不少于1次，并将巡视的主要内容、现场施工情况、发现的问题、处理意见和处理结果等如实记录在巡视记录上。当天问题未能及时处理的，应在处理完成之日及时补记。

巡视记录式样见表5-2。

______________工程项目

巡 视 记 录

表5-2　　　　　　　　　　　　　　　　　　　　编　号：__________

施工单位		合同号	
巡视监理		日期	
初始时间		终止时间	
巡视范围、主要部位、工序			
施工单位主要设施项目、人员到位、工艺合规性简述			
巡视人主要巡检数据记录			
巡视人发现的问题及处理情况简述			

3. 旁站

监理人员应对试验工程、重要隐蔽工程的完工后无法检测其质量或返工会造成较大损失的工程进行旁站，宜旁站的项目见表 5-3。

表 5-3 公路工程监理旁站工序/部位一览表

单位工程	分部工程	分项工程	旁站工序或部位
路基工程	路基土石方工程	软土地基处治(碎石桩、塑排板、粉喷桩等)	试验工程
		土工合成材料处治层	试验工程
	大型挡土墙	基础	混凝土浇筑
路面工程	路面工程	底基层、基层、垫层、联结层	试验工程
		沥青面层	试验工程
		水泥混凝土面层	试验工程、摊铺
桥梁工程	基础及下部构造	桩基	试桩、钢筋笼安放、混凝土浇筑
		地下连续墙	混凝土浇筑
		沉井浇筑顶板混凝土	定位、下沉、浇筑封底混凝土
		桩的制作、墩台帽、组合桥台	张拉、压浆
	上部构造预制和安装	预应力筋的加工和张拉	张拉、压浆
		转体施工拱	桥体预制、接头混凝土浇筑
		吊杆制作和安装	穿吊杆、预应力束张拉、压浆
	上部构造现场浇筑	预应力筋的加工和张拉	张拉、压浆
		主要构件浇筑、悬臂浇筑	主梁段混凝土浇筑、压浆
		劲性骨架混凝土拱、钢管混凝土拱	混凝土浇筑
	总体、桥面和附属工程	桥面铺装	试验工程
		钢桥面板上沥青混凝土面层	试验工程、面层铺筑
		伸缩缝安装，大型伸缩缝安装	首件安装
隧道工程	洞身衬砌	初期支护	试验工程
		混凝土衬砌	试验工程
	隧道路面	基层、面层等	同路面工程基层、面层
	辅助施工措施	小导管周壁预注浆、深孔预注浆	注浆
交通安全设施	防护栏	混凝土护栏	首段混凝土浇筑

注：互通立交工程各分部、分项工程须旁站的工序同主线各相应分项工程的规定。

旁站监理人员应重点对旁站项目的工艺过程进行监督，并对巡视中规定的内容进行检查，对发现的问题应责令立即改正；当可能危及工程质量、安全或环境时，应予以制止并及时向驻地监理工程师或总监理工程师报告。

旁站监理人员应如实、准确、详细地做好旁站记录。

旁站项目完工后，应组织检查验收，未经施工单位自检合格和监理工程师验收认可的，不得转入下道工序施工。

旁站记录式样见表 5-4。

______________工程项目

旁 站 记 录

表 5-4　　　　　　　　　　　　　　　　　　　　　编　号:__________

施工单位		合同号	
旁站监理		日期	
到场时间		离场时间	
质检人员		部位或桩号	
天气			
旁站工序或主要工作内容			
施工过程简述			
监理工程简述			
主要数据记录			
发现问题及处理结果			

监理指令单式样见表5-5。

______________工程项目

监 理 指 令 单

表5-5　　　　　　　　　　　　　　　　　　　　　　编　号：__________

<table>
<tr><td>施工单位</td><td></td><td>合同号</td><td></td></tr>
<tr><td>监理单位</td><td></td><td>监理机构</td><td></td></tr>
<tr><td>签发人</td><td></td><td>日期</td><td></td></tr>
<tr><td colspan="4">致__________
（阐述指令依据、施工单位不符合规定的事实及整改要求等）

请于______年______月______日前回复
抄报（送）：</td></tr>
<tr><td colspan="2">签收人：</td><td>日期</td><td></td></tr>
</table>

4. 抽检

监理工程师应按规定重点对施工过程中使用的水泥、钢材、沥青、石灰、粉煤灰、砂砾、碎石等主要原材料及各种混合料进行抽检，抽检频率应不低于施工单位自检频率的20%，其余材料应不低于10%；对已完工程实体质量的抽检频率应不低于施工单位自检频率的20%。

监理工程师对材料或工程的质量有怀疑时应进行进一步的判定。

抽检，是指在施工过程中，监理人员对已批准使用的原材料、混合料和已完工的工程实体质量进行的抽查检测、测量和取样试验。抽检频率是指监理抽检次数相对于施工单位根据合同、相关施工技术规范或《公路工程质量检验评定标准》(JTG F80—2004)的规定进行施工自检的次数的比例(%)。该抽检频率仅适于每个检测项目的检测、测量和取样试验的次数，而对各种原材料、混合料和每个单位、分部、分项工程及所有规定的检测项目要全部抽检。

5. 关键工序签认

完工后无法检验的关键工序，须经监理工程师签认，并留存相应的图像资料，未经签认的不得进行下道工序施工。

6. 质量事故处理

当发生可由监理工程师机构处理的质量缺陷、质量隐患时，监理工程师应立即向施工单位发出工程暂时停工指令，并要求其立即书面报告质量缺陷、质量隐患的发生时间、部位、原因及已采取的措施和进一步处理方案；监理工程师应对处理方案进行审核后报建设单位批准，对处理方案的实施进行监理并予以验收，处理合格、隐患消除的可发出复工指令。

当发生不属于监理机构处理的质量事故时，监理工程师应要求施工单位按规定速报有关部门。监理机构应和施工等单位一起保护事故现场，抢救人员和财产，防止事故扩大，积极配合调查。对加固、返工或重建的工程，除特殊规定外，应视同正常施工工程进行监理。

总监理办公室应建立专门台账，记录质量事故发生、处理和返工验收的过程和结果。

(四)中间交工验收

监理工程师收到分项工程中间交工申请后，应检查各道工序的施工自检记录、交接单及监理工程师签认的关键工序的交验单；检查分项工程的质量自检和质量等级评定资料；检查质量保证资料的完整性。

驻地办应按合同规定对交工的分项工程进行质量等级评定并签发中间交工证书。中间交工证书式样见表5-6。

表5-6　　中间交工证书

承包单位：××集团有限公司××公路工程A2标段项目经理部　　合同号：A2

监理单位：××工程咨询有限公司××公路工程A2标段监理部　　编　号：

<table>
<tr><td colspan="6">下列工程已完，申请交验，以便进行下一步作业

工程内容：

K3+000～K4+000段1000m路基工程路堤填筑施工已完成，申请中间交工，以便进行下道工序施工。</td></tr>
<tr><td>桩　号</td><td>K3+000～K4+000</td><td>日　期</td><td>××年×月×日</td><td>承包人签字</td><td>×××</td></tr>
<tr><td colspan="6">监理工程师收件日期：××年×月×日　　签字：×××</td></tr>
<tr><td colspan="6">结论：
经检查，符合设计及规范要求，同意进行下道工序施工。

监理工程师：×××　　日　期：××年×月×日</td></tr>
<tr><td colspan="6">承包人收件日期：××年×月×日

签字：×××</td></tr>
</table>

(五)质量评定

随着工程的进展，陆续完成对合同工程各分部工程与单位工程的质量等级评定，为合同工程的交工验收做好准备。

表5-7所列分项工程和分部工程区分为一般工程和主要（主体）工程，分别给以1和2的权值。进行分部工程和单位工程评分时，采用加权平均值计算法确定相应的评分值。

$$\text{分部(单位)工程评分值}=\frac{\sum[\text{分项(分部)工程评分值}\times\text{相应权值}]}{\sum\text{分项(分部)工程权值}}$$

表 5-7 一般建设项目的工程划分

单位工程	分部工程	分 项 工 程
路基工程（每10km或每标段）	路基土石方工程 * ①（1～3km 路段）②	土方路基 * 、石方路基 * 、软土地基 * 、土工合成材料处治层 * 等
	排水工程（1～3km 路段）	管节预制、管道基础及管节安装 * 、检查（雨水）井砌筑 * 、土沟、浆砌排水沟 * 、盲沟、跌水、急流槽 * 、水簸箕、排水泵站等
	小桥及符合小桥标准的通道 * 、人行天桥、渡槽（每座）	基础及下部构造 * 、上部构造预制、安装或浇筑 * 、桥面 * 、栏杆、人行道等
	涵洞、通道（1～3km 路段）	基础及下部构造 * 、主要构件预制、安装或浇筑 * 、填土、总体等
	砌筑防护工程（1～3km 路段）	挡土墙 * 、墙背填土、抗滑桩 * 、锚喷防护 * 、锥、护坡、导流工程、石笼防护等
	大型挡土墙 * 、组合式挡土墙 * 、（每处）	基础 * 、墙身 * 、墙背填土、构件预制 * 、构件安装 * 、筋带、锚杆、拉杆、总体 * 等
路面工程（每 10km 或每标段）	路面工程（1～3km 路段）*	底基层、基层 * 、面层 * 、垫层、联结层、路缘石、人行道、路肩、路面边缘排水系统等
桥梁工程③（特大、大、中桥）	基础及下部构造 * 、（每桥或每墩、台）	扩大基础、桩基 * 、地下连续墙 * 、承台、沉井 * 、桩的制作 * 、钢筋加工及安装、墩台身（砌体）浇筑 * 、墩台身安装、墩台帽 * 、组合桥台 * 、台背填土、支座垫石和挡块等
	上部构造预制和安装 *	主要构件预制 * 、其他构件预制、钢筋加工及安装、预应力筋的加工和张拉 * 、梁板安装、悬臂拼装 * 、顶推施工梁 * 、拱圈节段预制、拱的安装、转体施工拱 * 、劲性骨架拱肋安装 * 、钢管拱肋制作 * 、钢管拱肋安装 * 、吊杆制作和安装 * 、钢梁制作 * 、钢梁安装 * 、钢梁防护 * 等
	上部构造现场浇筑 *	钢筋加工及安装、预应力筋的加工和张拉 * 、主要构件浇筑 * 、其他构件浇筑、悬臂浇筑 * 、劲性骨架混凝土拱 * 、钢管混凝土拱 * 等
	总体、桥面系和附属工程	桥梁总体 * 、钢筋加工及安装、桥面防水层施工、桥面铺装 * 、钢桥面铺装 * 、支座安装、搭板、伸缩缝安装、大型伸缩缝安装 * 、栏杆安装、混凝土护栏、人行道铺设、灯柱安装等
	防护工程	护坡、护岸 * ④、导流工程 * 、石笼防护、砌石工程等
	引道工程	路基 * 、路面 * 、挡土墙 * 、小桥 * 、涵洞 * 、护栏等
互通立交工程	桥梁工程 *（每座）	桥梁总体、基础及下部构造 * 、上部构造预制、安装或浇筑 * 、支座安装、支座垫石、桥面铺装 * 、护栏、人行道等
	主线路基路面工程 *（1～3km 路段）	见路基、路面等分项工程
	匝道工程（每条）	路基 * 、路面 * 、通道 * 、护坡、挡土墙 * 、护栏等

（续）

单位工程	分部工程	分　项　工　程
隧道工程	总体	隧道总体等
	明洞	明洞浇筑、明洞防水层、明洞回填*等
	洞口工程	洞口开挖、洞口边仰坡防护、洞门和翼墙的浇(砌)筑、截水沟、洞口排水沟等
	洞身开挖*	洞身开挖*(分段)等
	洞身衬砌*	(钢纤维)喷射混凝土支护、锚杆支护、钢筋网支护、仰拱、混凝土衬砌*、钢支撑、衬砌钢筋等
	防排水	防水层、止水带、排水沟等
	隧道路面	基层*、面层*等
	装饰	装饰工程
	辅助施工措施	超前锚杆、超前钢管等
环保工程	声屏障(每处)	声屏障
	绿化工程(1～3km路段或每处)	中央分隔带绿化、路侧绿化、互通立交绿化、服务区绿化、取、弃土场绿化等
交通安全设施(每20km或每标段)	标志*(5～10km路段)	标志*
	标线、突起路标(5～10km路段)	标线*、突起路标等
	护栏*、轮廓标(5～10km路段)	波形梁护栏*、缆索护栏*、混凝土护栏、轮廓标等
	防眩设施(5～10km路段)	防眩板、网等
	隔离栅、防落网(5～10km路段)	隔离栅、防落网等
机电工程	监控设施	车辆检测器、气象检测器、闭路电视监视系统、可变标志、光电缆线路、监控(分)中心设备安装及软件调测、大屏幕投影系统、地图板、计算机监控软件与网络等
	通信设施	通信管道与光电缆线路、光纤数字传输系统、数字程控交换系统、紧急电话系统、无线移动通信系统、通信电源等
	收费设施	入口车道设备、出口车道设备、收费站设备及软件、收费中心设备及软件、IC卡及发卡编码系统、闭路电视监视系统、内部有线对讲及紧急报警系统、收费站内光、电缆及塑料管道、收费系统计算机网络等
	低压配电设施	中心(站)内低压配电设备、外场设备电力电缆线路等
	照明设施	照明设施
	隧道机电设施	车辆检测器、气象检测器、闭路电视监视系统、紧急电话系统、环境检测设备、报警与诱导设施、可变标志、通风设施、照明设施、消防设施、本地控制器、隧道监控中心计算机控制系统、隧道监控中心计算机网络、低压供配电等

注：①表内标注*号者为主要工程，评分时给以2的权值；不带*号者为一般工程，权值为1。

②按路段长度划分的分部工程，高速公路、一级公路宜取低值，二级及二级以下公路可取高值。

③斜拉桥和悬索桥可参照表5-8进行划分。

④护岸参照挡土墙。

表 5-8　　特大斜拉桥和悬索桥为主体建设项目的工程划分

单位工程	分部工程	分　项　工　程
塔及辅助、过渡墩（每座）	塔基础*	钢筋加工及安装、扩大基础、桩基*、地下连续墙*、沉井*等
	塔承台*	钢筋加工及安装、双壁钢围堰、封底、承台浇筑*等
	索塔*	索塔*
	辅助墩*	钢筋加工、基础、墩台身浇（砌）筑、墩台身安装、墩台帽、盖梁等
	过渡墩	
锚碇	锚碇基础*	钢筋加工及安装、扩大基础、桩基*、地下连续墙*、沉井*、大体积混凝土构件*等
	锚体*	锚固体系制作*、锚固体系安装*、锚碇块体、预应力锚索的张拉与压浆*等
上部构造制作与防护（钢结构）	斜拉索*	斜拉索制作与防护*
	主缆（索股）*	索股和锚头的制作与防护*
	索鞍*	主索鞍和散索鞍制作与防护*
	索夹	索夹制作与防护
	吊索	吊索和锚头制作与防护*等
	加劲梁*	加劲梁段制作*、加劲梁防护*等
上部构造浇筑与安装	悬浇*	梁段浇筑*
	安装*	加劲梁安装*、索鞍安装*、主缆架设*、索夹和吊索安装*等
	工地防护*	工地防护*
	桥面系及附属工程	桥面防水层的施工、桥面铺装、钢桥面板上防水粘结层的洒布、钢桥面板上沥青混凝土铺装*、支座安装*、抗风支座安装、伸缩缝安装、人行道铺设、栏杆安装、防撞护栏等
	桥梁总体	桥梁总体*
引桥	（参见表 5-7“桥梁工程”）	
引道	（参见表 5-7“路基工程”和“路面工程”）	
互通立交工程	（参见表 5-7“互通立交工程”）	
交通安全设施	（参见表 5-7“交通安全设施”）	

注：表内标注*号者为主要工程，评分时给以 2 的权值；不带*号者为一般工程，权值为 1。

二、施工安全监理

（1）公路工程监理工程师作为监理单位的现场代表，在工程开工前，应审查施工单位编制的施工组织设计中的安全技术措施或专项施工方案是否符合强制性标准，审查合格后方可同意工程开工。审查重点包括如下方面：

1）安全管理和安全保证体系的组织机构，包括项目经理、专职安全管理人员、特种作业人员配备的数量及安全资格培训持证上岗情况；

2）是否制定了施工安全生产责任制、安全管理规章制度、安全操作规程；

3）施工单位的安全防护用具、机械设备、施工机具是否符合国家有关安全规定；

4）是否制定了施工现场临时用电方案的安全技术措施和电气防火措施；

5)施工现场布置是否符合有关安全要求；

6)生产安全事故应急救援预案的制定情况，针对重点部位和重点环节制定的工程项目危险源监控措施和应急预案；

7)施工人员安全教育计划、安全交底安排；

8)安全技术措施费用的使用计划。

(2)监理工程师应审查分包合同中是否明确了施工单位与分包单位各自在安全生产方面的责任，以促进施工单位与分包单位各自强化质量意识，明确责任，落实安全保证体系。

(3)监理工程师在巡视、旁站过程中应监督施工单位按专项安全施工方案组织施工，若发现施工单位未按有关安全法律、法规和工程强制性标准施工，违规作业时，应予制止。对危险性较大的工程作业等要定期巡视检查，如发现安全事故隐患，应立即书面指令施工单位整改；情况严重的应签发《工程暂停令》要求施工单位暂停施工，并及时报告建设单位。施工单位拒不整改或者不停止施工的，监理工程师应及时向有关主管部门报告。

(4)督促施工单位进行安全生产自查工作、落实施工生产安全技术措施，参加施工现场的安全生产检查。

(5)施工安全监理台账是监理人员履行职责与否的重要记录和证明。监理机构应建立施工安全监理台账，并由专人负责。监理人员应将每次巡视、检查、旁站中，发现的涉及施工安全的情况、存在的问题、监理的指令及施工单位处理的措施和结果及时记入台账。

施工安全监理台账具体可由安全监理人员统一整理，总监理工程师的驻地监理工程师应定期检查施工安全监理台账记录情况。

(6)分项、分部工程发生过安全事故，到其交工验收时，如安全事故的现场处理未完成，监理工程师可暂不签发《中间交工证书》，待处理完毕后签发。

三、施工环境保护监理

(1)监理工程师应审查施工组织设计是否按设计文件和环境影响评价报告的有关要求制定了施工环境保护措施，审查合格后方可同意工程开工。

(2)监理工程师在巡视、旁站中，应随时检查施工单位制定的环境保护措施的落实情况，检查站的主要内容有：

1)是否落实了施工环境保护责任人；

2)是否对施工人员进行了环保教育；

3)施工现场的布设是否符合相关环保要求；

4)职业危害的防护措施是否健全；

5)施工现场(含临时便道、拌合站、预制场等)和料场等是否洒水防尘；

6)是否按有关要求采取降噪措施；

7)材料堆场设置环境的合理性及采取措施减少运输漏洒情况；

8)施工废水、渣土、生活污水、垃圾的处置是否合理；

9)是否按照批准在拟订的取弃土场取弃土，取土结束后是否采取了有效的排水防护和植被恢复措施。

(3)如发现施工中存在违反有关环保规定、未按合同要求落实环保措施的情况，监理工程师应书面指令施工单位整改；情况严重的应签发《工程暂停令》要求施工单位暂时停工，并及时报告建设单位。

(4)施工中发现文物时，监理工程师应要求施工单位依法保护现场，并报告有关部门和建设单位。

(5)监理工程师应要求施工单位依法取得砍伐许可后方可按照砍伐许可的面积、株数、树种进行砍伐,并注意保护野生动物、植物。

四、费用监理

(1)监理工程师必须以质量合格、手续齐全,且符合安全和环保要求,作为计量与支付的先决条件。未经总监理工程师批准不得支付。

(2)监理工程师在计量与支付时应符合合同规定,并做到客观、公正、准确、及时。计量与支付的项目和数量应不漏、不重、不超。

(3)对实体质量合格,存在外观质量缺陷但不影响使用和安全的工程,监理工程师可依据合同规定折减计量与支付,并报建设单位批准。

(4)监理工程师应建立计量与支付台账,根据施工单位申请和有关规定及时登账记录,实行动态管理。当有较大差异时应报建设单位。

(5)监理工程师收到施工单位计量申请后应及时计量,对路基基底处理、结构物基础的基底处理及其他复杂、有争议需要现场确认的项目,应会同建设、设计、施工等单位现场计量。

(6)监理工程师应对施工单位提交的工程支付申请进行审核,确认无误后签发支付证书并报建设单位。

五、进度监理

进度监理应在确保质量和安全的基础上,以进度计划的审批、核查和调整为手段。进度计划审批应满足工期目标,保证工程质量和安全。监理工程师应要求施工单位按时提交进度计划,严格进度计划审批,及时收集、整理、分析进度信息,发现问题及时按照合同规定纠正。

1. 计划编制

监理工程师应要求施工单位在合同规定的期限内编制并提交进度计划,有特殊要求时,可以细化或补充具体规定,施工单位应遵从。进度计划应有文字说明、进度图表和保证措施等。总体进度计划中宜绘制网络图,标注关键路线和时间参数。总体进度计划和月进度计划应绘制资金流量曲线图。

2. 计划审批

进度计划审批应以合同文件、工艺周期、工期定额、主要构配件及设备供货期限、气候条件、征地拆迁或补充具体规定为依据,施工单位应遵从。

监理工程师应在合同规定的期限内审批施工单位提交的进度计划。总体进度计划应由总监理工程师审批;月进度计划等应由驻地监理工程师审核并报总监办。经批准的进度计划作为进度监理的依据。

(1)总体性进度计划。在中标通知书发出后合同规定的时间内,监理工程师应要求承包人书面提交以下文件:

1)一份详细且格式符合要求的工程总体进度计划及必要的各项关键工程的进度计划;

2)一份有关全部支付的现金流动估算;

3)一份有关施工方案和施工方法的总说明(即通过施工组织设计提出)。

(2)阶段性进度计划。在将要开工以前或在开工以后合理的时间内,监理工程师应要求承包人提交以下文件:

1)年度进度计划及现金流动估算；

2)月(季)度进度计划及现金流动估算；

3)分项(分部)工程的进度计划。

3. 进度计划检查

(1)每日进度检查记录：

1)当日实际完成及累计完成的工程量；

2)当日实际参加施工的人力、机械数量及生产效率；

3)当日施工停滞的人力、机械数量及其原因；

4)当日承包人的主管及技术人员到达现场的情况；

5)当日产生的影响工程进度的特殊事件或原因；

6)当日的天气情况等。

(2)每月工程进度报告：

1)概括或总说明：应以记事方式对计划进度执行情况提出分析；

2)工程进度：应显示关键线路上一些施工活动及进展情况；

3)财务状况：应主要反映承包人的现金流动、工程变更、价格调整、索赔工程支付及其他财务支出情况；

4)其他特殊事项：应主要记述影响工程进度或造成延误的因素及解决措施。

(3)进度控制图表。监理工程师应编制和建立各种用于记录、统计、标记、反映实际工程进度与计划工程进度差距的进度控制图及进度统计表，以便随时对工程进度进行分析和评价，并作为要求承包人加快工程进度、调整进度计划或采取其他合同措施的依据。

监理工程师应根据进度计划检查工程实际进度，并通过实际进度与计划进度的比较，对每月的工程进度进行分析和评价，评价结论写入监理月报。

4. 计划调整

(1)对总体工程进度起控制作用的分项工程的实际工程进度明显滞后于计划进度且施工单位未获得延期批准时，监理工程师必须签发监理指令，要求施工单位采取措施加快工程进度。需要调整进度计划的，调整后的工程进度计划必须报监理工程师重新审核。

(2)施工单位获得延期批准后，监理工程师应要求施工单位根据延期批复调整工程进度计划。调整后的工程进度计划应报监理工程师审批。

(3)由于施工单位自身原因造成工程进度延误，在监理工程师签发监理指令后施工单位未有明显改进，致使合同工程在合同期内难以完成时，监理工程师应及时向建设单位提交书面报告，并按合同规定处理。

(4)建设单位或施工单位提出工程进度重大调整时，应按合同或签订的补充合同执行。

六、合同其他事项监理

1. 工程变更

施工单位要求工程变更时，应提交变更申报单，报监理工程师审核，按施工合同要求须由建设单位批准的隐蔽工程的变更，还应会同建设、设计、施工等单位现场共同确认；建设单位要求工程变更时，监理工程师应按施工合同规定下达工程变更令。

变更费用应按施工合同约定计算，合同未约定的应由合同双方协商确定。

工程变更令式样见表5-9。

表5-9　　工程变更令

承包单位：××**集团有限公司××公路工程A2标段项目经理部**　　合同号：**A2**

监理单位：××**工程咨询有限公司××公路工程A2标段监理部**　　编　号：

<table>
<tr><td colspan="4">变更理由及详细说明：

K3＋000～K3＋200段路基工程，其地基承载力不能满足设计要求，根据现场实际情况，该段路基基础必须进行换填处理，换填深度30cm，换填材料为砂砾石。</td></tr>
<tr><td>变更项目</td><td>单　　价</td><td>估计变更数量</td><td>估计变更金额</td></tr>
<tr><td>路基土石方</td><td>36.00元/m³</td><td>1200m³</td><td>43200元</td></tr>
<tr><td></td><td></td><td></td><td></td></tr>
<tr><td colspan="4">监理工程师：×××　　日　期：××年×月×日</td></tr>
<tr><td colspan="4">业主：×××　　日　期：××年×月×日</td></tr>
<tr><td colspan="4">承包人：×××　　日　期：××年×月×日</td></tr>
</table>

2. 工程延期

(1)由于非承包人的责任，工程不能按原定工期开工。

(2)延期情况发生后，承包人在合同规定期限内向监理工程师提交工程延期意向。

(3)承包人承诺继续按合同规定向监理工程师提交有关延期的详细资料，并根据监理工程师需求随时提供有关证明。

(4)监理工程师应对符合合同规定的延期意向或事件做好现场调查和记录，在施工单位提出正式延期申请后，对延期原因、发展情况、结果测算等资料进行审核并报建设单位。

工程延期的受理程序如图 5-2 所示。

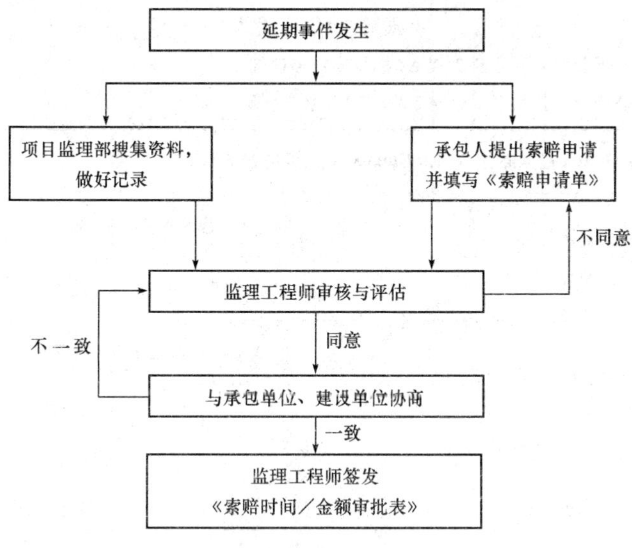

图 5-2 工程延期受理程序图

3. 费用索赔

(1)承包人必须依据合同有关规定索取额外的费用。

(2)承包人在出现引起索赔的事件后，在合同规定期限内向监理工程师提交工程索赔意向，并同时抄送业主。

(3)承包人承诺继续按合同规定向监理工程师提交有关索赔数额和索赔依据的详细材料，并根据监理工程师需求随时提供有关证明。

(4)承包人在索赔事件终止后，承包人在合同决定的期限内，向监理工程师提交正式的延期申请报告。

费用索赔受理程序如图 5-3 所示。

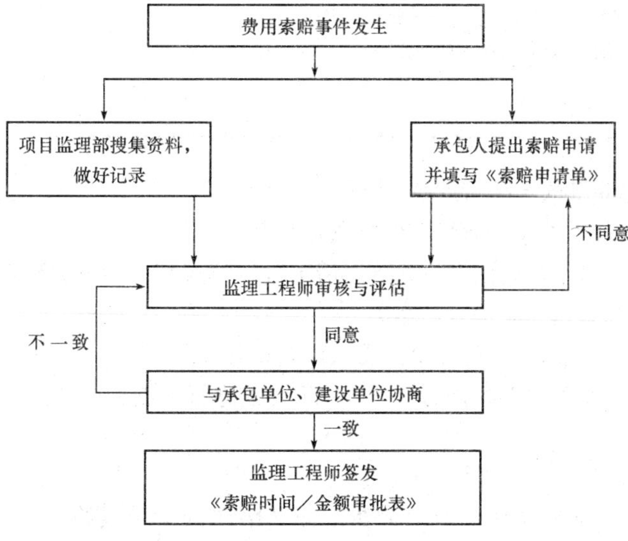

图 5-3 费用索赔受理程序图

索赔时间/金额审批式样见表 5-10，费用索赔填写可参考以下要求：

表 5-10 **索赔/金额审批表**

承包单位：××集团有限公司××公路工程 A2 标段项目经理部 合同号：A2

监理单位：××工程咨询有限公司××公路工程 A2 标段监理部 编 号：

<table>
<tr><td colspan="2">索赔项目：K3＋000～K3＋200 段路基工程、K6＋000××大桥基础工程</td></tr>
<tr><td>上报日期：××年×月×日</td><td>收受日期：××年×月×日</td></tr>
<tr><td>申报延期天数：30 天</td><td>申请索赔金额：20 万人民币元</td></tr>
<tr><td>批准延期天数：30 天</td><td>批准索赔金额：20 万人民币元</td></tr>
<tr><td colspan="2">索赔金额和延期累计：

截至目前索赔累计：金额 200 万，天数 50 天
＋
此项索赔：金额 20 万，天数 30 天
＝
所有索赔累计：金额 220 万，天数 80 天</td></tr>
<tr><td colspan="2">监理工程师：×××</td></tr>
<tr><td colspan="2">业主：×××</td></tr>
<tr><td colspan="2">附件：
(1)工程进度网络计划图、关键线路图、延期天数计算书。
(2)工程量清单(相应单价部分)、索赔金额计算书。
(3)相关证明文件。</td></tr>
</table>

(1)索赔项目：填写此次索赔事件的具体项目。

(2)上报日期：一般应在索赔时间发生后及时上报。

(3)监理工程师应对承包人提交的索赔申请单进行调查核实，与监理同期记录进行核对、计算，审查其延期天数和索赔金额是否正确。

(4)监理工程师审批前，应与建设单位及承包人充分协商。

(5)监理工程师应本着实事求是的原则按以下几点进行重点审查：

1)索赔事件是否属实；

2)索赔事件是否符合《施工合同》规定；

3)若是延期事件，应审查其是否发生在工期网络图的关键线路上，即时间索赔是否有效合理；

4)时间/金额索赔计算是否正确,证据资料是否充足。

4. 价格调整和计日工

价格调整在施工合同中有明确规定,应根据合同规定的价格调整方法及可调整的项目给予调价,并将相应的金额增加到合同价格上或从合同价格中扣除。

计日工属于合同清单内容,一般在合同总价范围内。计日工按合同已确定的单价和费率,以日计月累计形式,通过每月(期)支付申请,监理工程师审核,建设单位批准支付。

价格调整相关表格式样见表5-11～表5-13,计日工相关表格式样见表5-14。

表5-11　　价格调整汇总表

项目名称：　　承包单位：　　合同号：

截止日期：　　监理单位：　　编　号：

时间	应调价基数/元	到本期末调价金额			到上期末调价金额			本期调价金额		
		增减金额(+−)/元	人民币部分/元	外币部分(人民币计)	增减金额(+−)/元	人民币部分/元	外币部分(人民币计)	增减金额(+−)/元	人民币部分/元	外币部分(人民币计)
		A	B=A×%	C=A×%	D	E=D×%	F=D×%	G	H=G×%	I=G×%
合　计										

承包人：　　监理工程师：

表 5-12　　价格调整表

项目名称：　　承包单位：　　合同号：

截止日期：　　监理单位：　　编　号：

价格调整公式：

式中："0"基本价格指数

"1"现行价格指数　　外汇比例：

符　号	符号说明	编　号	加权系数	现行价格指数	基本价格指数	计算值
			A	B	C	A×B/C
X	非调整因子	X			100	
LL	当地劳务	a			100	
PL	设备使用和维修	b			100	
ST	钢　材	c			100	
TI	木　材	d			100	
CE	水　泥	e			100	
LM	地方材料	f			100	
OM	其他材料	g			100	
BI	沥　青	h			100	
	固定价					1
	总　计		1			$D_i=$
计算式：						

承包人：　　监理工程师：

年度价格指数：LCP

人民币部分应调整金额：$ADJ_2=LCP\times[(1+D_1)(1+D_2)\cdots(1+D_n)-1]$，$D_i$ 为当年度综合调价系数

表 5-13

单价变更一览表

项目名称：　　　　　　　　承包单位：　　　　　　　　合同号：

截止日期：　　　　　　　　监理单位：　　　　　　　　编　号：

清单号	名称	单位	调整前单价(人民币元)	调整后单价(人民币元)	单价变更增减金额									批准文号
					单价增减(人民币元)	到期末完成				本期完成				
						数量	金额（人民币元）	人民币部分	外汇（人民币元）	数量	金额（人民币元）	人民币部分	外汇（人民币元）	
		A	B	C	D=C−B	E	F=E×D	G= %×F	H= %×F	I	J=I×D	K= %×J	L= %×J	M
合　计														
说　明														

承包人：　　　　　　　　　　　　监理工程师：

表 5-14　　　　计日工支付报表

项目名称：　　　　承包单位：　　　　合同号：

截止日期：　　　　监理单位：　　　　编　号：

清单号	位置	工程项目	计日工类别和名称	单位	单位/元	计日工数量		计日工金额						批准文号
								到本期末完成		到上期末		本期完成		
						到本期末完成	其中本期	数量	金额/元	数量	金额/元	数量	金额/元	
小计														

承包人：　　　　监理工程师：

5. 工程暂停

监理工程师签发的工程暂停令，应明确工程暂停范围、期限及工程暂停期间施工单位应做的工作，并报建设单位。

工程暂时停工指令式样见表 5-15，填写时可参考下列要求进行。

(1)停工依据：国家法律、法规，设计文件，公路工程标准、规范，建设工程委托监理合同，施工合同，相关会议纪要等文件。

(2)停工范围：签发工程暂时停止施工指令时，必须注明是全部停工还是局部停工，不得含混。监理工程师应根据停工影响范围和影响程度，填写本次暂时停工的具体范围。

(3)停工原因：

1)建设单位要求暂停施工，且工程需要暂停施工。

2)为了保证工程质量而需要进行停工处理的情况。

①未经监理工程师审查同意，擅自变更设计或修改方案进行施工的。

②有特殊要求的施工人员，未通过监理工程师审查，或经审查不合格进入现场施工的。

③擅自使用未经监理工程师审查认可的分包人进入现场施工的。

④使用未经监理工程师验收或验收不合格的材料、构配件、设备或擅自使用未经审查认可的代用材料的。

⑤工序施工完成后，未经监理工程师验收，或验收不合格而擅自进行下道工序施工的。

⑥隐蔽工程未经监理工程师验收确认合格而擅自隐瞒的。

⑦施工中出现质量异常情况，经监理工程师指出后，承包人未采取有效改正措施或措施不力，效果不好仍继续作业的。

⑧已发生质量事故，迟迟不按监理工程师要求进行处理或已发生隐患、质量事故，如不停工则质量隐患、质量事故将继续发展，或已发生质量事故，承包人隐瞒不报，私自处理的。

3)施工中出现了安全隐患，监理工程师认为有必要停工，以消除隐患。

4)发生了必须暂时停止施工的紧急事件。

5)承包人未经许可擅自施工，或拒绝监理工程师管理。

(4)停工日期：根据停工影响范围和停工影响程度灵活掌握。

(5)停工后应做好如下处理：工程暂时停止施工后，承包人应采取必要措施对工程进行保护。针对停工原因做好工程整改、预防措施等。

表 5-15　　工程暂时停工指令

承包单位：××集团有限公司××公路工程 A2 标段项目经理部　　合同号：A2

监理单位：××工程咨询有限公司××公路工程 A2 标段监理部　　编　号：

停工依据： 《公路路基施工技术规范》(JGJ 10—2006)、《施工合同》。
停工范围： 路基土方工程。
停工原因： 目前已进入冬季施工阶段，不具备路基土方填筑施工条件。
停工日期：××年×月×日×时
停工后应做如下处理： 工程停工后，承包人应做好成品保护工作，为下一步施工创造条件。
驻地监理工程师：××× 日　期：××年×月×日
承包人：××× 日　期：××年×月×日

6. 工程复工

施工单位原因引起的工程暂停需复工时，监理工程师应要求施工单位提出复工申请并签发复工指令。

非施工单位原因引起的工程暂停，在暂停原因消失后具备复工条件时，监理工程师应及时签发复工指令。

复工指令式样见表5-16，填写时可参考下列要求进行。

(1)复工依据：工程暂时停工原因消除，具备复工条件。

(2)复工范围：根据暂时停工原因消除范围及消除程度，确定相应的复工范围。

(3)复工原因：工程暂停原因是由承包人的原因引起的，承包人应报告整改情况和预防措施。工程暂停原因是由非承包人的原因引起的，承包人仅提供工程暂停原因消失证明。

(4)复工时间：根据暂时停工原因消除范围和程度灵活掌握。

(5)工程暂停原因是由非承包人原因引起的，监理工程师应审查引起暂停施工的原因是否还存在。工程暂停是由承包人原因引起的，监理工程师不仅要审查其停工因素是否消除，还要审查其是否查清了导致停工因素产生的原因和是否制定了针对性的整改措施、预防措施，还要复核其各项措施是否得到贯彻落实。

表5-16 **复工指令**

承包单位：××集团有限公司××公路工程A2标段项目经理部　　合同号：A2

监理单位：××工程咨询有限公司××公路工程A2标段监理部　　编　号：

复工依据： 《公路路基施工技术规范》(JTG 10—2006)、《施工合同》。
复工范围： 路基土方工程。
复工原因： 目前天气已具备路基土方工程施工条件。
复工日期：××年×月×日×时
复工后应做如下工作： (1)抓紧组织施工机械、人员进场； (2)尽快清除表层浮土； (3)对停工前路基表面碾压密实经自检合格后，重新申请报验。
驻地监理工程师：××× 同意路基土方工程于××年×月×日×时复工。 日　期：××年×月×日
承包人：××× 日　期：××年×月×日

7. 工程分包

(1)监理工程师应当加强对施工单位分包的管理,按合同规定对工程分包计划和协议进行审查,报建设单位批准。

(2)监理工程师发现有非法分包、转包时,应指令施工单位纠正并报告建设单位。

工程分包的受理程序如图 5-4 所示。

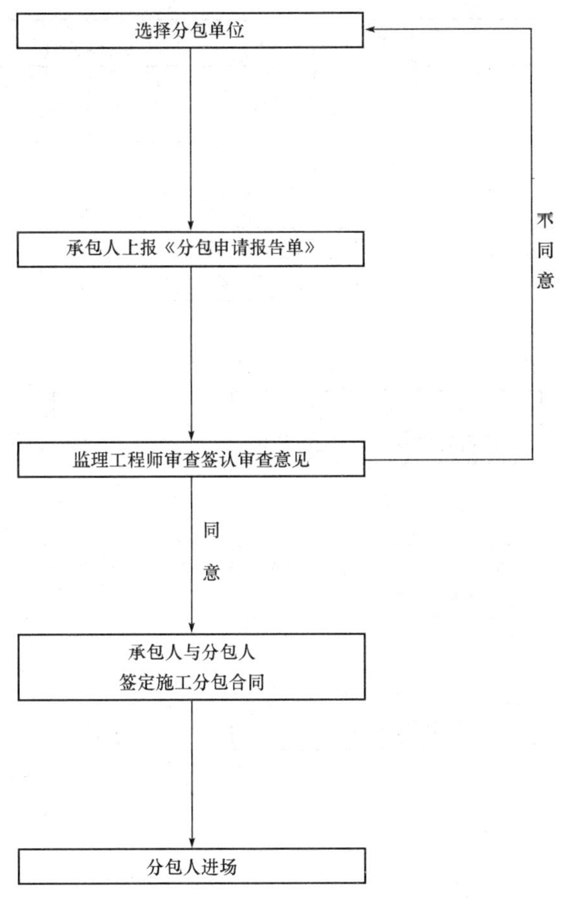

图 5-4 工程分包受理程序图

8. 工程保险

监理工程师应根据合同规定,对工程保险办理情况进行检查。

9. 违约处理

(1)监理工程师认为违约事件可能发生时,应及时提示施工单位和建设单位。

(2)违约事件已发生,监理工程师应调查分析,掌握情况,依据合同规定和有关证据评估损失,提出处理意见。

业主违约时,承包人应向监理工程师提出部分或全部中止合同的通知。监理工程师收到通知后,应尽快深入调查,搜集掌握有关情况,澄清事实。

承包人一般违约时,监理工程师应书面通知承包人在尽可能短的时间内予以弥补与纠正,否则应书面通知业主。

因承包人严重违约,业主部分或全部中止合同,监理工程师应指示承包人将其为履行合同而签订的任何协议利益转让给业主。

根据违约性质不同,监理工程师处理程序如图 5-5 所示。

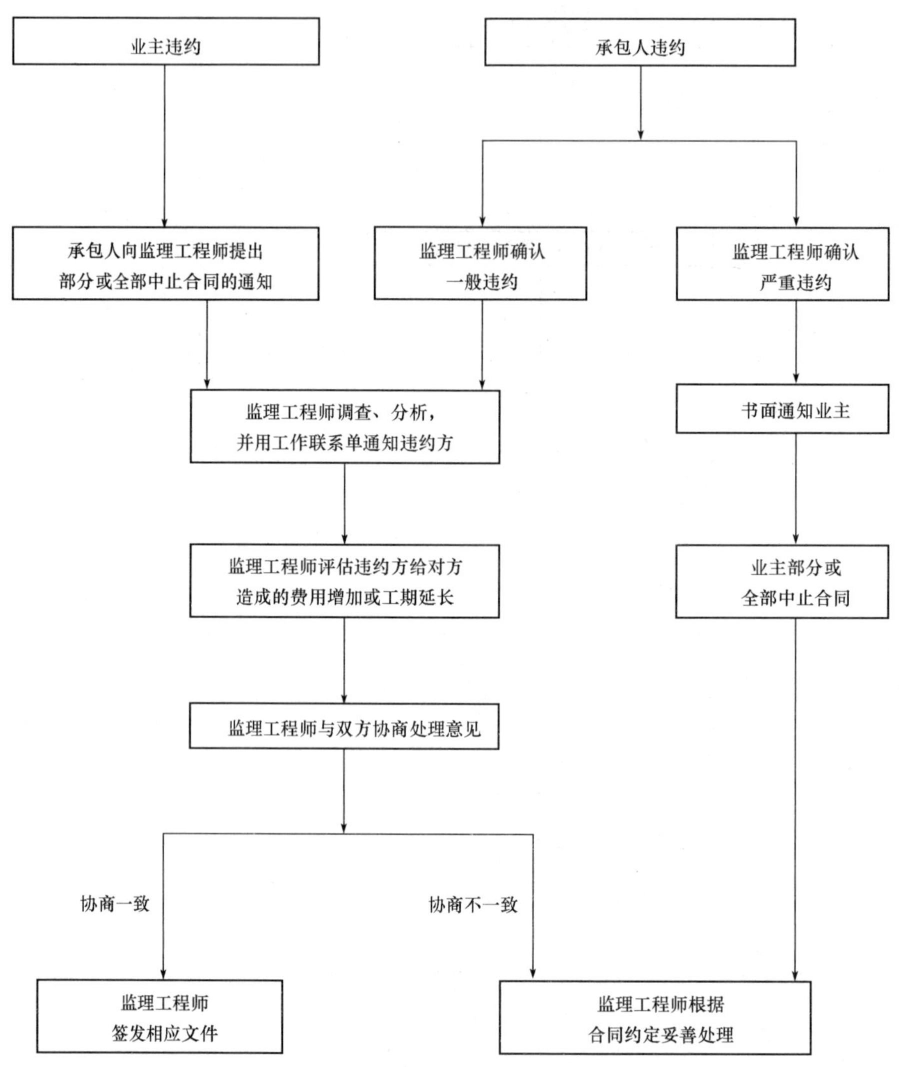

图 5-5　违约处理程序图

10. 争端处理协议

监理工程师收到争议通知后,应按合同规定的期限,完成对争议事件的全面调查、取证。

(1)监理工程师应受理争端一方或双方提出的协调申请,并及时调查和收集相关资料,提出解决建议,对双方进行调解。其调解程序如图 5-6 所示。

(2)仲裁或诉讼时,监理工程师有义务作为证人,向仲裁机关或法院提供有关证据。

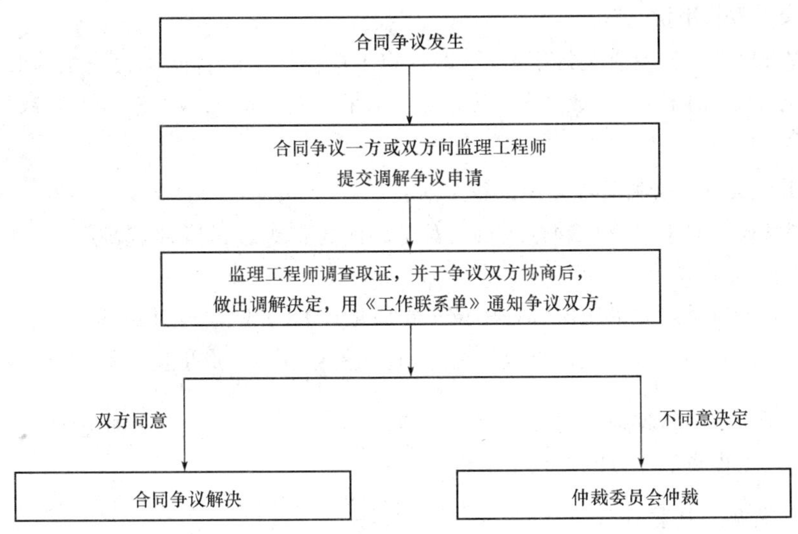

图 5-6　争议调解程序图

第三节　交工验收与缺陷责任期监理资料

一、交工验收

1. 交工验收的条件与主要内容

(1)公路工程(合同段)进行交工验收应具备以下条件:

1)合同约定的各项内容已完成;

2)施工单位按交通部制定的《公路工程质量检验评定标准》及相关规定的要求对工程质量自检合格;

3)监理工程师对工程质量评定合格;

4)质量监督机构按交通运输部规定的公路工程质量鉴定办法对工程质量进行检测(必要时可委托有相应资质的检测机构承担检测任务),并出具检测意见;

5)竣工文件已按交通运输部规定的内容编制完成;

6)施工单位、监理单位已完成本合同段的工作总结。

(2)交工验收的主要工作内容:

1)检查合同执行情况;

2)检查施工自检报告、施工总结报告及施工资料;

3)检查监理单位独立抽检资料、监理工作报告及质量评定资料;

4)检查工程实体,审查有关资料,包括主要产品质量的抽(检)测报告;

5)核查工程完工数量是否与批准的设计文件相符,是否与工程计量数量一致;

6)对合同是否全面执行、工程质量是否合格作出结论,按交通主管部门规定的格式签署合同段交工验收证书;

7)按交通运输部规定的办法对设计单位、监理单位、施工单位的工作进行初步评价。

2. 审查交工验收申请

监理工程师应按合同及有关规定要求，审查施工单位提交的合同工程交工验收申请。重点检查：合同约定的各项内容的完成情况；施工自检结果；各项资料的完整性；工程数量核对情况；工程现场清单情况。

3. 评定工程质量与编制监理工作报告

监理工程师应及时汇总、整编监理资料，对工程的质量等级进行评定，按有关规定编制监理工作报告，并提交建设单位。

各合同段工程质量评分采用所含各单位工程质量评分的加权平均值。即：

$$\text{合同段工程质量评分值}=\frac{\sum(\text{单位工程质量评分值}\times\text{该单位工程投资额})}{\text{合同段总投资额}}$$

工程各合同段交工验收结束后，由项目法人对整个工程项目进行工程质量评定，工程质量评分采用各合同段工程质量评分的加权平均值。即：

$$\text{工程项目质量评分值}=\frac{\sum(\text{合同段工程质量评分值}\times\text{该合同段投资额})}{\sum\text{施工合同段投资额}}$$

工程质量等级评定分为合格和不合格，工程质量评分值大于等于 75 分的为合格，小于 75 分的为不合格。

交工验收各合同段工程质量评分式样见表 5-17。

表 5-17　　交工验收各合同段工程质量评分一览表

项目名称：

合　同　段	实　得　分	备　　注
合同段 1		
合同段 2		
…		
合同段 n		

4. 参加交工验收

监理工程师应参加建设单位组织的合同工程交工验收，接受对监理独立抽检资料、监理工程报告及质量评定资料的检查，协助建设单位检查施工单位的合同执行情况，核对工程数量，评定各合同段的工程质量。

交工验收报告式样见表 5-18，交工验收证书式样见表 5-19。

表 5-18 公路工程交工验收报告

一	工程名称	
二	工程地点及主要控制点	
三	建设依据	
四	技术标准与主要指标	
五	建设规模及性质	
六	开工日期	年 月 日
	交工日期	年 月 日
七	批准概算	
八	工程建设主要内容	
九	实际征用土地数(亩)	
十	建设项目工程质量交工验收结论	
十一	存在问题处理措施	
十二	附　　件	(1)各合同段工程质量评分一览表； (2)各合同段交工验收证书(略)。

表 5-19　　　　公路工程(合同段)交工验收证书

交工验收时间：　　　　　　　　　　　　　　　　　　　　　合同段交工验收证书第　　号

<table>
<tr><td colspan="3">工程名称：</td><td colspan="2">合同段名称及编号：</td></tr>
<tr><td colspan="3">项目法人：</td><td colspan="2">设计单位：</td></tr>
<tr><td colspan="3">施工单位：</td><td colspan="2">监理单位：</td></tr>
<tr><td colspan="5">本合同段主要工程量：</td></tr>
<tr><td>本合同段价款</td><td>原合同</td><td></td><td>实　际</td><td></td></tr>
<tr><td>本合同段工期</td><td>原合同</td><td></td><td>实　际</td><td></td></tr>
<tr><td colspan="5">对工程质量、合同执行情况的评价、遗留问题、缺陷的处理意见及有关决定(内容较多时,可用附件)</td></tr>
<tr><td colspan="5">(施工单位的意见)
施工单位法人代表或授权人　　　　　　　　(签字)单位盖章
年　月　日</td></tr>
<tr><td colspan="5">(合同段监理单位对有关问题的意见)
合同段监理单位法人代表或授权人　　　　　　　　(签字)单位盖章
年　月　日</td></tr>
<tr><td colspan="5">(设计单位的意见)
设计单位法人代表或授权人　　　　　　　　(签字)单位盖章
年　月　日</td></tr>
<tr><td colspan="5">(项目法人的意见)
项目法人代表或授权人　　　　　　　　(签字)单位盖章
年　月　日</td></tr>
</table>

注：表中内容较多时,可用附件。

5. 签认交工结账证书

合同工程交工验收证书签发后,监理工程师应认真审核施工单位提交的合同工程交工结账单,并在规定期限内签认合同工程交工结账证书,报建设单位审核。

工程交工证书式样见表 5-20,工程交工证书可参考以下要求填写。

(1)本证书包括的工程:依据交工证书的类型不同,可以是合同范围内的全部工程,也可以是部分工程。

(2)部分工程的交工证书,主要包括以下几种情况:

1)工程的任何主要部分已完成,能够独立交付使用;

2)合同中规定有不同交工工期的任何部分工程;

3)已由业主占用或使用的任何工程。

(3)本证书未包括的工程:此次交工的单位工程内尚未完工的附属工程,比如路基工程具备交工条件时,但部分防护工程尚未完工,为了尽快进入路面工程施工,可以先申请路基工程部分先交工。

(4)检查人(单位)。

1)建设单位(项目法人):现场管理人员。

2)设计单位:派驻的设计代表(最后一批合同段验收时可以邀请设计负责人或法人代表参加)。

3)监理单位:总监理工程师、高级驻地监理组长、各专业监理工程师。

4)施工单位:项目经理、总工、质量负责人及其配合人员。

对于拟投入试运营的工程项目在最后一批合同段验收时,应邀请运营、养护管理单位参加;工程技术负责的合同段可邀请专家;项目法人可以根据具体情况,邀请其他单位等。

(5)工程交工日期:以检查小组决定的签发证书的日期为准。

表 5-20　　**工程交工证书**

承包单位:××集团有限公司××公路工程A2标段项目经理部　　合同号:A2

监理单位:××工程咨询有限公司××公路工程A2标段监理部　　编　号:

<table>
<tr><td colspan="4">本证书包括的工程:

本合同段K3+000～K7+000段4km路基工程</td></tr>
<tr><td colspan="4">本证书未包括的工程:

K3+000～K7+000段构造物及防护工程</td></tr>
<tr><td colspan="4">检查人(单位):

建设单位:××××高速公路发展有限公司:×××

设计单位:交通运输部××勘察设计研究院:×××

施工单位:××集团有限公司:×××

监理单位:××工程咨询有限公司:×××</td></tr>
<tr><td>合同交接日期</td><td>××年×月×日</td><td>实际交接日期</td><td>××年×月×日</td></tr>
<tr><td colspan="4">我们保证在缺陷责任期内按经批准的计划,完成本证书附件所列全部工作。

承包人:×××　　××年×月×日</td></tr>
<tr><td colspan="4">驻地监理工程师:×××　　××年×月×日</td></tr>
<tr><td colspan="4">监理工程师:×××　　××年×月×日</td></tr>
<tr><td colspan="4">设计单位代表:×××　　××年×月×日</td></tr>
<tr><td colspan="4">业　　主:×××　　××年×月×日</td></tr>
</table>

二、缺陷遗留问题处理

在缺陷责任期内，监理工程师按照施工单位在交工验收时提交并经交工验收小组批准的剩余工程计划督促施工单位尽快完成未完工程和修复交工验收时指出的工程质量缺陷，对完成或修复的工程按合同规定的质量标准进行质量检查、监测、试验，合格的予以验收。

巡视发现以前未发现的工程缺陷或交工验收后新发生的工程缺陷，应调查、分析产生工程缺陷的原因和责任。确属非施工单位原因造成的工程缺陷，监理工程师应对施工单位修补、修复缺陷或重建的费用在与施工单位协商后予以确认，报建设单位批准、支付。

1. 签发缺陷责任终止证书

在合同工程缺陷责任期结束，收到施工单位向建设单位提交的终止缺陷责任的申请后，监理工程师进行检查。符合条件时，经建设单位同意，监理工程师应在合同规定的时间内签发合同工程缺陷责任终止证书，并按规定向建设单位提交缺陷责任期监理工作总结。

工程缺陷责任期终止证书式样见表5-21，填写时可参考以下要求进行：

(1)本证书包括的工程：剩余工作及缺陷工程的完成情况；整个工程的使用情况，包括交通标志、标线、护栏、护网、电信管块、人井及绿化带。

(2)检查人：一般指由承包人、监理工程师、建设单位等组成的缺陷责任期工程检查小组成员。检查单位即相应的承包人、监理工程师、业主等缺陷责任期工程检查小组成员单位。

(3)合同缺陷责任证明签发日期：根据《公路工程施工监理规范》(JTG G10—2006)，交工工程的缺陷责任期一般为一年，起算日期必须以签发的工程交接证书日期为准。所以合同缺陷责任证明签发日期应根据上述规定进行推算。

(4)实际缺陷责任证明签发日期：签发日期应以工程通过最终检验的日期为准。

表5-21　　工程缺陷责任期终止证书

承包单位：××集团有限公司××公路工程A2标段项目经理部　　合同号：A2

监理单位：××工程咨询有限公司××公路工程A2标段监理部　　编　号：

<table>
<tr><td colspan="4">本证书包括的工程：

绿化工程</td></tr>
<tr><td colspan="4">检查人(单位)：

建设单位：××××高速公路发展有限公司：×××

设计单位：交通运输部××勘察设计研究院：×××

施工单位：××集团有限公司：×××

监理单位：××工程咨询有限公司：×××</td></tr>
<tr><td>合同缺陷责任
证明签发日期</td><td>××年×月×日</td><td>实际缺陷责任
证明签发日期</td><td>××年×月×日</td></tr>
<tr><td colspan="3">承包人：×××</td><td>××年×月×日</td></tr>
<tr><td colspan="3">监理工程师：×××</td><td>××年×月×日</td></tr>
<tr><td colspan="3">业　　主：×××</td><td>××年×月×日</td></tr>
</table>

2. 签认最后支付证书

监理工程师收到施工单位提交的最后结账单及所附资料后应进行审核。审核后的最后结账单经施工单位认可后，由总监理工程师签认并报建设单位审批。

第四节　工 地 会 议

一、第一次工地会议

1. 会议组织

第一次工地会议宜在正式开工之前召开，并应尽可能早地举行，最好在施工准备阶段的初、中期召开。总监理办公室应事先将会议议程及有关事项通知建设单位、施工单位及其他有关单位，并做好会议准备。会议应由总监理工程师主持，建设单位、施工单位法定代表人或授权代表必须出席。各方在工程项目中担任主要职务的人员及分包单位负责人应参加会议。第一次工地会议应邀请质量监督部门参加。

2. 会议内容

(1)第一次工地会议上，各方应介绍各自的人员、组织结构、职责范围及联系方式。建设单位应宣布对监理工程师的授权；总监理工程师应宣布对驻地监理工程师授权；施工单位应书面提交对工地代表(项目监理)的授权书。

(2)施工单位应陈述开工的各项准备情况；监理工程师应就施工准备以及安全、环保等予以评述。

(3)建设单位应就工程占地、临时用地、临时道路、拆迁、工程支付担保情况以及其他与开工条件有关的内容及事项进行说明。

(4)监理单位应就监理工作准备情况以及有关事项作出说明。

(5)监理工程师应就主要监理程序、质量和安全事故报告程序、报表格式、函件往来程序、工地例会等进行说明。

(6)总监理工程师应进行会议小结，明确施工准备工作还存在的主要问题及解决措施。

3. 开工条件

会议通过对开工准备情况的通报、检查、落实，认为开工条件已具备时，会议在结束前由总监理工程师下达开工令。不具备开工条件时，也应对存在的问题提出解决的具体意见，特别是对准备开工的日期要提出要求，并统一各方认识。

二、工地例会

1. 会议组织

工地例会为施工阶段每月定期召开的工地工作会议，如有必要也可以临时增加，工地例会是建设单位、施工单位、监理机构三方对工程的检查与协调的例行会议。工地例会应由总监理工程师或驻地监理工程师主持，建设单位代表、施工单位项目经理及总工程师必须出席。

2. 会议内容

会议应检查上次会议议定事项的落实情况，并就工程质量、安全、环保、费用、进度及合同其他事项进行讨论，提出解决问题的措施并确定下一步工作的具体安排和要求。

会议研究的内容与决议应记入工地会议纪要，以便今后落实与检查，会议纪要应给三方确认后方能签发。

工地会议纪要式样见表5-22，填写时可参考下列要求进行。

(1)时间：工地会议应在开工后的整个施工活动期内定期举行，宜每月召开一次，在施工高峰期也可半月召开一次，其具体时间间隔可根据施工中存在问题的程度由监理工程师决定。

(2)主持人：工地会议由监理工程师主持。

(3)参加者：工地会议参加者应为高级驻地监理工程师及有关助理人员、承包人的授权代表、指定分包人及有关助理人员、业主代表及有关助理人员。现场协调会由监理工程师主持，承包人或代表出席，有关监理及施工人员可酌情参加。

(4)记录整理人：第一次工地会议及工地会议由监理工程师的助理人员作出记录，会后整理出会议纪要。现场协调会由各方自行记录。

(5)抄送：工地会议纪要由监理工程师签字后，分送各有关单位，并报上级监理部门一份。

(6)组卷：第一次工地会议纪要和历次工地会议纪要，按年度组卷，现场协调会会议记录以单位工程为单元组卷。

表5-22　　工地会议纪要

承包单位：××集团有限公司××公路工程A2标段项目经理部　　合同号：A2

监理单位：××工程咨询有限公司××公路工程A2标段监理部　　编　号：

<table>
<tr><td colspan="3">时间：××年×月×日下午2：00
地点：××公路工程第三驻地监理工程师办公室
主持人：监理工程师(一般由总监理工程师主持)</td></tr>
<tr><td colspan="3">参　加　者</td></tr>
<tr><td>监理人员</td><td>承包人</td><td>其他人员</td></tr>
<tr><td></td><td></td><td></td></tr>
<tr><td colspan="3">记录整理人：×××　　本次会议纪要共　3　页</td></tr>
<tr><td colspan="3">抄送：
××高速发展有限公司××高速公路管理处(业主单位)
××工程咨询有限公司(监理工程师上级单位)
××集团有限公司××公路工程项目部(施工单位)</td></tr>
<tr><td colspan="3">监理工程师：×××
日　　期：××年×月×日</td></tr>
<tr><td colspan="3">承包人：×××
日　期：××年×月×日</td></tr>
</table>

三、专题工地会议

1. 会议组织

专题工地会议由监理工程师主持，根据工程需要及时召开，建设单位代表和施工单位代表及其他有关人员参加，专题工地会议研讨问题涉及施工阶段各方需要专题研讨的问题，必要时应邀请有关专家参加。

2. 会议内容

会议对施工期内出现的工程质量、安全、环保、费用、进度及合同管理等方面的重点、难点和需要协调的问题进行研讨，并提出明确的解决方案和落实措施。

第五节　公路机电工程监理资料

一、施工准备阶段监理

1. 检测仪器、仪表准备

因机电系统具有设备安装、调试、测试的工作特点，故监理机构应按合同要求配备机电工程监理的常规检测仪器、仪表，并制定进场计划。

2. 监理工作准备

监理机构应组织监理人员熟悉合同文件，进行施工条件调查。总监理工程师应在合同规定的期限内主持编制监理计划和监理细则。

如发现合同文件(如设计图纸)有误或各部分文件不一致，应书面向建设单位提出，由建设单位与有关单位协调处理。监理工程师应详尽了解与机电工程相关的土建、房建等工程界面情况，如机房装修、电力条件、光、电缆路，预埋、预留的构件、设施等是否符合机电工程施工要求，如有影响按时开工的情况，应及时向建设单位反映，尽快解决。

3. 监理工作

监理机构应按要求进行施工准备阶段监理工作：参加设计交底、审批施工组织设计、检查质保体系落实情况、审批工程划分、核算工程量清单、签发开工预付款支付证书、召开监理交底会、召开第一次工地会议。

4. 签发合同工程开工令

监理工程师应审查施工单位提交的工程开工申请单，具备开工条件时，总监理工程师应签发工程开工令，并报建设单位备案。

二、施工阶段监理

1. 检验进场设备、材料及软件

保证进场设备、材料的质量是保证机电工程质量的首要步骤，监理工程师应用专业技术方法对到场设备、材料进行检验,保证机电工程建设使用的设备、材料符合合同要求且合格。经检验合格的设备、材料,应批准进场。没有获得监理工程师批准进场的设备、材料,不得在工程中使用。

国产设备、材料应要求施工单位提供生产厂方出具的产品检验合格证、质量检验单和出厂合格证。进口设备应要求施工单位出具商检部门的检验证书。

审查到场平台软件的合法授权的合法授权文件、平台软件组成及说明书。

2. 厂验

监理工程师认为在施工现场无法对施工单位订购的设备、材料进行检验时,可向建设单位建议进行厂验。厂验是在生产厂家的测试条件下对所供设备、材料进行检验测试。监理工程师检测按供货设备、材料数量15%～100%的比例抽样。设备、材料数量少抽样比例大;设备、材料数量多,抽样比例小。抽样比例最低不得小于15%。经监理工程师检验测试合格的设备、材料应批准启运。监理工程师参加测试的设备、材料的测试数据可作为工程资料的组成部分。

3. 应用软件开发监理

收费系统、监控系统在工程建设时须根据工程项目的具体要求进行应用软件开发。监理工程师主要审查施工单位提交的软件需求分析、概要设计、详细设计和软件测试大纲。安装应用开发软件前应在开发商实验室进行应用开发软件的测试。监理工程师主要进行系统功能、软件运行稳定性测试。数据准确性测试在系统测试时进行。经监理工程师测试合格后应批准现场安装;开发软件安装后按系统测试大纲进行测试。

4. 审核施工机具

监理工程师应审查施工单位进场的施工机械、器材、工具是否与投标书承诺的及进度计划所附的进场施工机械、器材、工具表一致;是否与施工质量和进度相适应。施工单位使用非合同规定的施工机具,应提出申请,解释变动原因,对拟使用的机具作出充分说明。监理工程师认为可行的应及时批准,否则应提出否决意见批复施工单位。

5. 审批分项、分部工程开工申请

监理工程师应要求施工单位提交分项、分部工程的开工申请,其内容应包括分项、分部工程的概况,施工方案及主要工艺,质量保证、安全技术和文明施工措施,进度计划,质量控制指标,施工组织、管理人员及施工人员的配备,人员、设备、材料、施工机具等进场情况,施工条件等。

监理工程师在收到施工单位提交开工申请后应在合同规定的时间内,重点按上述要求审查分项、分部工程的开工条件,并明确批复开工申请。

6. 巡视

监理人员巡视中应同时随机抽查施工单位的自检资料。每次巡视后监理人员应将巡视的主要过程、发现的问题、处理意见和处理结果等如实记录在监理日记上。当天未及处理的,应在处理完成之日及时补记。监理员每天对每道工序巡视应不得少于1次。

监理日志式样见表5-23。

______________工程项目

监 理 日 志

表 5-23　　　　　　　　　　　　　　　　　　　　　　编　号:__________

监理机构		合同号	
记录人		日期	
审核人		日期	
天气			
合同段主要施工项目简述			
监理机构主要工作简述(审批、验收、旁站、会议等)			
就有关问题与建设单位、施工单位等进行澄清或处理的情况简述			

7. 旁站

监理人员应对重要工程施工、隐蔽工程和完工后无法检测其质量或返工会造成较大损失的工程进行旁站,宜旁站的项目见表5-24。

旁站监理人员应重点对旁站项目的工艺过程进行监督,对发现的问题应责令施工单位立即改正;当可能危及工程质量、安全时,应予以制止并及时向总监理工程师报告。

旁站人中应做好记录并作为原始资料保存。

旁站工序或项目施工完成后,监理工程师应对施工单位自检资料和工程实体进行检查验收。合格的,在工序交验单上签字认可,一份交施工单位,另一份监理留存;不合格的,在工序交验单上指出问题、签署意见后退回施工单位,待其改正并经自检合格后再重新提交工序交验单。未经监理认可的工序不得进行下道工序施工。

如建设单位要求监理工程师增加旁站监理内容,应由建设单位与监理单位协商,须签订补充协议,另行约定。

表 5-24　　机电工程监理站工序/部位一览表

单位工程	分部工程	分项工程	规定旁站工序
机电工程	2 监控设施	2.1 车辆检测器	首个线圈布设、控制机箱安装
		2.2 气象检测器	首个基础施工、首件设备安装
		2.3 闭路电视监视系统	首个外场立柱基础施工、首个外场设备安装、首条视频电缆布放、室内设备以中心(分中心)为单位的安装
		2.4 可变标志	可变情报板、首个可变标志基础施工，首个可变标志外场安装
		2.5 光、电缆线	开盘测试、前 5 条光、电缆布施工、光缆接头和前 5 个电缆接头接续施工、接续测试、中继段测试
		2.6 监控中心设备安装及软件调测	设备平面位置确定
		2.7 地图板	拼装安装、调试
		2.8 大屏幕投影系统	屏幕拼接安装、调试
		2.9 计算器监控软件与网络	
	3 通信设施	3.1 通信管道与光、电缆线	首区段管道、首个人(手)井施工，光、电缆线路同 2.5
		3.2 光纤数字传输系统	首站设备安装
		3.3 程控数字交换系统	首站设备安装
		3.4 紧急电话系统	首对外场单机安装和控制台安装
		3.5 无线移动通信系统	首站设备安装
		3.6 通信电源	首站设备安装
	4 收费设施	4.1 入口车道设备	首站车道设备安装
		4.2 出口车道设备	首站车道设备安装
		4.3 收费站设备及软件	首站收费设备安装
		4.4 收费中心设备及软件	中心设备安装
		4.5 IC 卡及发卡编码系统	首站 IC 卡机安装
		4.6 闭路电视监视系统	同 2.3
		4.7 内部有线对讲及紧急报警系统	首站对讲分机、主机、报警设备安装
		4.8 站内光、电缆线路	首站光、电缆布设
		4.9 收费系统计算机网络	首站收费计算网络设备安装
	5 低压配电设施	5.1 中心(站)内低压配电设备	首站低压配电设备安装
		5.2 外场设备电力电缆	前 3 条电力电缆布设施工、前 3 个电力电缆接头
	6 照明设施	照明设施	以中心为单位
	7 隧道机电设施	7.1 车辆检测器	同 2.1
		7.2 气象检测器	同 2.2
		7.3 闭路电视监视系统	同 2.3
		7.4 紧急电话系统	首对隧道单机安装
		7.5 环境检测设备	首个控制箱、探头安装
		7.6 报警与诱导设施	首个控制箱、诱导设施安装
		7.7 可变标志	同 2.4

（续）

单位工程	分部工程	分项工程	规定旁站工序
机电工程	7 隧道机电设施	7.8 通风设施	前 2 个对风机安装
		7.9 照明设施	首个控制箱、前 20 个灯具安装
		7.10 消防设施	首个隧道系统设施安装和管道试压
		7.11 本地控制器	首个控制器安装
		7.12 隧道监控中心计算机控制系统	中心设备安装
		7.13 隧道监控中心计算机网络	中心设备安装
		7.14 低压供配电	首个低压配电柜安装，前 3 条电缆布设和电缆接头
		机电系统新设备、材料	首件新设备新材料安装
		机电工程施工新工艺	首次施工新工艺施工过程

注：表中分部、分项工程编号引自《公路工程质量检验评定标准第二分册—机电工程》(JTG F80/2—2004)。

8. 隐蔽工程验收

机电工程隐蔽工程主要包括：直埋光电缆、光电缆接续、外场设备基础、管道等。直埋光电缆、光电缆接续和管道工程可以按区段验收；外场设备基础可按单个独立基础按分项工程中间交工验收处理。

9. 安装验收

安装验收指机电工程的单位、分部、分项工程的设备、线缆安装质量、数量的验收。

机电工程完工后，经施工单位的质检人员自检合格，汇总各道工序的自检记录及测量数据编制安装验收报告，报监理工程师审查，自检资料不合格，监理工程师可拒绝机电工程安装验收。

监理工程师根据施工单位提交的安装验收报告涵盖的内容进行现场检查、验收。重点检查报验工程项目的设备、材料的质量、数量、安装位置、安装工艺。报验工程经监理工程师验收合格，应由总监理工程师签发安装验收合格证书；未经监理工程师进行安装验收或验收不合格的工程，不得进入调试工序。

安装验收合格的机电工程，施工单位可开始进行系统参数设置、功能调试。在此阶段监理工程师应采取旁站、巡视的方法，掌握调试工作进展情况，监督施工单位将系统调试达到合同技术规格书的全部要求并做好调试记录。

10. 施工安全监理

监理工程师应检查施工单位供配电、高空作业等施工安全保证措施的落实情况，督促施工单位设备安装、光电缆布设、设备基础施工等执行安全生产要求，同时应检查、监督施工单位文明施工，以保证机电工程施工安全。

11. 费用、进度监理

监理工程师应按规定实施费用进度监理。设备、材料报验资料不完整、不完备、安装验收不齐全的工程项目，暂不予以计量。

12. 审批系统测试大纲

监理工程师根据合同约定的系统功能、技术指标、工程进度计划，审查施工单位编制的测试大纲的测试内容、测试方法、测试仪表、测试时间、测试人员、测试表格，以保证合同工程质量、进度的全面实施。

13. 检查测试仪器、仪表

测试仪器、仪表是度量机电工程质量的工具，监理工程师主要检查施工单位使用的测试仪器、仪表是否按批准的施工组织设计明确的型号、规格、数量提供，是否按规定进行了校准，以保证测试数据正确、有效。

14. 系统检验测试

公路机电工程系统检验测试内容：施工单位自测与监理签证测试；功能测试（包括软件测试）与技术指标测试。施工单位按照监理工程师批准的测试大纲进行系统测试，并编制自测报告报监理工程师审查。监理工程师经审查认为施工单位的自测项目完整，各项功能、指标满足合同要求，应通知施工单位开始签证测试。公路机电工程的签证测试在施工单位技术人员的配合下，按100%的项目比例进行。测试合格的项目，监理工程师应在系统测试表格上签署检验测试结论意见；签证测试不合格的项目要求施工单位重新调试，调试合格后再进行签证测试。

监理工程师按系统测试大纲逐项逐条进行系统功能、系统技术指标的测试，并认真做好记录。机电系统可靠性、稳定性在试运行期间进行考验，由监理工程师根据巡视与试运行人员值班记录作出评估。

系统测试完成后应整理出完整的检验测试报告。受条件限制无法进行的单机测试项目，可使用厂验检测数据。监理工程师应做出合格与否的评定结论。

15. 审查完工申请

机电工程的完工条件是合同工程量清单规定的设备、材料全部安装到位，经调试满足合同规定的系统功能、技术指标要求，并经监理工程师检验合格，具备试运行条件。在施工单位提出完工申请后，监理工程师应及时审查施工单位的完工申请文件，作出是否可以进行完工验收的意见，并建议建设单位组织完工验收。

三、试运行阶段监理

1. 检查遗留问题的整改

机电工程通过完工验收后通常会在验收纪要中列明存在问题和整改意见，监理工程师应检查、督促施工单位就提出的问题和整改意见进行分析并制定整改措施。监理工程师经审查认为措施得当，即可批准施工单位进行整改。监理工程师应对此项整改结果进行检验，合格的应在整改单上签字认可；不合格的应指令施工单位重新进行整改，直至合格。

2. 检查系统试运行情况

机电工程试运行主要考查系统设备、开发软件的运行稳定性、可靠性；监理工程师应巡视系统的试运行情况，并做好巡视记录。应重点检查试运行人员的值班记录、系统工作情况。对发现的问题应详细记录，并要求施工单位及时排除故障、调整系统参数等，保证投入试运行的系统设备正常工作、稳定运行。

3. 检查专用工具、备品和备件

机电工程投入试运行后，施工单位必须提供专用工具、备品、备件，监理工程师应按照进场设备的检验方法对其进行检验，使其在质量、数量上符合合同约定。

4. 审查交工申请与合同工程质量评定

施工单位提交的交工申请报告内容完整并与现场情况相符，评估机电工程已满足《公路工程竣(交)工验收办法》所规定的交工条件，各系统设备工作正常、稳定，且试运行期满，机电工程总监理办公室应建议建设单位组织交工验收；监理工程师依据《公路工程质量检验评定标准 第二分册机电工程》对具备交工验收条件的及时进行合同工程的质量评定。

四、缺陷责任期监理

1. 检查遗留问题的整改

对机电工程交工验收纪要中列明的存在问题和整改意见，监理工程师应要求施工单位就此进行分析和制定整改措施，并进行审查。监理工程师认为分析正确、整改措施恰当，即可批准施工单位进行整改。监理工程师应对此项整改结果进行检验，合格的应在整改单上签字认可；不合格的应指令施工单位重新进行整改，直至合格。

2. 缺陷责任期的监理

在缺陷责任期发生的设备故障、系统功能缺陷，监理工程师应指令施工单位及时排除故障、修复缺陷，并根据合同条件协助建设单位与施工单位一起调查、分析产生工程缺陷的原因和责任。如果属施工单位的原因(设备或工程自身的原因)造成的工程缺陷，在施工单位排除故障、修复缺陷后，应重新界定相应设备的缺陷责任期；如果确属非施工单位的原因，监理工程应对施工单位排除故障、修复缺陷的费用在与施工单位协商后予以确认，报建设单位批准、支付。

1. 如何编制监理规划？
2. 监理工作的具体内容是什么？
3. 分项工程开工审批的内容包括哪些？
4. 合同其他事项管理主要包括哪几项内容？
5. 交工验收的条件与主要内容是什么？
6. 如何填写交工证书？
7. 第一次工地会议的内容是什么？
8. 公路机电工程宜旁站的项目有哪些？
9. 机电工程试运行阶段监理的主要工作是什么？

第六章　公路工程计量、支付文件

第一节　工程计量文件

一、工程计量规定

(1)计量范围：

1)工程量清单及修订的工程量清单内容；

2)合同文件规定的各项费用支付。

(2)主要计量依据：

1)工程量清单及说明；

2)合同图纸；

3)工程变更令及修订的工程量清单；

4)合同条件；

5)技术规范；

6)有关计量的补充协议；

7)《索赔时间/金额审批表》。

(3)计量原则：

1)不符合合同文件要求的工程，不得计量；

2)按合同文件所规定的方法、范围、内容、单位计量；

3)按监理工程师同意的计量方法计量。

二、工程计量方式

(1)工程达到规定的计量单位时，监理工程师应审查承包人提供计量所需的资料，并与其共同计量。监理工程师必须对计量结果做出准确的记录，并将记录的副本抄送给承包人。

(2)监理工程师可根据工程特殊情况增加计量次数，但应提前向承包人发出通知，写明监理工程师准备何时对何工程进行何种计量。

(3)监理工程师对承包人增加计量次数的申请，应要求其提前填写计量申请单，写明要求计量的原因，计量的工程部位和计量的时间。

三、工程计量程序和主要文件

(1)计量通知或申请。工程需要计量，监理工程师应审查承包人提出的计量申请或向承包人发出计量通知。

(2)审查有关文件资料。监理工程师必须检查承包人为计量准备的有关资料，发现问题或资料不全时，应退还承包人，暂不进行计量，或计量后暂不予支付。

(3)填写中间计量表。《中间计量表》必须清楚真实的填写计量结果，对承包人在合同规定的时间内提出的异议，监理工程师应进一步检查计量记录，将复议后的结果通知承包人。

中间计量表式样见表6-1。

表6-1　　**中间计量表**

承包单位：　　　　合同号：

监理单位：　　　　编　号：

第　页共　页

支付项目编号		项目名称	
起始桩号		部　　位	
图　　号		中间交工证书号	
计量草图几何尺寸：			
计算式：			
计量单位：		工程数量	

(4)主要文件：

1)《中间计量表》；

2)《工程分项开工申请批复单》；

3)《检验申请批复单》；

4)工程质量检验表及有关的质量评定意见；

5)《工程变更令》；

6)《中间交工证书》。

第二节　工程支付文件

一、加强工程款支付控制的重要意义

工程款支付结算是公路工程项目财务管理的核心内容，也是业主、承包商、监理单位共同关心的问题。项目业主应认真研究国内基本建设项目工程款支付的有关规定和要求。执行FIDIC条款的项目还应参照国际惯例。

1. 有利于合理调度资金，确保工程进度

公路工程项目不但施工周期长，而且需要资金巨大。只有事先对各项预付款、应付款及保函和保证金进行科学测算，才能合理筹集相应资金，既保证工程开工前的资金需要，又可以减少不合理的资金占用。

2. 有利于及时准确地结清债权债务关系

公路工程项目涉及款项往来单位很多。比如高速公路项目，主线、连接线、房建、交通工程、设备材料供应等可能涉及上百家单位，如果考虑分包商支付还会更多。加强工程款支付管理，也

包括对支付合同、支付程序与制度、支付科目、账务核对等管理。根据合同支付，按照程序支付，定期核对往来账户是确保支付工作有条不紊的关键措施。

3. 有利于竣工决算的编制

实践证明，公路工程项目竣工后迟迟编制不了竣工决算。原因有多方面，但是支付遗留问题较多甚至不能与承包商对清工程款往来账是一个重要的影响因素。重复支付、多支、少支、漏支等情况也时有发生。所有这些工作必须在收尾阶段进行集中清理与核对，彻底结清有关工程款往来方面的债权债务关系，才能使决算工作顺利进行。

二、工程款支付凭证的控制

支付任何一笔款项都必须依据合法凭据，工程款也不例外。工程款的支付不仅要依据主要领导核批的诸如发票等付款凭证，还要具备其他的一些重要凭证。就工程款而言，这类凭证主要有以下三种：

一是与项目有关的合同，一般包括建筑安装合同和货物采购合同，建筑安装合同中又包括土建合同、路面合同、房建合同、交通工程合同、机电合同、绿化合同、连接线合同等。实际工作中，财务人员必须对合同条款包括通用条款和强制性条款，进行认真学习，仔细研究，对支付方式、支付时间都应心中有数。对于建筑安装合同，由于合同条款较多，数量较大，一般为订本式，付款时不可能把一本合同全部作为支付凭证装订进去，因此，在第一次付款时只需将涉及的金额、付款时间、付款条件等条款的合同章节复印一份作为此次付款凭证，以后付工程进度款无须再次复印合同，只需在凭证摘要里注明合同见某年某月某号凭证，凭结算单（发票、收据）手续齐全后即可付款。

二是支付证书，支付证书包括中期支付证书和终期支付证书。中期支付证书是由承包商报送，经旁站、驻地及总监理工程师代表逐级签字并最终报业主核准的工程施工进度支付凭证。终期支付证书是工程款的最终结算凭证，除了要考虑收尾工程量之外，还应考虑各种索赔、价格调整、变更等因素，它是工程竣工结算的法律文件。支付证书既是完成工程量的证明，也是支付工程价款、扣收工程预付款、保留金的依据，是工程款支付中最重要的支付凭证。对于按支付证书付款的，作为支付凭证的单据要复杂一些。包括中期支付证书、中间计量支付汇总表（为竣工决算时正确归集交付使用资产而做的报表，业主根据实际情况，可做可不做）、承包商开具的发票、收据（当业主在支付证书中支付材料预付款时承包商应开具收据）、代扣代缴税票（若存在代扣代缴）、业主开具的收据（主要是扣开工预付款、借款、保留金）。

三是工程款支付审批单，是由业主的财务、工程、计划等业务部门根据实际项目管理机构、职能设置以及项目工程款的财务支付程序自行设置的一种内部自制支付凭证。由于业主或承包商，有时也包括材料供应商，为确保工程的进度、材料的及时供应，由业主预先支配给承包商或供应商一笔款项，待以后扣回的支付凭证，这类凭证常见的有借款报告、动员预付款审批单等。

三、预付款

1. 预付款的额度与预付方法

预付款包括开工预付款和材料、设备预付款。具体额度和预付办法如下：

(1)开工预付款的金额在项目专用合同条款数据表中约定。在承包人签订了合同协议书并提交了开工预付款保函后，监理人应在当期进度付款证书中向承包人支付开工预付款的70%的价款；在承包人承诺的主要设备进场后，再支付预付款30%。

承包人不得将该预付款用于与本工程无关的支出，监理人有权监督承包人对该项费用的使用，如经查实承包人滥用开工预付款，发包人有权立即通过向银行发出通知收回开工预付款保函的方式，将该款收回。

开工预付款保函的担保金额应与开工预付款金额相同。出具保函的银行须与《公路工程标准施工招标文件》(2009 年版)中第 4.2 款的要求相同，所需费用由承包人承担。银行保函的正本由发包人保存，该保函在发包人将开工预付款全部扣回之前一直有效，担保金额可根据开工预付款扣回的金额相应递减。开工预付款银行保函式样如下：

开工预付款银行保函

致(业主全称)：

根据(承包人全称)(下称"承包人")与(业主全称)(下称"业主")签订的修建(公路项目名称)第__合同段的合同规定，承包人按规定的金额提交一份开工预付款银行保函(下称"保函")作为担保，承包人即有权得到业主支付的一笔相等金额的开工预付款。我行愿意出具保函为承包人担保，担保金额为人民币(大写)________元(￥________)。

本保函的义务是：我行在接到业主提出的因承包人未能履行合同规定的义务而要求收回开工预付款的书面通知和付款凭证后的____天内，在担保金的限额内向业主支付该款项，无须业主出具证明或陈述理由。

在向我行提出要求前，我行将不坚持要求业主应首先向承包人索还上述款项。我们还同意，任何对合同条款所作的修改或补充都不能免除我行按本保函所应承担的义务。

本保函的担保金额，在任何时候应不超过开工预付款的金额减去承包人已偿还的金额。此偿还的金额是通过监理工程师按合同规定向承包人签发的多次中期支付证书来扣除的。承包人根据监理工程师签发的中期支付证书向银行出具的单据是我行减少本保函担保金额的证明。

本保函自上述开工预付款支付给承包人之日起生效，在收到监理工程师签发的支付证书(副本)说明上述开工预付款已完全偿还时失效，并退回我行。

担保银行：______(银行全称)(盖章)

法定代表人或其授权的代理人：(______职务)

(姓名)

(签名)

年　月　日

(2)材料、设备预付款按项目专用合同条款数据表中所列主要材料、设备单据费用(进口的材料、设备为到岸价,国内采购的为出厂价或销售价,地方材料为堆场价)的百分比支付。其预付条件为:

1)材料、设备符合规范要求并经监理人认可;

2)承包人已出具材料、设备费用凭证或支付单据;

3)材料、设备已在现场交货,且存储良好。

监理人认为材料、设备的存储方法符合要求,则监理人应将此项金额作为材料、设备预付款计入下一次的进度付款证书中。在预计交工前3个月,将不再支付材料、设备预付款。

2. 预付款的支付时间

预付款支付时间按照规定,在承包商提交了履约保函和签订了合同协议书并提交了开工预付款保函后的28天内,业主应向承包商支付该笔款项。在收到开工预付款保函至支付该笔款项的28天内,财务人员应对保函的真伪进行查询。现在保函开具的金额越来越大,出具保函的银行也不尽相同,各个银行出具保函的银行规定又不一样,为了降低财务的风险和考察承包商的财务能力,应该对保函的真伪进行查询。保函的查询应以书面形式进行。对收到的查复书应和保函一起存档备查。

3. 预付款的扣回与还清

(1)开工预付款在进度付款证书的累计金额未达到签约合同价的30%之前不予扣回,在达到签约合同价的30%之后,开始按工程进度以固定比例(即每完成签约合同价的1%,扣回开工预付款的2%)分期从各月的进度付款证书中扣回,全部金额在进度付款证书的累计金额达到签约合同价的80%时扣完。

(2)当材料、设备已用于或安装在永久工程之中时,材料、设备预付款应从进度付款证书中扣回,扣回期不超过3个月。已经支付材料、设备预付款的材料、设备的所有权应属于发包人。

四、中期支付

中期支付是整个工程支付最为频繁、往来款项发生最多的过程,有的工程完工可能要进行几十次的中期支付,因此,认真对待每一期的中期支付,不仅是日常财务工作的需要,也为日后工程竣工决算打下良好的基础。在中期支付中往往涉及到本期结算工程进度款、材料预付款、扣回开工预付款、扣留的保留金、借款、税金、代为支付款项的发生,使中期支付过程较为繁琐。

1. 做好中期计量支付管理工作

(1)认真学习计量支付的依据并熟练掌握计量支付的规则。熟悉合同文件,特别是熟悉有关监理工程师在计量与支付方面的职责和权限条款,这是做好计量支付工作的前提。在施工招标文件(《公路工程标准施工招标文件》(2009版)上、下册和招标人根据项目实际自编的《项目专用本》)中有关"计量支付"章节、招标文件《补遗书》、《合同谈判问题澄清》、工程量清单等均从不同角度对工程计量支付规则作了较为详细的规定,忽视任何一点都可能造成计量支付工作的失误。

(2)在前期进场后,首先要做好分项工程的划分工作。只对经工程实体、质量保证资料和评定资料均验收合格的分项工程或划分段落的土石方工程进行计量。

(3)建立计量支付总台账。在建立计量支付总台账前,要认真审核工程图纸数量并建立清单工程数量复核表，将复核情况上报业主批准，依据批准的清单工程数量复核表建立工程数量明细表台账和公路建设项目计量支付总台账，以此作为今后计量总量控制基础依据。

(4)建立变更(增减)台账。变更(增减)工程必须经批准下发变更令后才能列入台账。同时输入批准文号、批准日期等内容，以便日后查验。

(5)建立每期日常计量支付台账，可以利用具有分类筛选、有条件搜索和汇总计算的EXCEL软件或计量支付管理软件制作。每次计量单签认后必须及时入账，并认真复核。若计量单有变化，应同步更新台账，以保证每张经签认过的计量单数据与台账一致，防止错漏。

(6)为避免重复或漏计的现象出现，必须熟练掌握台账所用软件的分类筛选、有条件搜索和汇总计算等功能。也可以采用绘制计量支付形象图，将工程量清单中的项目和费用用绘图的形式表示出来，并随着计量支付工作的进行，将已被计量支付的部位在图中显示出来，这也便于监理工程师可能根据形象图对工程计量支付项目进行宏观控制和管理。

(7)中期计量支付是按实际完成并经计量规则计算后的数量结算的，计量和支付的工程数量必须控制在已批准的清单工程数量复核表台账数量范围内，任何超出清单工程数量复核表台账数量的部分，都必须有完备的变更申报与批准手续，在已建立的变更(增减)台账工程数量范围内予以计量和支付。

(8)贯彻以质量为中心，以合同条款为依据的原则，对于计量的项目必须是经过监理工程师批准开工，承包人自检、监理工程师抽验合格的，资料、手续齐全的项目。任何不合格或有缺陷的工程都不能予以计量和支付。

(9)坚持先交工、后计量。没有签字齐全的《中间交工证书》和没有现场监理签认的《中间计量单》就不予计量。这是因为工程质量是计量支付的基础，而计量支付是工程质量的保证，只有这样，计量支付才能作为经济手段起到制约工程质量的积极作用。

(10)计量监理工程师要积极与各现场专业监理工程师密切配合，深入现场，熟悉图纸，认真核实计量，检查被计量的工程是否是按图纸和计量要求来完成的。对桥涵基础、软土地基处理等一些隐蔽工程要到现场及时检验再进行计量。监理工程师还必须对涉及付款的工程事项在施工中发生的　切问题进行详细的记录，这对解决支付纠纷至关重要。

(11)坚持现场计量程序。对于签发了《中间交工证书》的工程项目，首先由监理人员通知承包商计量的时间，并做好有关计量的准备工作，一般由监理工程师与承包商委托的负责计量支付的人员组成计量小组，到现场进行计量，然后将计量记录(中间计量表)及有关资料报送监理组和驻地办监理工程师核对确认。

(12)严格审查《中间计量表》。审查计量的工程质量是否达到规定标准，审查计量的过程是否符合合同条件，审查计量表填写和所附资料、凭证，包括计量图表、计算公式、计算方法和最终计算结果的符合性和正确性，审查是否符合业主项目部下发的《关于计量支付相关要求的说明》内容。

(13)要特别重视做好路基填方的计量工作。这是因为路基是带状工程，工程量大，要分段、分层经过多次计量才能完成。要做好路基土方计量工作，必须坚持监理程序，除了搞好填前清表碾压计量工作外，还要及时复测地面标高与地形断面，按填筑层标高与路基设计横断面图计量并检测核对标高，以防止重计、漏计。

(14)根据合同条款，制定工程计量与支付程序，使计量支付监理工作科学化、规范化。严格按规定的计量支付程序，逐月计量，逐级审核计量单、计量支付报表和支付证书的审核签发，决不能省略或跳越任何一道程序。

(15)计量工程师必须熟悉工程的所有支付项目，如动员预付款；材料预付款；工程变更估价；计日工、暂定金额的支付；各种原因引起的价格调整；保留金支付；缺陷责任期费用的支付以及缺陷责任期终止后的最后支付等。及时扣回应扣回的账款，拒绝计量和支付任何不符合合同规定的款项。

(16)遵循合同，秉公办事是做好计量支付工作的关键。监理工程师要站在客观公正的立场上，维护业主和承包人的利益，以保证业主与承包人双方都能严格履行合同；在支付方面要遵循合同规定，该支付的要支付，该扣除的要扣除，特别是对一些变更工程的计量支付；既要按合同规定坚持未经业主批准不得计量支付的原则，也要积极向上反映承包单位因得不到及时支付带来的资金周转困难，使一些问题能得到较好的解决。

(17)图纸工程数量及清单数量不能作为计量的绝对依据，任何数量必须符合实际，从实际出发是计量支付工作的重要原则。只有以实事求是的态度才能做好计量支付工作。

(18)完善签字制度和考核标准，使涉及计量的每位人员均对自己的签认切实负起责任。

(19)当存在计量支付规则概念模糊，未界定或者界定不清时，应积极主动地与业主项目部和工程师沟通联系，以充分达成共识，减少计量返工。

总之，认真及时地做好计量支付工作，做到不漏计，不超计，不重复计量，质量不合格不计、质保资料签认不全不计、计量的过程不符合合同要求不计、《中间计量表》填写有误不计，认真为业主所支付的每一笔资金把好关，切实做好中期计量支付监理工作。

2. 暂定金

监理工程师应根据实际需要动用暂定金，并在下列手续完备之后，签发暂定金支付证明。

(1)审批承包人提交的相应工程的施工组织计划。

(2)审批承包人提交的对应其施工组织计划所需要的人工费、材料费、机械费、设备费及计算说明。

(3)与业主和承包人就暂定金的支付进行协商。

(4)审核有关动用暂定金的凭证。

3. 计日工

监理工程师可指令按计日工完成特殊的、较小的变更工程或附加工程。同时应要求承包人提交该项工程的下列报表：

(1)用工清单；

(2)材料清单；

(3)机械、设备清单；

(4)费用清单，包括其付款凭证。

监理工程师审查上述资料时，应注意：未经监理工程师同意不得加班；未经监理工程师认可的材料不得使用；发生故障和闲置的机械、设备不得计入；并根据工程量清单计日工的价格及其合同中规定的费率，签发有关的支付证明。

计日工支付报表式样见表 6-2。

表 6-2　　　　**计日工支付报表**

项目名称：　　　　承包单位：　　　　合同号：

截止日期：　　　　监理单位：　　　　编　号：

<table>
<tr><th rowspan="3">清单号</th><th rowspan="3">位置</th><th rowspan="3">工程项目</th><th rowspan="3">计日工类别和名称</th><th rowspan="3">单位</th><th rowspan="3">单价/元</th><th colspan="2" rowspan="2">计日工数量</th><th colspan="6">计日工金额</th><th rowspan="3">批准文号</th></tr>
<tr><th colspan="2">到本期末完成</th><th colspan="2">到上期末完成</th><th colspan="2">本期完成</th></tr>
<tr><th>到本期末完成</th><th>其中本期</th><th>数量</th><th>金额/元</th><th>数量</th><th>金额/元</th><th>数量</th><th>金额/元</th></tr>
<tr><td></td><td></td><td></td><td></td><td></td><td></td><td></td><td></td><td></td><td></td><td></td><td></td><td></td><td></td><td></td></tr>
<tr><td></td><td></td><td></td><td></td><td></td><td></td><td></td><td></td><td></td><td></td><td></td><td></td><td></td><td></td><td></td></tr>
<tr><td></td><td></td><td></td><td></td><td></td><td></td><td></td><td></td><td></td><td></td><td></td><td></td><td></td><td></td><td></td></tr>
<tr><td colspan="4">小　计</td><td></td><td></td><td></td><td></td><td></td><td></td><td></td><td></td><td></td><td></td><td></td></tr>
</table>

承包人：　　　　监理工程师：

4. 材料设备预付款

(1)监理工程师必须在下列要求满足后，签发支付材料设备的预付款证明：

1)材料设备将被用于永久性工程；

2)材料设备已运抵工地现场或监理工程师认可的承包人的生产场地；

3)材料设备的质量和存放均满足合同要求；

4)承包人向监理工程师提交材料设备的订货单或收据。

监理工程师签发材料设备预付款支付证明，不是对该材料设备的质量批准。

(2)监理工程师签发材料设备预付款支付证明时，应注意如下几点：

1)累计支付材料设备预付款的金额不应超过合同剩余工作量；

2)累计支付材料设备预付款的材料设备数量，不应超过工程所需的实际总数量；

3)预付款材料设备的品种应与工程计划进度相符合；

4)已支付材料设备预付款的材料设备，所有权归业主。

(3)材料用于永久性工程后，监理工程师必须通过《中期支付证书》将材料设备预付款予以扣回。

5. 工程变更

(1)监理工程师签发变更工程支付证明，必须以工程变更令及其修改的工程量清单为依据。

(2)监理工程师收到《中间计量单》并审查无误后，应依照工程变更令所确定的支付原则，参照其修订的工程量清单，办理支付。

6. 保留金

(1)监理工程师对保留金的扣留应按合同有关规定办理。

(2)如果承包人在第一个《中期支付证书》前，提交了一份由业主认可银行出具的银行保函，监理工程师可不再替业主从《中期支付证书》中扣留保留金。

(3)保留金的退还一般应分两次进行。

监理工程师颁发全部工程的交接证书后，按合同规定的退还比例签发支付证明。如果颁发的仅是部分工程的交接证书，按该部分工程占整个工程的百分比例计退。

监理工程师签发缺陷责任终止证书后，签发退还剩余保留金的支付证明。如果颁发的缺陷责任证书仅是部分工程的缺陷责任证书，监理工程师应继续扣留与完成剩余工作所需费用比例相当的保留金。

7. 索赔

(1)监理工程师必须依据《索赔时间/金额审批表》，签发索赔支付证明。

(2)索赔金额支付必须按合同有关规定及《索赔时间/金额审批表》所确定的执行。

8. 价格调整

(1)监理工程师必须根据合同规定的价格调整方式,通过《中期支付证书》办理因价格调整引起的费用支付。

(2)如果合同没有规定具体的调整方法,监理工程师应与业主、承包人协商后,决定进行价格调整的具体方法。

9. 迟付款利息

监理工程师确认业主收到监理工程师签发的支付证书后,没有在合同规定的时间内向承包人付款,应签发迟付款利息的支付证明。

10. 对指定分包人支付

(1)监理工程师应通过承包人对指定分包人进行支付。

(2)监理工程师可要求承包人出示指定分包人得到承包人付款的证明。

(3)承包人无正当理由拒绝向指定分包人付款,监理工程师必须帮助业主从《中期支付证书》中扣留指定分包人应得到的款项,直接向指定分包人支付。

11. 合同中止后支付

(1)工程遇到战争、叛乱、骚乱等合同规定的特殊风险。

1)监理工程师应帮助业主澄清下列内容,同业主、承包人协商后,签发合同中止证书。

2)合同中止之日前,承包人已按合同完成工程的全部费用,以及业主已支付给承包人的款额与细目。

3)承包人依照合同为该工程合理订购的材料、设备及货物的费用。

4)承包人雇佣的所有从事工程施工人员在合同中止时的合理遣返费。

5)承包人机械设备撤离费。

6)承包人为完成整个工程而合理发生的费用,而该费用未包括在其他各项支付之内。

7)承包人应偿还业主的有关设备、材料和工程的预付款余额以及合同中止之日,按合同规定业主向承包人收回的任何其他款项。

(2)承包人违约。监理工程师确认承包人违约后,应对由于承包人的过失而使业主产生和随之引起的所有费用的增加按照合同文件的规定,进行估价。在与业主和承包人协商后,签发扣除承包人上述费用的证明。

(3)业主违约。当监理工程师确认业主不能继续履行合同,或因业主干涉、阻挠、拒绝监理工程师的支付证书致使承包人提出中止合同时,监理工程师应澄清下述内容,同业主和承包人协商后,签发合同中止的支付证书。

1)本款(1)中的全部款项内容;

2)由于合同中止给承包人造成的任何损失或损害的款额。

12. 工程交工支付

监理工程师收到承包人交工财务报告后,应完成对其报告中下列内容的审查,确认后向业主签发《中期支付证书》。

(1)按照合同规定日期完成的全部工程的最终价值。

(2)业主应支付的任何追加款项。

(3)按照合同应付给承包人的估算总额。

中期支付证书式样见表6-3。

表 6-3　　　　　　　　　　**中期支付证书**

项目名称：　　　　　　　　　　承包单位：　　　　　　　　　　合同号：

截止日期：　　　　　　　　　　监理单位：　　　　　　　　　　编　号：

由　　　　至 全长　　　　km													
清单号	项目内容	合同价及变更金额			到本期末完成			到上期末完成			本期完成		
		原有总金额	变更总金额	变更后总金额	金额（人民币）	人民币部分	外汇（人民币计）	金额（人民币）	人民币部分	外汇（人民币计）	金额（人民币）	人民币部分	外汇（人民币计）
100													
200													
300													
400													
500													
600													
700													
800													
900													
暂定金额													
小　计													
价格调整													
索赔金额													
违约罚金													
迟付款利息													
合　计													
动员预付款													
扣回动员预付款													
材料设备预付款													
扣回材料设备预付款													
保留金													
支　付													

承包人：　　　　　　　　　　监理工程师：　　　　　　　　　　业主：

五、最终支付

(1)最终支付申请。监理工程师应受理承包人在合同规定时间内提交的最终支付申请。

(2)最终支付申请的审定。监理工程师应在合同规定的时间内,完成对最终支付申请的审定:

1)申请的格式和内容,应满足合同规定及监理工程师的要求。

2)相应的系列结算清单,必须齐全、完整,相互关系清晰。

3)相应的系列证明资料须有监理工程师的签字认可。

4)确认所有的计量与支付均没有遗漏、重复且计算准确,汇总无误。

5)发现能够确认的费用,应及时通知承包人,并要求其提供所需的进一步资料与证明。

(3)签发最终支付证书。监理工程师应按(2)的规定审核承包人的最终支付申请,向业主签发最终支付证书,并将副本抄送承包人。

最终支付时常用的表格式样见表6-4～表6-8。

表 6-4　　永久性材料价差金额一览表

项目名称:　　　　承包单位:　　　　合同号:

截止日期:　　　　监理单位:　　　　编　号:

序号	材料名称	单位	数量	基本价格		现行价格		价差金额/元	材料来源	单据号	存放地点
				合计价/元	其中:综合费/元	合计价/元	其中:综合费/元				
		A	B	C	D	E	F	G=B(E-C)	H	I	J
合计											

承包人:　　　　监理工程师:

表 6-5 **永久性材料到达现场计量表**

项目名称： 承包单位： 合同号：

截止日期： 监理单位： 编 号：

序号	材料名称	单位	数量	单价	合计价	合计价的%			材料来源	单据号	备 注
						金 额（人民币）	人民币部分	外 汇（人民币计）			
			A	B	C=A·B	D= %C	E= %D	F= %D			
合 计											

承包人： 监理工程师：

表 6-6 **扣回材料设备预付款一览表**

项目名称： 承包单位： 合同号：

截止日期： 监理单位： 编 号：

月份	累计垫付金额			本期垫付金额			本期末回扣金额			上期末回扣金额			本期回扣金额		
	金额（人民币元）	人民币部分	外汇（人民币计）	金额（人民币元）	人民币部分	外汇（人民币计）	金额（人民币元）	人民币部分	外汇（人民币计）	金额（人民币元）	人民币部分	外汇（人民币计）	金额（人民币元）	人民币部分	外汇（人民币计）
	A			B			C			D			E		
合计															
备 注															

承包人： 监理工程师：

表 6-7 **扣回动员预付款一览表**

项目名称： 承包单位： 合同号：

截止日期： 监理单位： 编 号：

A:合同总价(人民币元)：			
B:合同总价(人民币元)：			
C:到本月末表 2“合计”栏累计完成金额(人民币元)：			
D:C>B 时的时间：			第 月
E:合同期限/月：			
F:已付动员预付款(人民币元)：			
G:月扣除动员付款：			
扣除动员预付款	总计金额(人民币元)	人民币 %(人民币元)	外汇 %(人民币计)
到上月末完成			
本月完成			
到本月末完成			

承包人： 监理工程师：

表 6-8 **中间计量支付汇总表**

承包单位： 合同号：

监理单位： 编 号：

第 页共 页

项目编号	项目名称	凭证号	单 位	数 量	单 价	金 额
本页小计						
合 计						

承包人： 监理工程师：

第三节　监理工程师在计量与支付中的责任

一、在计量与支付中应注意的事项

监理工程师应严格按有关的计量支付规定进行操作，遵守国家的法律和有关制度，正确处理三方利益（监理单位、业主、施工企业），遵守工程项目本身内的规律，处理好进度、质量及费用三者之间的辩证关系。同时还需要注意：

（1）计量支付是按实际完成工程数量进行结算的，计量和支付的工程数量必须控制在清单工程数量台账及项目范围内，任何超出清单的工程量及工程项目必须有完备的设计变更及现场签证。

（2）任何不合格或者有缺陷的工程都不予计量和支付，必须按照业主及监理工程师的要求进行整改修复并达到要求，才能进行计量支付，其整改修复费用不予计量及支付。

（3）严格按合同规定的程序逐月计量，逐级审核计量支付报表，决不能省略或跳越任何一道程序。

（4）及时扣回应扣回的账款，对不符合合同规定的款项坚决不予计量支付。

（5）对变更签证的审核，必须按合同规定的日期办理，确保及时有效。对于合同中已含签证、过时签证坚决不予计量。

二、在计量与支付方面的职责

（1）按施工合同的规定，现场计量核实合同工程量清单所规定的任何已完成工程的数量和价值。

（2）按合同规定和建设单位授权，审查、签发期中支付证书及合同终止后任何款项的支付证书。对不符合技术规范和合同文件要求的工程项目和施工活动，有权暂拒支付，直至上述项目和活动达到要求。

（3）除非施工合同文件另有规定，对合同执行期间，由于国家或省（自治区、直辖市）颁布的法律、法令、法规等致使工程费用发生的增减和人工、材料或影响工程费用的任何其他事项的价格涨落，而引起的工程费用变化，监理工程师在与建设单位和施工单位协商后，经计算合理确定新的合同价格或调整幅度予以支付。

1. 工程计量有何规定？
2. 工程计量按怎样的程序进行？
3. 工程计量的主要文件有哪些？
4. 加强工程款支付控制有何重要意义？
5. 计日工支付时应提交哪些报表？
6. 签发中期支付证书之前应审查承包人财务报告的哪些方面？
7. 如何审定最终支付申请？

第七章　公路工程竣工文件

第一节　竣工验收

监理单位应参加工程竣工验收工作，负责提交监理工作报告，提供工程监理资料，配合竣工验收检查工作。

一、竣工验收条件

(1)通车试运营2年后；

(2)交工验收提出的工程质量缺陷等遗留问题已处理完毕，并经项目法人验收合格；

(3)工程决算已按交通运输部规定的办法编制完成，竣工决算已经审计，并经交通主管部门或其授权单位认定；

(4)竣工文件已按交通运输部规定的内容完成；

(5)对需进行档案、环保等单项验收的项目，已经由有关部门验收合格；

(6)各参建单位已按交通运输部规定的内容完成各自的工作报告；

(7)质量监督机构已按交通运输部规定的公路工程质量鉴定办法对工程质量检测鉴定合格，并形成工程质量鉴定报告。

公路工程符合竣工验收条件后，项目法人应按照项目管理权限及时向交通主管部门申请验收。交通主管部门应当自收到申请之日起30日内，对申请人递交的材料进行审查，对于不符合竣工验收条件的，应当及时退回并告知理由；对于符合验收条件的，应自收到申请文件之日起3个月内组织竣工验收。

二、竣工验收的主要内容

(1)成立竣工验收委员会；

(2)听取项目法人、设计单位、施工单位、监理单位的工作报告；

(3)听取质量监督机构的工作报告及工程质量鉴定报告；

(4)检查工程实体质量、审查有关资料；

(5)按交通运输部规定的办法对工程质量进行评分，并确定工程质量等级；

(6)按交通运输部规定的办法对参建单位进行综合评价；

(7)对建设项目进行综合评价；

(8)形成并通过竣工验收鉴定书。

竣工验收委员会由交通主管部门、公路管理机构、质量监督机构、造价管理机构等单位代表组成。大中型项目及技术复杂工程，应邀请有关专家参加。国防公路应邀请军队代表参加。

项目法人、设计单位、监理单位、施工单位、接管养护等单位参加竣工验收工作。

竣工验收代表名单格式见表7-1。

表 7-1　　　　竣工验收代表名单格式

______________________________公路建设项目

项目法人______________________________

承包单位______________________　合 同 号______________________

监理单位______________________　编　　号______________________

竣工验收代表名单

序　　号	姓　　名	所　在　单　位	职务或职称	签　　名

三、竣工工程质量评分

(1)竣工工程质量评分采取加权平均法计算,其中交工验收工程质量得分权值为 0.2,质量监督机构工程质量鉴定得分权值为 0.6,竣工验收委员会对工程质量评定得分权值为 0.2。

工程质量评定得分大于等于 90 分为优良,小于 90 分且大于等于 75 分为合格,小于 75 分为不合格。

竣工验收工程质量评分表格式样见表 7-2。

表 7-2　　　　竣工验收工程质量评分表格式

××省道　　　　　　　公路建设项目

项目法人　×××

承包单位　××公路工程 A_2 标段项目经理部　合 同 号　×××－×

监理单位　××市交通建设工程监理有限公司　编　　号______________________

竣工验收工程质量评分表

名　　称	实得分数	权　　值	加权得分	备　　注
交工验收工程质量	**90**	0.2	**18**	
质量监督机构工程质量鉴定	**100**	0.6	**60**	
竣工验收委员会工程质量	**100**	0.2	**20**	
合　　计		1.0	**98**	
加权平均分	**32.7**		质量等级	优良

计算:×××　　　　　　　　复核:×××　　　　　　　　**20**××年×月×日

(2)竣工验收委员会按交通运输部规定的办法对参建单位的工作进行综合评价。评定得分大于等于90分且工程质量等级优良的为好,大于等于75分为中,小于75分为差。

竣工验收委员会工程质量评分表格式样见表7-3。

表7-3　　竣工验收委员会工程质量评分格式

××省道　　公路建设项目

项目法人　×××

承包单位　××公路工程A_2标段项目经理部　　合 同 号　××－×

监理单位　××市交通建设工程监理有限公司　　编　　号

竣工验收委员会工程质量评分表

序　号	项　目	评 定 内 容	分　值	实得分
一	主体工程质量	路基边线直顺度、路基沉陷、亏坡、松石、涵洞及排水系统完善状况,支挡工程外观和稳定情况。 路面平整度、裂缝、脱皮、石子外露、沉陷、车辙、桥头(台背)跳车现象,泛油、碾压痕迹等。 桥面平整度、栏杆扶手、伸缩缝、混凝土外观状况。 隧道渗漏、松石、排水、通风、照明以及衬砌外观状况。 交通安全设施及交叉工程的外观及使用效果等	70	
二	沿线服务设施	房屋及机电系统等功能和外观;其他设施如加油站、食宿服务等设施的使用效果及外观	10	
三	环境保护工程	绿化工程、隔声消声屏等是否符合设计要求;施工现场清理及还耕情况;与自然环境、景观的协调情况	10	
四	竣工图表	内容齐全,书写打印清晰、装订整齐,符合相关要求	10	
合计			100	

注:1. 缺二、三项时,应得分仍按100分计。例如:缺项目二时,实得分应除以0.9;项目二、三均缺时,实得分应降以0.8,依此类推。

2. 主体工程评定内容缺项时,其应得分仍按70分计。

(3)竣工验收建设项目综合评分采取加权平均法计算,其中竣工验收工程质量得分权值为0.7,参建单位工作评价得分权值为0.3(项目法人占0.15,设计、施工、监理各占0.05)。

评定得分大于等于90分且工程质量等级优良的为优良,大于等于75分为合格,小于75分为不合格。

竣工验收建设项目综合评定表格式样见表7-4。

表7-4　竣工验收建设项目综合评定表格式

××省道　公路建设项目

项目法人　×××

承包单位　××公路工程 A_2 标段项目经理部　　合同号　×××－×

监理单位　××市交通建设工程监理有限公司　　编号

竣工验收建设项目综合评定表

名　称	实得分数	权　值	加权得分	备　注
竣工验收工程质量	**100**	0.7	**70**	
项目建设管理综合评价	**90**	0.15	**13.5**	
项目设计工作综合评价	**90**	0.05	**4.5**	
项目监理工作综合评价	**100**	0.05	**5**	
项目施工管理综合评价	**100**	0.05	**5**	
合　计		1.0	**98**	
加权平均分	**19.6**		建设项目综合评价等级	优良

计算：　　复核：　　年　月　日

四、签发竣工验收鉴定书

负责组织竣工验收的交通主管部门对通过验收的建设项目按交通运输部规定的要求签发《公路工程竣工验收鉴定书》。

通过竣工验收的工程，由质量监督机构依据竣工验收结论，按照交通运输部规定的格式对各参建单位签发工作综合评价等级证书。

公路工程竣工验收鉴定书式样见表 7-5。

表 7-5　　公路工程竣工验收鉴定书表格式

××省道　公路建设项目

项目法人　×××

承包单位　××公路工程 A_2 标段项目经理部　　合 同 号　×××－×

监理单位　××市交通建设工程监理有限公司　　编　　号

公路工程竣工验收鉴定书

一	工程名称	××省道××至××段改建工程
二	工程地点及主要控制点	工程起点为××国道 K231＋478 处，终点为××国道 K120＋110 处。路线全长约 111.368 公里
三	建设依据	
四	技术标准与主要指标	工程按二级公路技术标准设计，计算行车速度 80 公里/小时，路基宽度为 23.5 米，路幅布置为：中央分隔带 2 米，行车道 2×8 米，防撞护栏 2×0.25 米，非机动车道 2×3 米。路面采用沥青混凝土。桥梁与路基同宽。桥涵设计荷载标准汽－20，挂－100
五	建设规模及性质	工程全长约 111.368 公里，建设性质为改建工程
六	开工日期	××年×月×日
	交工日期	××年×月×日
七	批准概算	18500 万元
	竣工决算	17960.86 万元
八	工程建设主要内容	路基土石方 110.276 万立方米，防护工程 0.929 万立方米，沥青混凝土路面 2.939 万平方米，大桥 415 米/3 座，中桥 64 米/1 座，小桥 40.1 米/4 座，涵洞 3480 米/119 道
九	主要材料实际消耗	水泥××吨、钢材××吨、沥青××吨，木材×× m^3
十	实际征用土地数(亩)	1580.4 亩
十一	建设项目工程质量结论	该项目于 20××年×月×日通过交工验收，综合得分为 87.5 分，工程质量等级被评为优良。本次竣工验收分路基路面、结构和综合三个核查小组，对该项目工程质量进行了核查。从核查情况看，经过近 2 年多时间的试运营，该工程路基稳定，路基边线直顺，路面基本平顺，桥梁运行基本正常，但局部路段路基沉降明显，沥青混凝土路面有错台、露骨等病害，桥面铺装、伸缩缝出现开裂和破损现象。全线交通安全设施基本齐全。工程使用状况总体良好

（续）

十二	对建设、设计、施工建设单位的综合评价	该项目由××市政府组建××省道××至××段公路建设指挥部负责实施。实施期间，建设单位能够严格按照基本建设程序办理，各项审批手续齐全。建设单位坚持以工程质量为中心，通过加强领导和施工管理和“三度一排”工作，政策处理得力，保证了工程如期完工。 经综合评议得89.18分。 该项目由××市交通设计院设计。设计方案基本经济合理，设计文件符合有关规定，设计服务态度较好。 经综合评议得88.48分。 该项目实行议标，由××交通建设有限公司、××市政工程有限公司、××市交通工程处、××市公路桥梁建筑安装公司、××市路桥工程公司、××市交通实业公司等单位承担工程施工。中标单位均能按施工组织设计组织施工，均按合同规定完成了施工任务，工程质量符合设计和规范要求，但个别施工原始资料欠规范。 经综合评议得87.76分。 该项目由××市交通建设工程监理有限公司、××市公正公路工程监理公司负责工程施工监理。能按有关规定组建监理机构，检测手段合理，抽检及时，监理程序基本符合规范要求，在工程质量、进度、计量支付以及合同管理等方面工作较认真、负责。 经综合评议得88.03分
十三	建设项目管理综合评价及等级	该项目在建设、设计、施工、监理等单位的共同努力下，完成了全部工程，使××省道××至××段的通行条件得到了较好的改观，促进了沿线的经济发展，发挥了较好的社会效益和经济效益。 建设项目经综合评议得88.04分，评为优良工程
十四	有关问题的决定与建议	1. 部分沥青混凝土路面板出现错台、缺边、露骨等病害，要求加强路面养护，适时修补。 2. 伸缩缝及桥台背墙顶面开裂、破损严重，要求作翻修处理。 3. 桥面的龟裂及纵向裂缝较多，表面欠粗糙，要求尽快作处理，以确保行车安全。 4. 请进一步完善全线的交通安全设施，并尽可能归并开口，以利安全。 5. 请进一步完善有关竣工资料后报送有关单位存档备查

附件：1. 竣工验收委员会名单（表7-6）。

2. 工程交接单位代表签名表（表7-7）。

表 7-6　　　　　　　　　　竣工验收委员会名单格式

________________________________公路建设项目

项目法人________________________________

承包单位________________　合 同 号________________

监理单位________________　编　　号________________

竣工验收委员会名单

	姓　名	所 在 单 位	职务或职称	签　名
主任委员				
副主任委员				
委员				

表 7-7　　　　工程交接单位代表签名表格式

____公路建设项目

项目法人____

承包单位______________________　　合 同 号______________________

监理单位______________________　　编　　号______________________

工程交接单位代表签名表

	姓　　名	所 在 单 位	职务或职称	签　　名
主管部门				
监督单位				
项目法人				
设计单位				
监理单位				
施工单位				
接养单位				

五、签发单位工作综合评价等级证书

通过竣工验收的工程，由质量监督机构依据竣工验收结论，按照交通运输部规定的格式对各参建单位签发工作综合评价等级证书。

单位工作综合评价等级证书式样见表 7-8。

表 7-8　　项目参建单位工作综合评价等级证书格式

××省道＿＿＿公路建设项目

项目法人＿＿×××＿＿

承包单位 ××公路工程 A_2 标段项目经理部　　合 同 号＿×××－×＿

监理单位 ××市交通建设工程监理有限公司　　编　　号＿＿＿＿

项目参建单位工作综合评价等级证书

工程名称：××省道××至××段改建工程
单位名称：
承担工程的内容： 路基土石方 110.276 万 m^3，防护工程 0.929 万 m^3，沥青混凝土路面 2.939 万 m^2，大桥 415m/3 座，中桥 64m/1 座，小桥 40.1m/4 座，涵洞 3480m/119 道
竣工验收结论： 该项目由××年×月×日通过交工验收，综合得分为 92.35 分，工程质量等级被评为优良。 项目质量监督机构或授权人（签字）：×××　　盖章（项目质量监督机构） ××年×月×日

注：1. 项目参建单位包括项目法人、设计单位、监理单位、施工单位。

2. 竣工验收完成时，项目质量监督机构分别对项目各参建单位填写工作综合评价等级证书。

3. 竣工验收结论根据对各参建单位工作综合评价结果填写综合评价评语（包括评分和评价等级）。

第二节　单项工程竣工验收

一、单项工程验收文件

1. 机电、绿化工程验收文件

(1)机电工程验收工作必须通过机电系统的试运行才可以进行。如果机电系统试运行结果证明系统稳定,功能符合设计和实际使用要求,并完成了各项培训工作,专用工具、备品备件、使用说明书已配齐,施工单位可以提出交工验收申请。

(2)绿化工程验收应在一个年生长周期期满后进行。

2. 房建工程验收文件

(1)单位工程完成后,施工单位应自行组织有关人员进行检查评定,并向项目法人提交工程验收报告。房建工程验收程序如图7-1所示。

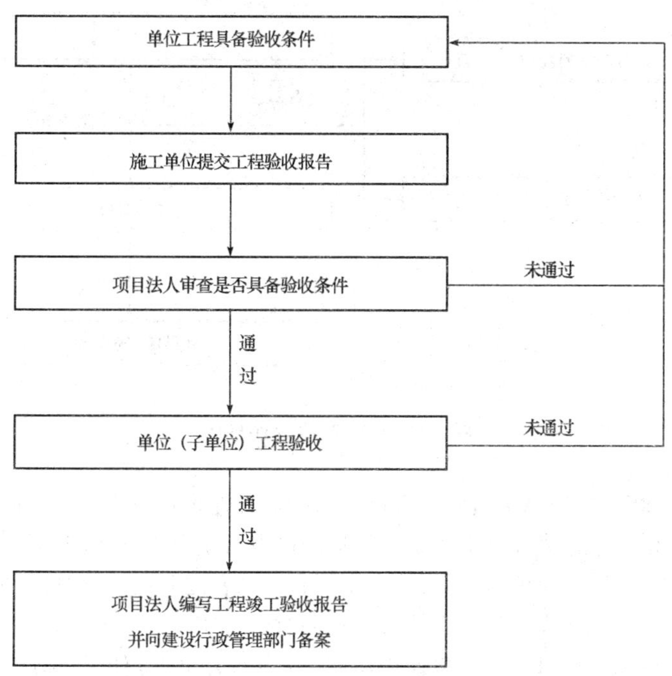

图7-1　房建工程验收程序框图

(2)单位工程验收合格后,项目法人应在15日内将如下文件报建设行政管理部门备案。

1)工程竣工验收备案表。

2)工程竣工验收报告。

3)法律、行政法规规定应当由规划、公安消防、环保等部门出具的认可文件或者准许使用文件。

4)施工单位签署的工程质量保修书。

5)法律、规章规定必须提供的其他文件。

3. 环保工程验收文件

(1)凡有环境影响报告书(表)或者环境影响登记表的建设项目均需进行环保验收。

(2)环境保护行政主管部门根据《建设项目竣工环境保护验收管理办法》规定,依据环境保护验收监测结果和生态调查报告,并通过现场检查等手段,考核该建设项目是否达到环境保护要求。其程序如图 7-2 所示。

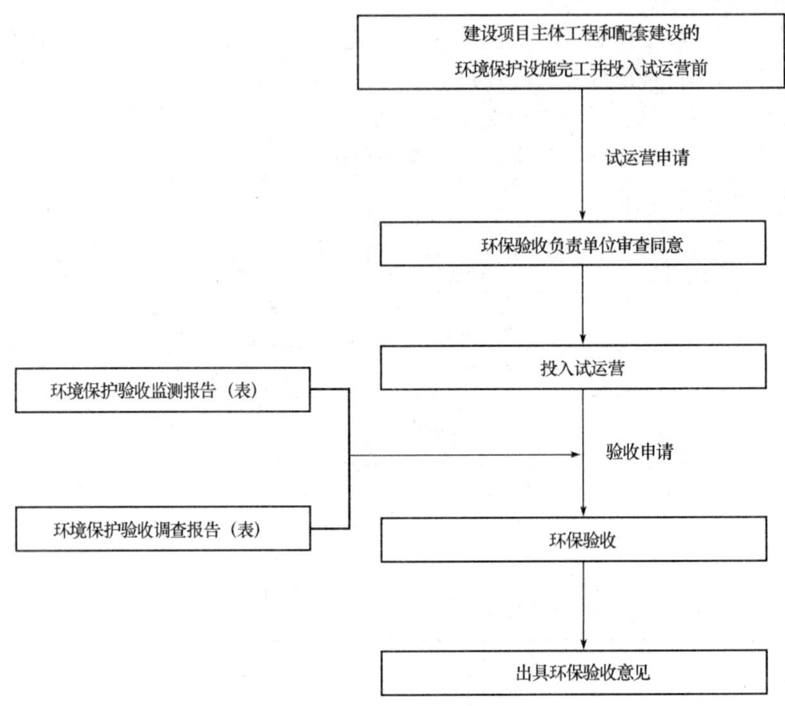

图 7-2　环境验收程序框图

1)建设项目试运营前,项目法人应向有审批权的环境保护行政主管部门提出试运营申请。

2)对环境保护设施已建成及其他环境保护措施已按规定要求落实的,应同意试生产申请。

3)进行试运营的公路建设项目,项目法人应当自试运营之日起 3 个月内,向有审批权的环境保护行政主管部门申请该建设项目竣工环境保护验收。

4)项目法人申请建设项目竣工环境保护验收,应当向有审批权的环境保护行政主管部门提交以下验收材料:

①对编制环境影响报告书的建设项目,提交建设项目竣工环境保护验收申请报告,并附环境保护验收监测报告或调查报告。

②对编制环境影响报告表的建设项目,提交建设项目竣工环境保护验收申请表,并附环境保护验收监测表或调查表。

③对填报环境影响登记表的建设项目,提交建设项目竣工环境保护验收登记卡。

5)环境保护验收监测报告(表),由项目法人委托经环境保护主管部门批准有相应资质的环境监测站或环境放射性监测站编制。

4. 档案验收文件

(1)档案验收依据。

1)《中华人民共和国档案法》。

2)"关于印发《建设项目(工程)档案验收办法》的通知"(国档发[1992]8号)。

(2)需进行档案验收的工程项目。凡按批准的设计文件所规定的内容新建、扩建、改建的基本建设项目(工程)和技术改造项目均应进行档案验收。

(3)档案验收负责单位。一般国家、部重点公路工程建设项目档案,由国家档案局验收,省级重点建设项目由省档案局验收,地市重点建设项目由地市档案局验收。未列入重点建设项目的公路工程档案由主管机关档案部门负责验收。

(4)档案验收的程序。档案验收一般分为初步验收和竣工验收两个阶段,重点在初步阶段。具体验收程序框图如图7-3所示。

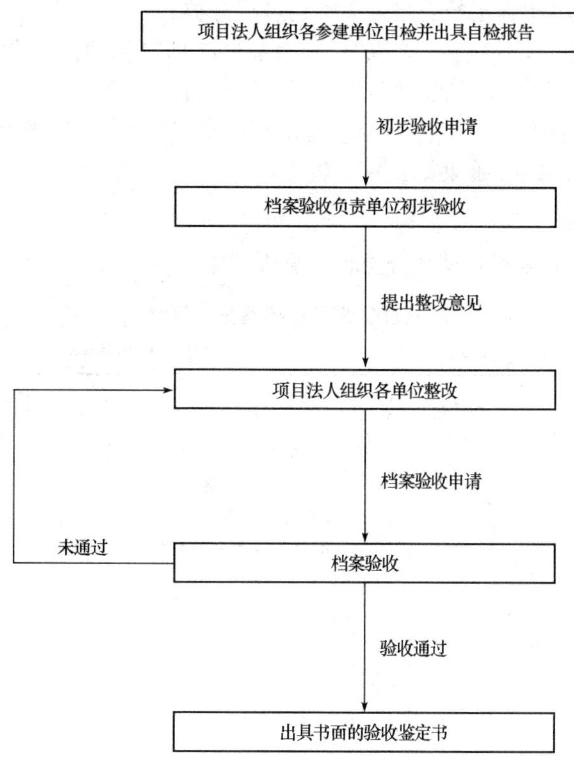

图7-3　档案验收程序框图

1)建设项目(工程)初步验收前,项目法人组织监理、施工等有关单位的工程技术负责人,进行档案的自检工作,并做出档案自检报告。

2)初步验收时,在档案部门组织下,着重抽查项目档案的归档情况。工程规模大、档案案卷数量超过1000卷的,抽查15%的项目档案;工程规模小,档案案卷数量在1000卷以下的,抽查30%的项目档案。评价档案资料的完整、准确、系统性情况以后,写出初验意见,对存在的问题提出改进要求,限期解决。项目法人、监理单位、施工单位按初步验收的改进意见在竣工验收前加以改进。

3)对于通过档案验收的建设项目,由档案负责验收单位出具书面的验收意见。

二、竣工文件目录编制

以××一级公路 A2 合同段为例,介绍施工单位竣工文件目录编制方法。

1. 工程概述

××一级公路 A2 合同段位于××省××县××镇××村境内,起讫里程为 K25+840～K30+980,全长 5.14km。该合同段有大、中、小桥各一座,涵洞 12 道,支挡工程 20 处,路基土石方 200000m^3,其中土方 120000m^3,石方 80000m^3。A2 合同段施工工期为××年×月×日～××年×月×日。

2. 目录说明

(1)桩号:由档案分类号和案卷顺序号组成。分类号编制是以单项工程为单元,按照《交通部科学技术分类编号办法》中所确定的公路工程类目进行分类。

(2)卷号:即案卷顺序号,不编虚位。以"1"开始编写,1 即"1"不编"001"。

(3)编制时间:即竣工文件的形成时间,也即开竣工时间。

(4)保管期限:根据 2001 年 8 月 13 日原交通部交办发[2001]390 号关于印发《公路工程竣工文件材料立卷归档管理办法》的通知要求填写。

3. 分类目录

××一级公路 A2 合同段科技档案分类目录见表 7-9。

表 7-9　　××一级公路科技档案分类目录

工程项目名称:××一级公路 A2 合同段　　文件材料编制单位:××××局集团有限公司

序号	档　号	柜号	卷号	册号	分册号	案卷题名	编制时间	卷内份数	卷内页数	保管期限	密级	备注
1	GL5·1·2·301××·5·A2·0·0—1					××一级公路 A2 合同段 K25+840～K30+980 竣工文件科技档案分类目录	××年×月～××年×月	1	172	永久		
2	GL5·1·2·301××·5·A2·4·1—1		四	一	一	××一级公路 A2 合同段 K25+840～K30+980 施工竣工表	××年×月～××年×月	1	24	长期		
3	GL5·1·2·301××·5·A2·4·2—1		四	二	一	××一级公路 A2 合同段 K25+840～K30+980 路基土石方压实度、挡土墙、护面墙混凝土及砂浆强度汇总表	××年×月～××年×月	1	254	长期		
4	GL5·1·2·301××·5·A2·4·2—2				二	××一级公路 A2 合同段 K25+840～K30+980 大中桥、涵洞工程混凝土及砂浆抗压强度汇总表,弯沉、预制梁张拉、建筑安装成本汇总表	××年×月～××年×月	1	250	长期		

（续一）

序号	档号	柜号	卷号	册号	分册号	案卷题名	编制时间	卷内份数	卷内页数	保管期限	密级	备注
5			五			施工竣工图						
6	GL5·1·2·301××·5·A2·5·1			一		××一级公路A2合同段竣工总体说明	××年×月～××年×月	1	6	永久		
7	GL5·1·2·301××·5·A2·5·2			二		××一级公路A2合同段路线竣工图	××年×月～××年×月	1	11	永久		
8	GL5·1·2·301××·5·A2·5·3			三		××一级公路A2合同段路基、路面及排水工程竣工图	××年×月～××年×月	1	109	永久		
9	GL5·1·2·301××·5·A2·5·4			四		××一级公路A2合同段桥梁、涵洞工程竣工图	××年×月～××年×月	1	148	永久		
10	GL5·1·2·301××·5·A2·5·5			五		××一级公路A2合同段路基防护工程竣工图	××年×月～××年×月	1	32	永久		
11			六	一		施工综合文件						
12	GL5·1·2·301××·5·A2·6·1—1				一	××一级公路管理处发有关工程质量文件、A2驻地办发有关工程质量文件	××年×月～××年×月	1	239	长期		
13	GL5·1·2·301××·5·A2·6·1—2				二	××一级公路A2合同段上级发文发函、工程质量责任卡、施工总结、交工验收报告、测试仪器检定报告	××年×月～××年×月	1	209	长期		
14			六	二		质量自检评定资料						
15	GL5·1·2·301××·5·A2·6·2—1				一	××一级公路A2合同段建设项目或标段质量自检、桥梁单位工程质量汇总、K27+682.5桥分项工程质量评定资料	××年×月～××年×月	1	217	永久		
…	……					略						
21	GL5·1·2·301××·5·A2·6·2—7				七	××一级公路A2合同段K29+740桥分项工程质量评定资料	××年×月～××年×月	1	253	永久		
22	GL5·1·2·301××·5·A2·6·2—8				八	××一级公路A2合同段路基单位工程、路基土石方、涵洞、大型挡土墙、护面墙分部及分项工程	××年×月～××年×月	1	167	永久		
23			六	三		进度控制文件						
24	GL5·1·2·301××·5·A2·6·3—1				一	××一级公路A2合同段开工令、总开工报告及批文	××年×月～××年×月	1	79	永久		
25	GL5·1·2·301××·5·A2·6·3—2				二	××一级公路A2合同段大桥基础工程开工报告及批文	××年×月～××年×月	1	248	永久		

（续二）

序号	档　号	柜号	卷号	册号	分册号	案卷题名	编制时间	卷内份数	卷内页数	保管期限	密级	备注
…	……					略						
34	GL5·1·2·301××·5·A2·6·3—11				十一	××一级公路 A2 合同段 K27＋740～K27＋840 路基试验段、路基、涵洞、改河工程开工报告及批文	××年×月～××年×月	1	220	永久		
35	GL5·1·2·301××·5·A2·6·3—12				十二	××一级公路 A2 合同段 K26＋370～K26＋390 挡墙试验段、挡土墙工程开工报告及批文	××年×月～××年×月	1	232	永久		
36	GL5·1·2·301××·5·A2·6·3—13				十三	××一级公路 A2 合同段 K27＋860～K27＋880 护面墙试验段、护面墙工程开工报告及批文	××年×月～××年×月	1	239	永久		
37			六	四		投资控制文件						
38	GL5·1·2·301××·5·A2·6·4—1				一	××一级公路 A2 合同段计量支付报表第1～4 期	××年×月～××年×月	1	302	长期		
…	……					略						
42	GL5·1·2·301××·5·A2·6·4—5				五	××一级公路 A2 合同段工程数量审批表	××年×月～××年×月	1	213	永久		
43	GL5·1·2·301××·5·A2·6·4—6				六	××一级公路 A2 合同段变更设计批复第 016～044 号	××年×月～××年×月	1	241	永久		
44			六	五		施工记录						
45	GL5·1·2·301××·5·A2·6·5—1				一	××一级公路 A2 合同段施工日志、有关原始记录	××年×月～××年×月	1		长期		
46	GL5·1·2·301××·5·A2·6·5—2				二	××一级公路 A2 合同段施工照片档案	××年×月～××年×月	1		长期		
47			七			施工原始资料						
48				一		路基土石方工程						
49	GL5·1·2·301××·5·A2·7·1—1				一	××一级公路 A2 合同段 K25＋840～K26＋010 路基土方及涵墙背回填质量自检资料	××年×月～××年×月	1	224	长期		
…	……					略						
72	GL5·1·2·301××·5·A2·7·1—24				二十四	××一级公路 A2 合同段 K30＋640～K30＋980 路基填挖土石方及涵墙背回填、K30＋090～K30＋980 路基封层质量自检资料	××年×月～××年×月	1	212	长期		

（续三）

序号	档　号	柜号	卷号	册号	分册号	案卷题名	编制时间	卷内份数	卷内页数	保管期限	密级	备注
73	GL5·1·2·301××·5·A2·7·1—25				二十五	××一级公路A2合同段路基土石方标准击实试验及批复	××年×月～××年×月	1	126	长期		
74			七	四		涵洞工程						
75	GL5·1·2·301××·5·A2·7·4—1				一	××一级公路A2合同段K25＋878、K25＋990、K26＋151.5、K26＋579.5、K26＋944钢筋混凝土盖板涵工程质量自检资料	××年×月～××年×月	1	272	长期		
…	……					略						
79	GL5·1·2·301××·5·A2·7·4—5				五	××一级公路A2合同段C15、C20混凝土、C15、C20冬期施工混凝土配合比，细集料、地基承载力试验报告	××年×月～××年×月	1	207	长期		
80	GL5·1·2·301××·5·A2·7·4—6				六	××一级公路A2合同段钢筋混凝土盖板涵抗压强度试验记录	××年×月～××年×月	1	197	长期		
81			七	五		路基砌石防护工程						
82	GL5·1·2·301××·5·A2·7·5—1				一	××一级公路A2合同段K25＋840～K25＋860右侧护面墙、K25＋940～K26＋200左侧路堤墙工程质量自检资料	××年×月～××年×月	1	234	长期		
…	……					略						
96	GL5·1·2·301××·5·A2·7·5—15				十五	××一级公路A2合同段K25＋840～K30＋980挡土墙镶面C20混凝土预制块工程质量自检资料	××年×月～××年×月	1	284	长期		
97	GL5·1·2·301××·5·A2·7·5—16				十六	××一级公路A2合同段砂浆配合比试验报告	××年×月～××年×月	1	220	长期		
98	GL5·1·2·301××·5·A2·7·5—17				十七	××一级公路A2合同段M10配合比、细集料、水泥试验报告	××年×月～××年×月	1	227	长期		
99	GL5·1·2·301××·5·A2·7·5—18				十八	××一级公路A2合同段原材料、挡墙预制块混凝土抗压强度试验记录	××年×月～××年×月	1	240	长期		
100	GL5·1·2·301××·5·A2·7·5—19				十九	××一级公路A2合同段K25＋940～K26—970挡墙砂浆抗压强度统计及记录	××年×月～××年×月	1	313	长期		

（续四）

序号	档　号	柜号	卷号	册号	分册号	案卷题名	编制时间	卷内份数	卷内页数	保管期限	密级	备注
101	GL5·1·2·301××·5·A2·7·5—20				二十	××一级公路A2合同段K27＋200～K29＋077挡墙砂浆抗压强度统计及记录	××年×月～××年×月	1	296	长期		
102	GL5·1·2·301××·5·A2·7·5—21				二十一	××一级公路A2合同段K25＋840～K30＋982护面墙及挡土墙混凝土、砂浆抗压强度统计及记录	××年×月～××年×月	1	292	长期		
103			七	十三		大(中)桥上部工程						
104	GL5·1·2·301××·5·A2·7·13—1				一	××一级公路A2合同段K27＋682.5桥1—1至4—3箱梁预制质量自检资料	××年×月～××年×月	1	219	长期		
…	……					略						
124			七	十四		大(中)桥基础、下部及防护工程						
125	GL5·1·2·301××·5·A2·7·14—1				一	××一级公路A2合同段K27＋682.5桥0号台、1号墩质量自检资料	××年×月～××年×月	1	108	长期		
…	……					略						
144			七	十五		大(中)桥工程试验资料						
145	GL5·1·2·301××·5·A2·7·15—1				一	××一级公路A2合同段水泥、钢筋、铣削钢、钢纤维出厂及试验报告	××年×月～××年×月	1	275	长期		
146	GL5·1·2·301××·5·A2·7·15—2				二	××一级公路A2合同段钢筋出厂及试验报告	××年×月～××年×月	1	169	长期		
…	……					略						
158	GL5·1·2·301××·5·A2·7·15—14				十四	××一级公路A2合同段大、中桥孔道压浆及大、中桥张拉强度试验记录	××年×月～××年×月	1	211	长期		

第三节　工程决算审计报告

一、审计依据

(1)实施审计所依据的法规及具体规定，应与审计通知书所引用的法规名称及条款内容一致。引用的法规名称应写全称，不能简称(体现严肃性)。

(2)应表述所依据的审计机关年度项目计划、审计通知书及发文字号。

(3)授权审计项目应说明，并表述上级授权机关名称；临时性审计项目有关审计计划的内容可不写，以免产生矛盾。

二、被审计单位基本情况介绍

被审计单位（即项目法人）基本情况的表述，应符合《审计机关审计项目质量控制办法（试行）》（以下简称《办法》）第 58 条第 2 项的规定，其内容要素包括被审计单位的经济性质、管理体制、财政财务隶属关系或者国有资产监督管理关系，以及财政收支、财务收支状况等。

除表述上述内容外，还应向报告的使用者介绍建设项目的基本情况，其主要内容包括《项目建议书》、《可行性研究报告》等有关文件的批复情况；建设规模、建设工期、概算投资额度、总预算、建设资金来源及构成等批复内容；项目实际建设工期、建设内容，需要说明的开工前审计、年度预算执行情况审计、年度决算审计以及委托社会中介组织审计的有关情况，项目竣工财务决算的基本情况。

三、被审计单位的会计责任

应表述建设单位或与国家建设项目有关的勘察、设计、施工、监理、采购、供货等单位，对所提供的与建设项目有关的会计账簿、会计凭证、会计报表，有关文件、资料、合同及其他证明材料的真实性和完整性负责，对其作出的承诺真实性负责。

四、实施审计的基本情况

总体上应执行《办法》第 58 条第 4 项的规定，即一般包括审计范围、审计方式和审计实施的起止时间。审计范围应说明本次审计所涉及的国家建设项目有关审计事项。

五、审计评价意见

总体上应执行《审计机关审计事项评价准则》和《办法》第 58 条第 5 项的规定。对审计过程未涉及、审计证据不充分、评价依据或者标准不明确以及超越审计职责范围的事项，不发表审计评价意见。审计评价意见不能与审计发现的问题相矛盾，审计评价用语要平实、适度，以写实为主。

对竣工决算作出审计认定，与总预算或概算进行对比；对建设程序、工程招标投标和承发包、会计处理遵守相关会计准则情况、内部控制制度的建立和执行情况、建设单位资金到位情况、建设资金管理与使用情况，以及工程造价、建设单位作出的承诺、提供的会计资料等方面的合法性、效益性和真实性作出评价。

六、查出的被审计单位问题的表述

（1）在“审计评价意见”中反映的问题，一般情况下也应在该部分反映；该部分反映的问题不能与提出的审计评价意见相矛盾。

（2）如果对违反建设程序、招标投标等国家建设项目管理方面问题作出的处理处罚较多、占的篇幅较大，结构标题应加“国家建设项目”的内容，即“审计查出的被审计单位违反国家规定的财政收支、国家建设项目行为的事实和定性、处理处罚决定”。

（3）对该部分所反映的违反国家财政收支、国家建设项目规定行为没有作出处罚的，结构标题中应删除“处罚”的字样。

（4）审计发现的审计职责范围以外需要研究、关注的其他问题，应在审计报告“审计建议”中反映。

(5)审计查出的问题按性质归类,按重要程度排序。如果审计工作方案已明确审计内容和重点的归类、排序的,此处对问题的归类、排序应符合审计工作方案的要求。

(6)每类问题一般应列有标题。标题一般应包含对问题的定性用语和金额。

(7)每类问题包括三部分内容,即违法违规事实、定性及依据、处理处罚决定或移送处理决定及依据。三部分内容应根据文字多少注意适当分段。事实表述一般应包括违法违规主体、时间、主要情节、金额、截止审计时的状况等,文字要简洁,避免过多的过程或细节描述。

(8)定性表述用语必须规范、准确。定性和处理处罚应列出明确法规依据,法规依据包括法律、法规、规章和规范性文件,引用法规应准确、规范。归于同一类的若干具体问题应尽可能合并表述,适当简化,其法规依据相同的,一般只引用一次。处理处罚决定均应列明金额,特殊情况无法列明的,应作出说明。

(9)在引用法律和法规时,一般应列明文件名称、具体条款号及条款内容;在引用规章和规范性文件时,一般应列明发文单位:文件名称、发文号、具体条款号及条款内容。

七、审计建议

(1)"审计建议"部分与其他审计类型相同,不是审计报告的必备内容,只在必要时可以对被审计单位或有关部门提出改进基本建设财务管理,完善有关规章制度的意见和建议。

(2)所提意见和建议应针对审计发现的问题或者需要研究、关注的问题,应具有可操作性,便于被审计单位和其他有关单位整改。

(3)建议的对象一般为被审计单位,如果涉及被审计单位以外的其他有关单位,应建议被审计单位协商有关单位或者注明该问题已(将)移送有关单位。

八、审计报告其他方面

(1)审计报告中称呼被审计单位一律采用第三人称形式,一般使用被审计单位名称或称"该单位"。审计报告中单位的名称(包括被审计单位名称)应使用全称或标准简称,没有标准简称的,第一次称呼应使用全称,其后如需使用简称,应在第一次使用全称后标注"(以下简称'××××')"。

(2)审计报告中的数值(包括百分数)除整数值外,小数点后一律保留两位,数值之间存在勾稽关系的,应保持勾稽关系正确。金融单位应根据具体情况和需要确定,一般以"元"为单位,数额较大的可以使用"万元"或"亿元"。

(3)撰写审计报告应当语言简洁通顺,逻辑性强,避免产生歧义;用词准确规范、通俗易懂,要充分考虑报告使用者的阅读和理解。

第四节　财务决算、工程决算和支付报表

一、财务竣工决算

财务决算由业主(代表)按交通运输部及国家有关规定编制。主要从开工到竣工的全部资金来源(基建预算、其他基建拨款、基建收入专用基金、应付款等)反映资金来源和运用情况。资金的使用包括建设成果交付使用财产、应核销的投资支出、结余的财产、物资等。

二、工程竣工决算

工程决算由项目法人负责按照原交通部颁布的《公路建设项目工程决算编制办法》(交公路

发[2004]507 号)的规定的进行。

工程决算由勘测设计费、征地拆迁费、设计单位管理费、工程监理费、工程质量监督费、工程科研费和建筑安装工程费等组成。

工程决算在工程项目进入试运营后就要安排进行编制,在竣工验收前编制完成。

建设项目工程决算由业主(代表)负责编制。其内容包括编制说明、建设项目决算汇总表和各合同段工程决算。

公路工程竣工结算文件编制范例如下:

××××公路工程竣工决算

编制单位:××××高速公路发展有限责任公司

编制日期:××年×月×日

建设项目竣工决算编制说明

一、工程概况：工程名称、地点、建设规模及主要技术标准。

二、完成的主要工程数量：路基土石方（万 m^3）、沥青混凝土路面（km^2）、大中桥及小桥（m/座）、涵洞（m/道）、通道（m/道）、分离式立交（m/处）、互通式立交（m/处）、隧道（m/处）、安全防护设施（延米）、服务区、收费站（处）、通信设施等。

三、主要技术经济指标（万元/km）。

项　　目	概　　算	实际造价
路基工程		
路面工程		
桥梁工程		
隧道工程		
房　　建		
交通安全设施		
监控、通信、收费系统		

四、主要材料计划量和实际消耗量。

五、批准概算与工程实际造价比较，投资控制情况分析。

××××公路工程竣工决算汇总表

货币单位：人民币元　　　　第　页共　页

编号	费用名称	签约合同价	计量支付（不含变更）	工程变更（+/−）	工程索赔	实际支付合　计	备　注
	总合计						
1	勘测设计费						
2	征地拆迁费						
3	建设单位管理费						
4	工程监理费						
5	工程质量监督费						
6	工程科研费						
7	一合同段工作量						
8	二合同段工作量						
9	三合同段工作量						
10	四合同段工作量						
11	五合同段工作量						
12	六合同段工作量						

编制：　　　　校核：　　　　业主（代表）：　　　　总监：

××××公路
××××合同段工程竣工决算

承包单位：××××集团有限公司
监理单位：××国际工程咨询有限公司
编制单位：××年×月×日

合同段竣工决算编制说明

一、工程概况：工程名称、地点、建设规模及主要技术标准。

二、完成的主要工程数量：路基土石方（万 m^3）、沥青混凝土路面（km^2）、大中桥及小桥（m/座）、涵洞（m/道）、通道（m/道）、分离式立交（m/处）、互通式立交（m/处）、隧道（m/处）、安全防护设施（延米）、服务区、收费站（处）、通信设施等。

三、主要材料计划量和实际消耗量。

四、合同价与工程实际造价比较。

××××公路××××合同段竣工决算汇总表

货币单位:人民币元　　　　第　页共　页

编号	费用名称	签约合同价	计量支付(不含变更)	工程变更(+/−)	工程索赔	实际支付合计	备注
	总合计						
1	100章　总则						
2	200章　路基工程						
3	300章　路面工程						
4	400章　桥梁工程						
5	500章　隧道工程						
6	600章　排水与涵洞工程						
7	700章　防护工程						
8	800章　沿线设施和其他工程						
9	工程索赔						

编制:　　　　校核:　　　　项目经理:　　　　驻地监理工程师:

××××公路××××合同段竣工决算表

第100章　　　　货币单位:人民币元　　　　第　页共　页

项	目	次	细目名称	单位	签约合同价			计量支付(不含变更)			工程变更(+/−)			实际支付合计		备注
					工程量	单价/元	金额/元	工程量	单价/元	金额/元	工程量	单价/元	金额/元	工程量	金额/元	
			总合计	元												
一			竣工文件整理	全套												
二			临时占地	亩·年												
三			临时便道													
	1		沿路基便道	km												
	2		进场便道	km												
	3		便　桥	座												
四			监理工程师的设施	每合同段												
五			工程保险	每合同段												

项目经理:　　　　编制:　　　　校核:　　　　驻地监理工程师:

××××公路××××合同段竣工决算表

第200章　　　　货币单位:人民币元　　　　第　页共　页

项	目	次	细目名称	单位	签约合同价			计量支付(不含变更)			工程变更(+/-)			实际支付合计		备注
					工程量	单价/元	金额/元	工程量	单价/元	金额/元	工程量	单价/元	金额/元	工程量	金额/元	
			总合计	元												
一			清除与掘除	m												
二			拆除旧路面													
	1		碎(砾)石路面	m												
	2		沥青路面	m												
	3		水泥路面	m												
二			拆除结构物													
	1		钢筋混凝土结构	m												
	2		混凝土结构	m												
	3		砖、石及其他砌体结构	m												
四			路基挖方													
	1		土　方	m^3												
	2		石　方	m^3												
	3		弃方运距增(减)	km												
	4		弃方运距增(减)临时便道	km												
	5		土方(线外工程)	m^3												
	6		石方(线外工程)	m^3												
	7		挖淤泥	m^3												
五			路基填方													
	1		填　土	m^3												
	2		填　石	m^3												
	3		填粉煤灰	m^3												
	4		填风化岩粒料	m^3												
	5		借土填方运距增(减)临时便道	km												
	6		借土填方运距增(减)	km												
	7		填土(线外工程)	m^3												
	8		填石(线外工程)	m^3												
六			不良地基处理													
	1		砂砾垫层	m^3												
	2		抛石处理	m^3												
	3		土工织物	m^2												
	4		袋装砂井	m												
	5		塑料排水板	m												
	6		粉喷桩	m												

项目经理:　　　　编制:　　　　校核:　　　　驻地监理工程师:

××××公路××××合同段竣工决算表

第300章　　　　货币单位：人民币元　　　　第　页共　页

项	目	次	细目名称	单位	签约合同价			计量支付(不含变更)			工程变更(+/-)			实际支付合计		备注
					工程量	单价/元	金额/元	工程量	单价/元	金额/元	工程量	单价/元	金额/元	工程量	金额/元	
			总合计	元												
一			水泥稳定碎石上基层													
	1		厚度16cm	m^2												
	2		厚度16cm(线外工程)	m^2												
	3		厚度18cm	m^2												
	4		厚度18cm(线外工程)	m^2												
二			水泥稳定砂(砾)掺碎石下基层													
	1		厚度16cm	m^2												
	2		厚度16cm(线外工程)	m^2												
	3		厚度18cm	m^2												
	4		厚度18cm(线外工程)	m^2												
三			水泥稳定砂(砾)掺碎石底基层													
	1		厚度16cm	m^2												
	2		厚度16cm(线外工程)	m^2												
	3		厚度18cm	m^2												
	4		厚度18cm(线外工程)	m^2												
四			水泥稳定砂砾(底基层)													
	1		厚度16cm	m^2												
	2		厚度16cm(线外工程)	m^2												
	3		厚度18cm	m^2												
	4		厚度18cm(线外工程)	m^2												
五			级配碎石垫层													
	1		厚度8cm	m^2												
	2		厚度15cm	m^2												
六			碎石底基层													
	1		厚度8cm	m^2												
	2		厚度10cm	m^2												
	3		厚度15cm	m^2												

(续)

项	目	次	细目名称	单位	签约合同价			计量支付(不含变更)			工程变更(+/-)			实际支付合计		备注
					工程量	单价/元	金额/元	工程量	单价/元	金额/元	工程量	单价/元	金额/元	工程量	金额/元	
七			M7.5砂浆片石基层													
	1		厚度20cm(线外工程)	m^2												
	2		厚度30cm(线外工程)	m^2												
八			水泥混凝土面层													
	1		厚度____cm	m^2												
	2		C30小石子混凝土面层厚度____cm(线外工程)	m^2												
九			沥青混凝土面层													
	1		沥青混凝土面层													
		1	厚度____cm(上面层)	m^2												
		2	厚度____cm(中面层)	m^2												
		3	厚度____cm(下面层)	m^2												
	2		透　层	m^2												
	3		粘　层	m^2												
	4		下封层	m^2												
十			路　肩													
	1		土路肩	m												
	2		水泥混凝土硬化路肩	m												
十一			路缘石													
	1		(混凝土)立缘石	m												
	2		(石)立缘石	m												
	3		(混凝土)平缘石	m												
	4		(石)平缘石	m												
十二			路面排水设施													
	1		中央分隔带处理	m												
		1	分隔带换土	m												
		2	分隔带预制块铺砌	m												
		3	潜碟式流水槽	m												
	2		泄水槽	道												

项目经理：　　　　编制：　　　　校核：　　　　驻地监理工程师：

××××公路××××合同段竣工决算表

第 400 章　　货币单位:人民币元　　第　页 共　页

项	目	次	细目名称	单位	签约合同价			计量支付(不含变更)			工程变更(+/-)			实际支付合计		备注
					工程量	单价/元	金额/元	工程量	单价/元	金额/元	工程量	单价/元	金额/元	工程量	金额/元	
			总合计	元												
一			桥梁载荷试验	座次												
二			台背填料	m^3												
三			拱上填料	m^3												
四			桥头搭板	m												
五			基础挖方													
	1		土　方	m^3												
	2		石　方	m^3												
六			钻孔灌注桩(土质)													
	1		ϕ100cm	m												
	2		ϕ120cm	m												
	3		ϕ150cm	m												
	4		ϕ160cm	m												
	5		ϕ180cm	m												
七			钻孔灌注桩(石质)													
	1		ϕ100cm	m												
	2		ϕ120cm	m												
	3		ϕ150cm	m												
	4		ϕ160cm	m												
	5		ϕ180cm	m												
八			混凝土基础及承台													
	1		C15 片石混凝土	m^3												
	2		C20 片石混凝土	m^3												
	3		C15 混凝土	m^3												
	4		C20 混凝土	m^3												
	5		C25 混凝土	m^3												
	6		C30 混凝土	m^3												
九			混凝土下部结构													
	1		C20 混凝土	m^3												
	2		C25 混凝土	m^3												
	3		C30 混凝土	m^3												
	4		C35 混凝土	m^3												
十			混凝土上部结构													
	1		C25 混凝土	m^3												

（续一）

项	目	次	细目名称	单位	签约合同价			计量支付(不含变更)			工程变更(+/-)			实际支付合计			备注
					工程量	单价/元	金额/元	工程量	单价/元	金额/元	工程量	单价/元	金额/元	工程量	单价/元	金额/元	
	2		C30 混凝土	m^3													
	3		C40 混凝土	m^3													
	4		C50 混凝土	m^3													
十一			钢　筋	t													
十二			预应力钢材														
	1		钢　丝	t													
	2		钢绞线	t													
十三			砌体基础														
	1		M5 浆砌片石	m^3													
	2		M7.5 浆砌片石	m^3													
十四			砌体墩台、翼墙等														
	1		M5 浆砌片石	m^3													
	2		M5 浆砌块石	m^3													
	3		M7.5 浆砌片石	m^3													
	4		M7.5 浆砌块石	m^3													
	5		M10 浆砌片石	m^3													
	6		M10 浆砌块石	m^3													
十五			砌体拱圈														
十六			砌体拱上结构														
	1		M7.5 浆砌片石	m^3													
	2		M7.5 浆砌块石	m^3													
十七			其他附属工程(锥坡、河床铺砌等)砌体														
	1		厚____cm　M5 浆砌片石	m^3													
	2		厚____cm　M7.5 浆砌片石	m^3													
	3		浆砌片石裙墙或导流工程	m^3													
十八			普通橡胶支座														
	1		150mm×200mm×21mm	个													
	2		150mm×200mm×42mm	个													
	3		150mm×200mm×63mm	个													
	4		150mm×250mm×63mm	个													

（续二）

项	目	次	细目名称	单位	签约合同价			计量支付(不含变更)			工程变更(+/-)			实际支付合计		备注
					工程量	单价/元	金额/元	工程量	单价/元	金额/元	工程量	单价/元	金额/元	工程量	金额/元	
	5		150mm×550mm×135mm	个												
	6		450mm×550mm×78mm	个												
	7		450mm×800mm×78mm	个												
	8		GYZϕ150mm×28mm	个												
	9		GYZϕ200mm×35mm	个												
	10		GYZϕ200mm×42mm	个												
	11		GYZϕ450mm×75mm	个												
	12		GYZϕ450mm×87mm	个												
	13		GYZϕ650mm×100mm	个												
	14		GYZϕ700mm×100mm	个												
	15		GYZϕ800mm×115mm	个												
十九			四氟滑板橡胶支座													
	1		150mm×200mm×31mm	个												
	2		150mm×250mm×51mm	个												
	3		150mm×250mm×63mm	个												
	4		150mm×550mm×110mm	个												
	5		150mm×550mm×147mm	个												
	6		150mm×400mm×80mm	个												
	7		150mm×450mm×50mm	个												
	8		GYZϕ200mm×37mm	个												
	9		GYZϕ200mm×44mm	个												
	10		GYZϕ350mm×65mm	个												
	11		GYZϕ375mm×77mm	个												
	12		GYZϕ400mm×66mm	个												
	13		GYZϕ400mm×88mm	个												
	14		GYZϕ525mm×102mm	个												
二十			盆式橡胶支座													
	1		GPZ2000SX	个												
	2		GPZ2500DX	个												
	3		GPZ2500SX	个												
	4		GPZ2500GD	个												
	5		GPZ4000GD	个												
	6		GPZ4000DX	个												
	7		GPZ5000GD	个												

（续三）

项	目	次	细目名称	单位	签约合同价			计量支付(不含变更)			工程变更(+/-)			实际支付合计		备注
					工程量	单价/元	金额/元	工程量	单价/元	金额/元	工程量	单价/元	金额/元	工程量	金额/元	
	8		GPZ5000SX	个												
	9		GJZ1000	个												
	10		GYZF4D450×87	个												
二十一			球冠橡胶支座													
	1		150×35 球冠支座	个												
	2		200×49 球冠支座	个												
	3		250×56 球冠支座	个												
二十二			伸缩缝													
	1		板式橡胶伸缩缝	m												
	2		毛勒伸缩缝													
		1	XF－80 型伸缩缝	m												
		2	XF－160 型伸缩缝	m												
	3		预切缝(微量伸缩缝)	m												
二十三			沥青混凝土桥面铺装													
	1		厚____cm 沥青混凝土	m^2												
二十四			水泥混凝土桥面铺装													
	1		C25 混凝土	m^2												
	2		C30 混凝土	m^2												
	3		C40 混凝土	m^2												
	4		C50 混凝土	m^2												
二十五			护　栏													
	1		钢筋混凝土护栏	m												
	2		波形护栏	m												
	3		天桥防落网	m												
二十六			通　道													
	1		1～4m	m												
	2		1～6m	m												
	3		1～8m	m												
	4		1～10m	m												
二十七			小　桥													
	1		1～6m	m												
	2		1～8m	m												
	3		1～10m	m												

项目经理：　　　　编制：　　　　校核：　　　　驻地监理工程师：

××××公路××××合同段竣工决算表

第500章　　　　货币单位:人民币元　　　　第　页共　页

项	目	次	细目名称	单位	签约合同价			计量支付(不含变更)			工程变更(+/-)			实际支付合计		备注
					工程量	单价/元	金额/元	工程量	单价/元	金额/元	工程量	单价/元	金额/元	工程量	金额/元	
			总合计	元												
一			洞口与明洞工程													
	1		洞口、明洞开挖													
		1	土　方	m^3												
		2	石　方	m^3												
		3	弃方超运	$m^3\cdot km$												
	2		防水与排水													
		1	M ____浆砌片石截水沟	m^3												
		2	无纺布	m^2												
	3		洞口坡面防护													
		1	M ____浆砌片石	m^3												
		2	C ____喷射混凝土	m^3												
		3	种植草皮	m^2												
	4		洞门建筑													
		1	C ____混凝土	m^3												
		2	M ____浆砌粗料石(块石)	m^3												
	5		明洞衬砌													
		1	C ____混凝土	m^3												
		2	HPB235级钢筋	t												
		3	HRB335级钢筋	t												
	6		遮光棚(板)													
		1	C ____混凝土	m^3												
		2	HPB235级钢筋	t												
		3	HRB335级钢筋	t												
	7		洞顶回填													
		1	回填土石方	m^3												
二			洞身开挖													
	1		洞身开挖													
		1	土　方	m^3												
		2	石　方	m^3												
		3	弃方超运	$m^3\cdot km$												
	2		超前支护													
		1	锚杆(规格)	m												

（续）

项	目	次	细目名称	单位	签约合同价			计量支付(不含变更)			工程变更(+/−)			实际支付合计		备注
					工程量	单价/元	金额/元	工程量	单价/元	金额/元	工程量	单价/元	金额/元	工程量	金额/元	
		2	管棚(规格)	m												
		3	注浆小导管(规格)	m												
		4	型钢(规格型号)	t												
		5	木　材	m^3												
	3		锚喷支护													
		1	C ____喷射混凝土	m^3												
		2	注浆锚杆(规格)	m												
		3	锚杆(规格)	m												
		4	钢筋网	t												
		5	钢格栅	t												
三			洞身衬砌													
	1		洞身衬砌													
		1	C ____混凝土	m^3												
		2	C ____防水混凝土	m^3												
		3	M ____浆砌粗料石(块石)	m^3												
		4	HPB235 级钢筋	t												
		5	HRB335 级钢筋	t												
	2		仰拱、铺底混凝土	m^3												
	3		边沟电缆沟混凝土	m^3												
	4		洞　门	个												
	5		洞内装饰	m^2												
	6		洞内路面													
		1	基　层	m^2												
		2	面　层	m^2												
四			防水与排水													
	1		防水层	m^2												
	2		止水带	m												
	3		压注水泥浆液	t												
	4		压注水泥—水玻璃液	t												
	5		压浆钻孔 ϕ ____mm	m												
	6		排水管 ϕ ____mm	m												
五			监控量测													

项目经理：　　　　　　编制：　　　　　　校核：　　　　　　驻地监理工程师：

××××公路××××合同段竣工决算表

第600章 货币单位:人民币元 第 页共 页

项	目	次	细目名称	单位	签约合同价			计量支付(不含变更)			工程变更(+/-)			实际支付合计		备注
					工程量	单价/元	金额/元	工程量	单价/元	金额/元	工程量	单价/元	金额/元	工程量	金额/元	
			总合计	元												
一			涵 洞													
	1		盖板涵													
		1	1~2m	m												
		2	1~3m	m												
		3	1~4m	m												
	2		圆管涵													
		1	1—ϕ500mm	m												
		2	1—ϕ750mm	m												
		3	1—ϕ1000mm	m												
		4	1—ϕ1500mm	m												
		5	1—ϕ2000mm	m												
		6	1—ϕ3000mm	m												
	3		倒虹吸													
		1	1—ϕ500mm	m												
		2	1—ϕ750mm	m												
二			边 沟													
	1		浆砌片石(无盖板)	m												
	2		浆砌片石(无盖板,线外工程)	m												
	3		浆砌片石(有盖板)	m												
	4		浆砌片石(有盖板,线外工程)	m												
三			排水沟													
	1		浆砌片石	m												
四			截水沟													
	1		浆砌片石	m												
五			渗水管													
	1		ϕ80mm PVC管	m												
	2		ϕ150mm PVC管	m												
六			排水管													
	1		1—ϕ500mm	m												
	2		1—ϕ1000mm	m												
七			集水井													
	1		集水井	个												
八			跌水与急流槽													
	1		浆砌片石	m^3												
九			泄水槽	道												

项目经理: 编制: 校核: 驻地监理工程师:

××××公路××××合同段竣工决算表

第700章　　　　货币单位:人民币元　　　　第　页共　页

项	目	次	细目名称	单位	签约合同价			计量支付(不含变更)			工程变更(+/-)			实际支付合计		备注
					工程量	单价/元	金额/元	工程量	单价/元	金额/元	工程量	单价/元	金额/元	工程量	金额/元	
			总合计	元												
一			砌体挡墙													
	1		墙　身													
		1	浆砌片石	m^3												
		2	浆砌粗料石(块石)	m^3												
	2		基　础													
		1	浆砌片石	m^3												
	3		帽　石													
		1	浆砌料石	m^3												
		2	浆砌块石	m^3												
二			浆砌护坡													
	1		浆砌片石基础	m^3												
	2		浆砌坡面													
		1	浆砌片石	m^3												
		2	浆砌块石	m^3												
三			坡面防护													
	1		浆砌片石骨架护坡	m^2												
	2		浆砌护面墙	m^3												
	3		锚杆+钢筋网片+喷混凝土护坡													
		1	钻　孔	m												
		2	锚　杆	m												
		3	钢筋网片	t												
		4	喷射混凝土	m^3												
	4		锚杆网格骨架喷混凝土护坡	m^2												

项目经理:　　　　编制:　　　　校核:　　　　驻地监理工程师:

××××公路××××合同段竣工决算表

第800章　　　　货币单位:人民币元　　　　第　页共　页

项	目	次	细目名称	单位	签约合同价			计量支付(不含变更)			工程变更(+/-)			实际支付合计		备注
					工程量	单价/元	金额/元	工程量	单价/元	金额/元	工程量	单价/元	金额/元	工程量	金额/元	
			总合计	元												
一			收费岛、收费棚基础													
	1		混凝土													
		1	C15混凝土	m^3												
		2	C20混凝土	m^3												
		3	C25混凝土	m^3												
		4	C30混凝土	m^3												
	2		钢　筋	t												
二			地下通道													
	1		通　道													
		1	通　道	m												
	2		钢护柱	根												
三			电缆预埋管道													
	1		硅　管													
		1	24孔硅管	m												
		2	15孔硅管	m												
		3	12孔硅管	m												
		4	6孔硅管	m												
	2		钢　管													
		1	8孔ϕ100钢管	m												
		2	5孔ϕ100钢管	m												
		3	4孔ϕ100钢管	m												
		4	2孔ϕ100钢管	m												
		5	1孔ϕ100钢管	m												
		6	1孔ϕ50钢管	m												
	3		电缆过桥附属设施													
		1	过桥托架	套												
四			通信人孔													
	1		直能人孔	个												
	2		分歧人孔	个												
	3		手　孔	个												
五			紧急电话平台													
		1	紧急电话平台	个												

项目经理:　　　　编制:　　　　校核:　　　　驻地监理工程师:

××××公路工程变更及增加费用一览表

第________合同段

变更令	变更内容之简要说明	批准机关	批准文号	估计增加费用（人民币元）				变更工程实际增加费用（人民币元）			备　注
				单 位	单 价	数 量	费 用	上期累计	本期完成	本期累计	
合　计											

驻地监理工程师：　　　　制表：　　　　校核：　　　　项目经理：

××××公路工程变更及增加费用一览表

第________合同段　　　　截止日期：____年____月____日

编　　号	申请日期及文号	索赔延期内容概述	处理结果（人民币元）	答复文号	备　　注
合　　计					

驻地监理工程师：　　　　制表：　　　　校核：　　　　项目经理：

附：索赔来往文件及记录资料表

劳动力、主要材料实际消耗一览表

第　页共　页

序号	名　称	单　位	数　　量						
			路基工程	路面工程	桥梁工程	隧道工程	互通立交	其他工程	小　计
1	土建工	日							
2	机械工	工　日							
3	原　木	m^3							
4	锯　材	m^3							
5	钢绞线	t							
6	高强钢丝	t							
7	圆钢筋	t							
8	螺纹钢筋	t							
9	型　钢	t							
10	水　泥								
	32.5	t							
	32.5R	t							
	42.5	t							
	42.5R	t							
	52.5	t							
	52.5R	t							
11	沥　青								
	进口沥青	t							
	国产沥青	t							

填表人：　　　　　　　　　　　　　　项目经理：　　　　　　　　　　　　驻地监理工程师：

机械台班消耗一览表

第　页共　页

序　号	项目名称	规格型号	单　位	数　量	备　注
1	推土机		台班		
2	平地机		台班		
3	挖掘机		台班		
4	装载机		台班		
5	自卸汽车		台班		
6	压路机		台班		
7	水泥混凝土搅拌机		台班		
8	吊　车		台班		
9	沥青拌合站		台班		
10	稳定土拌合站		台班		
11	路面摊铺机		台班		

填表人：　　　　　　　　　　项目经理：　　　　　　　　　　驻地监理工程师：

备注：根据实际施工采用的各种规格型号的机械分别填报。

三、支付报表

公路工程支付报表式样如下所示。

______公路工程项目

______公路工程支付月报(第　　合同段)

(编号：　　　)

承包单位：

监理单位：

高级驻地监理工程师：

编制时间：　　　年　　月　　日

清单支付报表

项目名称：　　　　　　　　　　　　承包单位：　　　　　　　　　　　　合同号：

截止日期：　　　　　　　　　　　　监理单位：　　　　　　　　　　　　编　号：

项目编号	项目内容	单　位	合同数量			到本期末完成		到上期末完成		本期完成	
			原合同数量	单　价	变更后数量	数　量	金额/元	数　量	金额/元	数　量	金额/元
小　计											

承包人：　　　　　　　　　　　　　　　　监理工程师：

第五节　竣　工　图

一、竣工图编制要求

(1)竣工图应能全面、准确地反映竣工路线、路基、路面、桥梁、隧道、涵洞、路基、防护、互通式立交工程、安全设施等的全部施工实际造型和特征。

(2)施工图没有变动的，由竣工图编制单位在施工图上加盖竣工图章作为竣工图；凡有一般性图纸变更及符合杠改或划改要求变更的，可在原图上修改，并加盖竣工图章作为竣工图。

(3)凡结构、工艺、平面布置等重大改变及图面变更面积超过10%的,应重新绘制竣工图并加盖竣工图章。

(4)重复使用的标准图、通用图,可不编入竣工图中,但必须在图纸目录中列出图号,指明该图所在位置并在编制说明中注明。

(5)图纸可以按297mm×210mm或297mm×420mm折叠;底图不折叠,平放在专用底图柜内,大于1号的底图也可卷放装筒。

(6)竣工图、表的编号办法,参照原设计图纸,按实际竣工图纸的数量重新编图号和页码。

(7)竣工图所用图例和图幅应与原设计图一致。

(8)竣工图章规格尺寸为50mm×80mm,内容包括:×××工程竣工图,施工单位、编制人、审核人、技术负责人和编制日期,竣工图章用不易褪色的红色印泥盖在竣工图右下方,竣工图标题栏之上的空白处。竣工图章式样如图7-4所示。

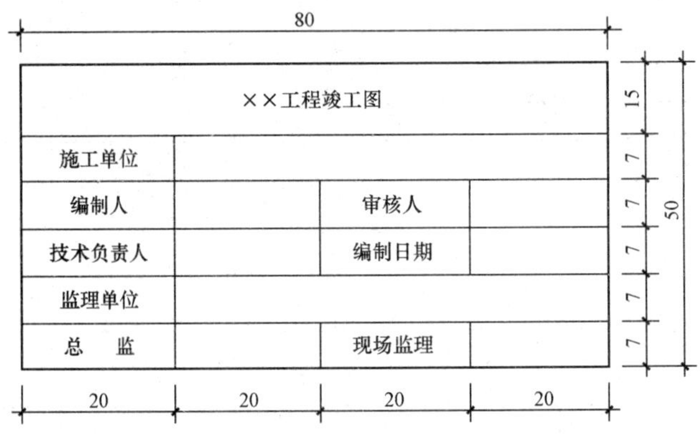

图7-4　竣工图章示例(单位:mm)

(9)竣工图表中的字体:总目录、总说明采用3号长仿宋字体;图纸附注中说明文字采用4号长仿宋字体,标题栏用3号长仿宋字体。

二、竣工图封面及标题栏格式

(1)竣工图封面格式及填写内容如图7-5所示。

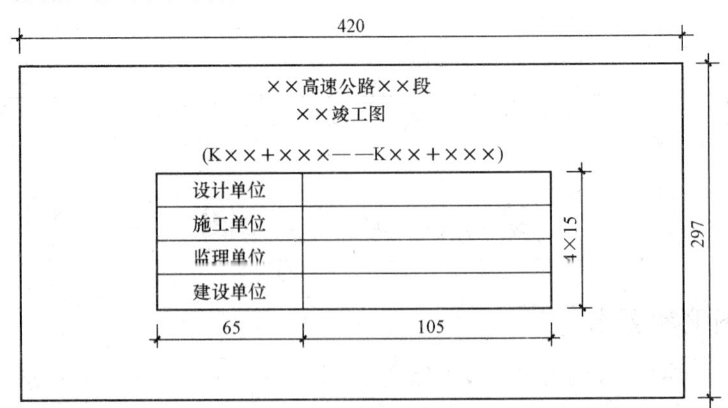

图7-5　竣工图封面及填写内容

(2)竣工图标题栏格式如图 7-6 所示。

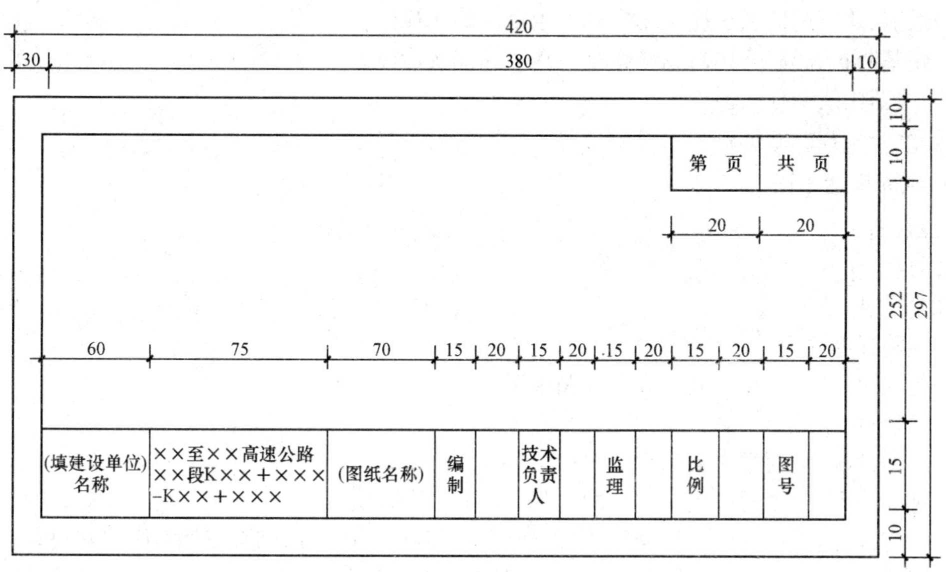

图 7-6　竣工图标题栏格式

三、竣工图内容

竣工图主要包括:定线数据竣工图;平面竣工图;纵断面竣工图;路基路面竣工图;构造物及防护工程竣工图;涵洞、通道、小桥竣工图;桥梁竣工图;互通立交竣工图;桥涵通用图竣工图;隧道竣工图;交通安全设施竣工图;电缆管道竣工图;环境保护竣工图;其他通用竣工图。

1. 定线数据竣工图

(1)封面。

(2)目录。

(3)图例。

(4)竣工图说明。

(5)平、纵断面缩图。

(6)定线数据竣工图绘制:

1)参照原设计图表示方法,并注明实际放线时采用的导线成果、曲线要素、水准点等资料。

2)施工过程中新增加的固定导线点、水准点也应标注在竣工图上面。

2. 平面竣工图

(1)封面。

(2)目录。

(3)图例。

(4)竣工图说明:

1)平面线型设计及变更情况。

2)长短链情况。

(5)平面竣工图绘制:

1)地形、地貌、地物应根据实际发生情况标注。

2)路基边沟应按实际排水方向标注。

3)通道、跨线桥的引道应根据实际发生情况如实标注。

4)路基防护、涵洞等构造物应根据工程实际如实标注。

(6)线路中线坐标表。

(7)统一里程及断链桩号一览表。

3. 纵断面竣工图

(1)封面。

(2)目录。

(3)竣工图说明:

1)线路纵断面设计及变更情况。.

2)施工过程中,线路纵断面高程控制情况。

(4)纵断面竣工图绘制:

1)地质情况,应根据实际发生情况如实填写。

2)地面高程,应填写清表压实后的高程,并用虚线表示。

3)竣工高程,应根据原设计文件、设计变更、工程洽商等文件,结合工程实际如实填写。

4)竖曲线、坡度、坡长等数据,应根据工程实际如实填写。

5)超高设置形式及其分段桩号,应根据工程实际如实标注。

6)桥梁、涵洞、通道等结构物的位置、结构形式、孔径等情况均应根据工程实际发生情况如实标注。

4. 路基路面竣工图

(1)封面。

(2)目录。

(3)竣工图说明:

1)工程概况。

2)原设计及设计变更执行情况。

3)施工过程中的不良地质处理情况。

4)路基施工过程中,压实度控制情况。

5)路面主要材料来源、质量情况。

6)路基路面施工过程中,先进的施工机械设备使用情况。

7)路基路面施工技术规范执行情况。

8)施工过程中,质量事故处理情况。

(4)竣工图表:

1)路基标准横断面图、匝道横断面,超高方式图及一览表。

2)路基土石方数量竣工表。

3)路面结构竣工图。

4)特殊处理竣工图。

5)集水井、横向排水管竣工图。

6)横向排水管配筋竣工图。

7)水簸箕竣工图。

5. 构造物及防护工程竣工图

(1)封面。

(2)目录。

(3)竣工图说明。

(4)竣工图表:

1)工程数量表。

2)护坡竣工图。

3)挡土墙竣工图。

4)挡土墙与其他结构物相连处细部结构图。

6. 涵洞、通道、小桥竣工图

(1)涵洞、通道:

1)封面。

2)目录。

3)竣工图说明。

4)竣工图表:

①涵洞:工程数量表,涵洞基底地质情况,涵洞的位置、孔径、长度等应根据实际发生情况绘制。

②通道:工程数量表,通道基底地质情况,通道的位置、长度、高度、跨径等应根据实际发生情况绘制,竣工后通道连接线的路面结构及纵坡情况,线外结构物竣工图。

(2)小桥竣工图:

1)封面。

2)目录。

3)竣工图说明。

4)竣工图表:

①小桥各特征点的高程和全桥工程数量表应能反映"设计"和"竣工"两项内容。

②梁板安装竣工表,应列出梁板顶面的纵向设计高程、竣工高程、支座中心偏位等数据。

③台帽竣工表,应列出每个台帽的设计高程、竣工高程,纵、横向轴线偏位等数据。

④伸缩缝,应根据实际发生情况如实绘制,必要时应重新计算工程量。

7. 桥梁竣工图(大中桥、特大桥)

(1)封面。

(2)目录。

(3)竣工图说明:

1)工程概况。

2)原设计及设计变更执行情况。

3)施工组织设计、进度计划编制调整情况。

4)采用新工艺、新材料情况。

5)施工技术规范执行情况及工程质量控制情况。

6)施工过程中遇到的不良地质处理情况。

(4)竣工图表:

1)工程数量表。

2)桥位平面竣工图。如果严格按照设计图纸施工,可以利用原设计图纸,但地形、地物必须根据实际情况如实绘制。

3)桥型布置竣工图。

4)桩位布置竣工图。若原设计没有桩位图,则竣工图中必须增加此图。

5)桥台构造竣工图。桥台工程数量表应按竣工数量如实填写。桥台特征点的高程,应分别标出原设计高程和竣工后高程两个数据。

6)桥墩构造竣工图。桥墩工程数量表应按竣工数量如实填写。桥墩特征点的高程,应分别标出原设计高程和竣工后高程两个数据。

7)结构挖方及锥坡竣工图。

8)梁(板)安装竣工表。应列出梁(板)顶面纵向原设计高程、竣工后高程,以及支座中心偏位等数据。

9)墩(台)帽竣工图。应列出每个墩(台)帽顶面原设计高程、竣工后高程,纵、横轴线偏位等数据。

10)伸缩缝竣工图。

8. 互通立交竣工图

(1)封面。

(2)目录。

(3)竣工图说明:

1)互通立交形式及工程概况。

2)原设计及设计变更执行情况。

(4)竣工图表:

1)工程数量表。

2)平面竣工图。

3)线位数据竣工图。

4)纵断面竣工图。

5)跨线桥竣工图。

6)匝道内涵洞、通道、防护及排水工程竣工图。

7)收费设施竣工图。

9. 桥涵通用图竣工图

(1)封面。

(2)目录。

(3)竣工图说明。

(4)通用图竣工图表。

10. 隧道竣工图

(1)封面。

(2)目录。

(3)竣工图说明:

1)工程概况。

2)原设计及设计变更执行情况。

3)施工组织设计、进度计划编制调整情况。

4)采用新工艺、新材料情况。

5)施工技术规范执行情况及工程质量控制情况。

6)施工实际地质情况及不良地质处理情况。

(4)竣工图表:

1)工程数量表。

2)隧道平面竣工图。

3)隧道纵断面竣工图。

①围岩类别、地质特征应按实际发生情况如实填写。

②衬砌类型,应按实际衬砌情况如实绘制。

③图中高程,应为竣工后的工程实际高程。

4)洞口建筑竣工图。

5)隧道建筑限界及衬砌内轮廓竣工图。

6)洞身衬砌竣工图。应依据原设计文件,根据隧道施工过程中实际地质情况,并结合变更设计文件如实绘制。

7)隧道防水竣工图。

8)明洞衬砌竣工图。

9)隧道路面结构竣工图。

10)照明、通风设施布置竣工图。

11. 交通安全设施竣工图

(1)封面。

(2)目录。

(3)竣工图说明。

(4)通用图竣工图表。

12. 电缆管道竣工图

(1)封面。

(2)目录。

(3)竣工图说明。

(4)通用图竣工图表。

13. 环境保护竣工图

(1)封面。

(2)目录。

(3)竣工图说明。

(4)通用图竣工图表。

14. 其他通用竣工图

(1)封面。

(2)目录。

(3)竣工图说明。

(4)通用图竣工图表。

四、案卷目录编制与文件编排

1. 编号方法及案卷目录编制原则

(1)分类号编制方法是以单项工程为单位,按照《交通部科学技术档案分类编号办法》中所确定的公路工程类目进行分类。

(2)档号:由档案分类号和案卷顺序号组成。

(3)档案分类号:公路工程竣工文件材料分为五级类目。第一至第三级类目固定不变;第四级类目为单项工程项目代号,项目代号可用阿拉伯数字表示(如:国道104,项目代号为"104"),也可用建设项目起止点汉语拼音第一个字母和某段起止点的汉语拼音第一个字母组成,中间加"·"符号(如:京沪高速公路济南至泰安段,则表示为JH·JT);第五级类目按单项工程竣工文件材料形成的先后顺序进行组卷。

(4)编号方法示例:

1)表格的编号方法示例:

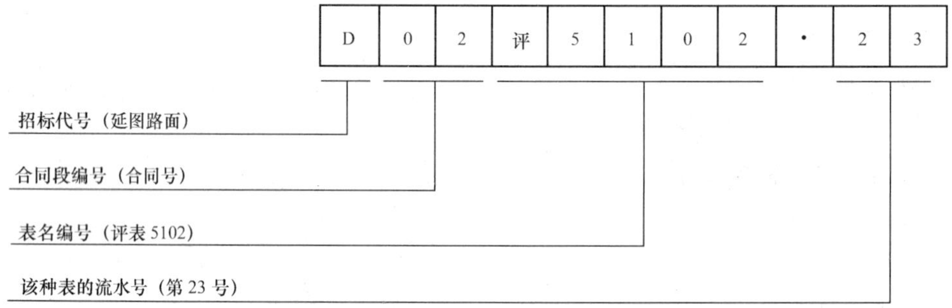

注:1. 招标代号:由业主通知,各省可在不重复的前提下,用字母或汉字编排。该例为吉林省延图路代码。

2. 表名编号:只写第一个汉字及阿拉伯数字编号。不必写评表、检表、试表等。

3. 该种表的流水编号:以在本合同段内及该表内不重号为原则确定,允许断号,以编号时间先后为序。

2)图纸的编号方法示例:

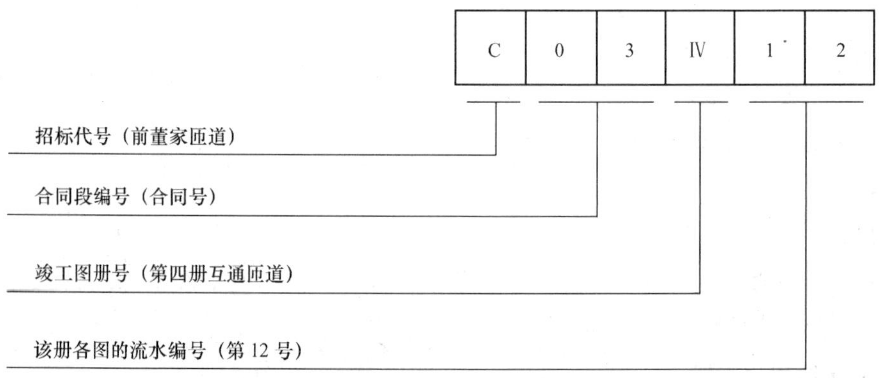

注:1. 招标代号:同表格的编号方法示例。

2. 合同段编号:工程中标后确定的合同段编号。

3. 竣工图册号:按《竣工文件总目录》第三卷的工程所属册号确定。

4. 该种表的流水编号:以在本合同段内及该册图内不重号的原则确定,允许断号,参照设计图顺序先后为序。

3)档案卷册编号方法：

G	L	5	·	1	Ⅳ	5	-	2	D

交通运输部规定的档案号

卷号（第四卷）

册号（第五册路面面层施工资料）

分隔线

该册下的按建设项目统一排序的该分册流水号（第2分册）

招标代号（2000年延图段路面工程招标）

注:交通运输部规定的档案号

"GL":一级类目(公路);

"5":二级类目(公路工程);

"·":类级符号;

"1":三级类目(道路)。

2. 案卷封面

案卷封面的格式如下所示。

档　　号________________________________

档案馆号________________________________

缩 微 号________________________________

卷　　号________________________________

________至________高速公路

__________至____________段

竣　工　文　件

（________合同段）

案卷题名________________________________

编制单位________________________________

编制日期________________________________

保管期限________________________________

密　　级________________________________

(尺寸同卷盒正面)

3. 案卷索引

案卷索引的格式如下所示。

(项目招标代号________)

附件一:施工单位一览表

附件二:监理单位一览表

附件三:施工单位一览表

附件四:________至________高速公路统一里程说明

第一卷　综合文件(代号 I)

第一册　竣工验收文件

第二册　……

……

……

(详见“竣文目录”02 号“第一卷目录”)

第二卷　竣工决算(代号 II)

第一册　竣工决算报告

第二册　……

……

(详见“竣文目录”03 号“第二卷目录”)

第三卷　竣工图表(代号 III)

第一册　综合竣工图表

第二册　……

……

(详见“竣文目录”03 号“第三卷目录”)

第四卷　设计、施工文件(代号 IV)

第一册　技术、设计文件

第二册　……

……

(详见“竣文目录”04 号“第四卷目录”)

4. 备考表

备考表的格式如下所示。

备　　考　　表

本册共____________________张，其中

文字材料____________________张

图纸____________________张

说明：

编制负责人____________

年　　月　　日

检查人____________

年　　月　　日

5. 公路工程竣工文件编排层次

公路工程竣工文件编排层次(格式)见表 7-10。

表 7-10　公路工程竣工文件编排层次(格式)

<table>
<tr><th>分　册</th><th>文件先后层次</th><th>备　　注</th></tr>
<tr><td colspan="2">1. 卷盒</td><td>每册一个盒</td></tr>
<tr><td rowspan="9">一般装订一册</td><td>2. 封面(A4 纸)</td><td rowspan="9"></td></tr>
<tr><td>3. 封一</td></tr>
<tr><td>4. 前言</td></tr>
<tr><td>5. 索引</td></tr>
<tr><td>6. 附件一:施工单位一览表</td></tr>
<tr><td>7. 附件二:监理单位一览表</td></tr>
<tr><td>8. 附件三:</td></tr>
<tr><td>9. 档案卷册编号方法</td></tr>
<tr><td>10. 附件四:其他说明</td></tr>
<tr><td>若干分册</td><td>11. 第一卷</td><td rowspan="4">一般 200 页
装订一册</td></tr>
<tr><td>若干分册</td><td>12. 第二卷</td></tr>
<tr><td>若干分册</td><td>13. 第三卷</td></tr>
<tr><td>若干分册</td><td>14. 第四卷</td></tr>
<tr><td>一册</td><td colspan="2">15. 按合同段检索档案卷册表(各卷册分册编号排序表)</td></tr>
</table>

1. 竣工验收的条件是什么?
2. 竣工验收委员会由哪些单位组成?
3. 如何填写竣工验收鉴定书?
4. 环境保护验收按怎样的程序进行?
5. 档案验收的依据是什么?
6. 撰写审计依据应注意哪些问题?
7. 撰写审计建议应注意哪些问题?
8. 竣工图的编制有何要求?
9. 如何进行案卷编号?

附录　公路工程施工投标文件格式

____________省(自治区、直辖市)

____________(项目名称)________标段施工招标

投　标　文　件

投标人:________________(盖单位章)

________年________月________日

目　　录

调价函格式(如有)[①]

__________(招标人名称)：

经我方慎重研究，基于__________理由，在__________(项目名称)______标段施工招标投标函报价人民币(大写)__________元(￥__________)的基础上进行调价，调价后金额为人民币(大写)__________元(￥__________)，调价后金额为我方最终报价。

调价后的工程量清单[②]附后，否则调价无效。

投 标 人：______________________(盖单位章)

法定代表人或其委托代理人：________(签字)

______年______月______日

① 一般情况下招标人应不接受调价函。

② 调价后的工程量清单包括工程量清单说明、投标报价说明、计日工说明、其他说明及工程量清单各项表格(工程量清单表5.1～表5.5)

投标函及投标函附录

投 标 函

____________(招标人名称)：

1. 我方已仔细研究__________(项目名称)______标段施工招标文件的全部内容(含补遗书第____号至第____号)，在考察工程现场后，愿意以人民币(大写)__________元(￥________)的投标决报价(或根据招标文件规定修改核实后确定的另一金额)，工期____日历天，按合同约定实施和完成承包工程，修补工程中的任何缺陷，工程质量达到__________。

2. 我方承诺在投标有效期内不修改、撤销投标文件。

3. 随同本投标函提交投标保证金一份，金额为人民币(大写)__________元(￥________)。

4. 如我方中标：

(1)我方承诺在收到中标通知书后，在中标通知书规定的期限内与你方签订合同。

(2)随同本投标函递交的投标函附录属于合同文件的组成部分。

(3)我方承诺按照招标文件规定向你方递交履约担保。

(4)我方承诺在合同约定的期限内完成并移交全部合同工程。

5. 我方在此声明，所递交的投标文件及有关资料内容完整、真实和准确，且不存在第二章“投标人须知”第1.4.3项规定的任何一种情形。

6. 在合同协议书正式签署生效之前，本投标函连同你方的中标通知书将构成我们双方之间共同遵守的文件，对双方具有约束力。

7. ____________________(其他补充说明)。

投 标 人：______________________(盖单位章)

法定代表人或其委托代理人：________(签字)

地址：______________________________

网址：______________________________

电话：______________________________

传真：______________________________

邮政编码：__________________________

____年____月____日

投标函附录

序号	条款名称	合同条目号	约定内容	备注
1	缺陷责任期	1.1.4.5	自实际交工日期起计算______年	
2	逾期交工违约金	11.5	______元/天	
3	逾期交工违约金限额	11.5	______%签约合同价	
4	提前交工的奖金	11.6	______元/天	
5	提前交工的资金限额	11.6	______%签约合同价	
6	价格调整的差额计算	16.1.1	见价格指数和权重表	
7	开工预付款金额	17.2.1	______%签约合同价	
8	材料、设备预付款比例	17.2.1	______等主要材料、设备单据所列费用的______%	
9	进度付款证书最低限额	17.3.3(1)	______%签约合同价或______万元	
10	逾期付款违约金的利率	17.3.3(2)	______‰/天	
11	质量保证金百分比	17.4.1	月支付额的______%	
12	质量保证金限额	17.4.1	______%合同价格，若交工验收时承包人具备被招标项目所在地省级交通主管部门评定的最高信用等级，发包人给予______%合同价格质量保证金的优惠，并在交工验收时向承包人返还质量保证金优惠的金额	
13	保修期	19.7	自实际交工日期计算______年	

投 标 人：____________________（盖单位章）

投标文件签署人签名：____________________

价格指数和权重表

<table>
<tr><td colspan="2" rowspan="2">名称</td><td colspan="2">基本价格指数</td><td colspan="3">权　重</td><td rowspan="2">价格指数来源</td></tr>
<tr><td>代号</td><td>指数值</td><td>代号</td><td>允许范围</td><td>投标人建议值</td></tr>
<tr><td colspan="2">定值部分</td><td></td><td></td><td>A</td><td></td><td colspan="2"></td></tr>
<tr><td rowspan="6">变值部分</td><td>人工费</td><td>F_{01}</td><td></td><td>B_1</td><td>____至____</td><td></td><td></td></tr>
<tr><td>钢材</td><td>F_{02}</td><td></td><td>B_2</td><td>____至____</td><td></td><td></td></tr>
<tr><td>水泥</td><td>F_{03}</td><td></td><td>B_3</td><td>____至____</td><td></td><td></td></tr>
<tr><td>……</td><td>……</td><td></td><td>……</td><td>……</td><td></td><td></td></tr>
<tr><td></td><td></td><td></td><td></td><td></td><td></td><td></td></tr>
<tr><td></td><td></td><td></td><td></td><td></td><td></td><td></td></tr>
<tr><td colspan="6">合　计</td><td>1.00</td><td></td></tr>
</table>

投 标 人：__________________（盖单位章）

投标文件签署人签名：__________________

法定代表人身份证明及授权委托书

法定代表人身份证明

投标人名称：____________________

单 位 性 质：____________________

地　　址：____________________

成 立 时 间：________年____月____日

经 营 期 限：____________________

姓名：(法定代表人签字)性别：______年龄：______职务：________系____________(投标人名称)的法定代表人。

特此证明。

投标人：____________________(盖单位章)

______年____月____日

注：法定代表人的签字必须是亲笔签名，不得使用印章、签名章或其他电子制版签名。

授权委托书①

本人__________(姓名)系________________(投标人名称)的法定代表人,现委托________(姓名)为我方代理人。代理人根据授权,以多方名议签署、澄清、说明、补正、递交、撤回、修改____________(项目名称)______标段施工投标文件、签订合同和处理有关事宜,其法律后果由我方承担。

委托期限:____________。

代理人无转委托权。

附:法定代表人身份证明

投标人:____________________(盖单位章)

法定代表人:____________________(签字)

身份证号码:__________________________

委托代理人:____________________(签字)

身份证号码:__________________________

______年____月____日

注:1. 法定代表人和委托代理人必须在授权书上亲笔签名,不得使用印章、签名章或其他电子制版签名;

2. 在授权委托书后应附有公证机关出具的加盖钢印、单位章并盖有公证员签名章的公证书,钢印应清晰可辨,同时公证内容完全满足招标文件规定;

3. 公证书出具的日期与授权书出具的日期同日或在其之后;

4. 以联合体形式投标的,本授权委托书应由联合体牵头人的法定代表人按上述规定签署并公证。

① 如果由投标人的法定代表人签署投标文件,则不需提交授权委托书,但需对法定代表人身份证明中法定代表人的签名、投标人的单位章的真实性进行公证。

联合体协议书[①]

____________（所有成员单位名称）自愿组成联合体，共同参加____________（项目名称）________标段施工投标。现就联合体投标事宜订立如下协议。

1. ____________（某成员单位名称）为牵头人。

2. 联合体牵头人合法代表联合体各成员负责本招标项目投标文件编制和合同谈判活动，代表联合体提交和接收相关的资料、信息及指示，处理与之有关的一切事务，并负责合同实施阶段的主办、组织和协调工作。

3. 联合体将严格按照招标文件的各项要求，递交投标文件，履行合同，并对外承担连带责任。

4. 联合体牵头人代表联合体签署投标文件，联合体牵头人的所有承诺均认为代表了联合体各成员。

5. 联合体各成员单位内部的职责分工如下：（牵头人名称）承担__________专业工程，占总工程量的______%；（成员一名称）承担______专业工程，占总工程量的______%；……。

6. 投标工作和联合体在中标后工程实施过程中的有关费用按各自承担的工作量分摊。

7. 本协议书自签署之日起生效，合同履行完毕后自动失效。

8. 本协议书一式______份，联合体成员和招标人名执一份。

牵头人名称：____________________（盖单位章）
法定代表人：________________________（签字）

成员一名称：____________________（盖单位章）
法定代表人：________________________（签字）

成员二名称：____________________（盖单位章）
法定代表人：________________________（签字）
……

______年____月____日

① 本联合体协议书格式适用于未进行资格预审的情况。如果采用资格预审，投标人应在此提供资格预审申请文件中所附的联合协议书复印件。

投标保证金

若采用电汇，投标人应在此提供电汇回单的复印件。

若采用银行保函，银行保函原件装订在投标文件的正本之中，格式如下。

___________(招标人名称)：

鉴于___________(投标人名称)(以下称“投标人”)于______年____月____日参加________(项目名称)________标段施工的投标，________(担保人名称，以下简称“我方”)无条件地、不可撤销地保证：投标人在规定的投标有效期内撤销或修改其投标文件的，或者投标人不接受依据评标办法的规定对其投标文件中细微偏差进行澄清和补正，或者投标人提交了虚假资料，或者投标人在收到中标通知书未按招标文件规定提交履约担保或拒绝签订合同协议书的，我方承担保证责任。收到你方书面通知后，在7天内无条件向你方支付人民币(大写)__________元。

本保函在投标有效期或经延长的投标有效期期满后30日内保持有效。要求我方承担保证责任的通知应在上述期限内送达我方。你方延长投标有效期的决定，应通知我方。

担保人名称：____________________(盖单位章)

法定代表人或其委托代理人：__________(签字)

地　　址：

邮政编码：________________________________

电　　话：________________________________

传　　真：________________________________

______年____月____日

已标价工程量清单

投标人应按照《公路工程标准施工招标文件(上册)》第五章“工程量清单”的要求逐项填报工程量清单,包括工程量清单说明、投标报价说明、计日工说明、其他说明及工程量清单各项表格。

施工组织设计

1. 投标人应按以下要点编制施工组织设计(文字宜精练、内容具有针对性,总体控制在30 000字以内):

(1)总体施工组织布置及规划。

(2)主要工程项目的施工方案、方法与技术措施(尤其对重点、关键和难点工程的施工方案、方法及其措施)。

(3)工期保证体系及保证措施。

(4)工程质量管理体系及保证措施。

(5)安全生产管理体系及保证措施。

(6)环境保护、水土保持保证体系及保证措施。

(7)文明施工、文物保护保证体系及保证措施。

(8)项目风险预测与防范,事故应急预案。

(9)其他应说明的事项。

2. 施工组织设计除采用文字表达外,还可附下列图表,图表及格式要求附后。

附表一　施工总体计划表

附表二　分项工程进度率计划(斜率图)

附表三　工程管理曲线

附表四　分项工程生产率和施工周期表

附表五　施工总平面图(略)

附表六　劳动力计划表

附表七　临时占地计划表

附表八　外供电力需求计划表

附表九　合同用款估算表

附表一　　施工总体计划表

年　度	____年												____年												____年				
月　份 主要工程项目	1	2	3	4	5	6	7	8	9	10	11	12	1	2	3	4	5	6	7	8	9	10	11	12	1	2	3	4	…
1. 施工准备																													
2. 路基处理																													
3. 路基填筑																													
4. 涵洞																													
5. 通道																													
6. 防护及排水																													
7. 路面基层																													
(1)底基层																													
(2)基层																													
8. 路面铺筑																													
9. 路面标志标线																													
10. 桥梁工程																													
(1)基础工程																													
(2)墩台工程																													
(3)梁体工程																													
(4)梁体安装																													
(5)桥面铺装及人行道																													
11. 隧道																													
12. 其他																													

附表二　　分项工程进度率计划(斜率图)

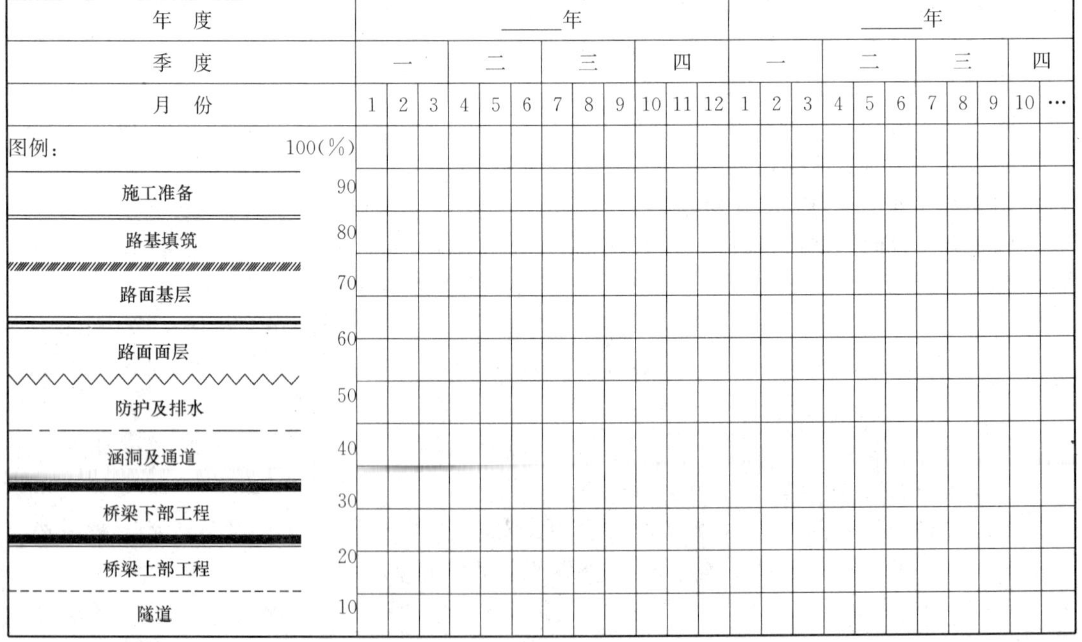

年　度		____年												____年										
季　度		一			二			三			四			一			二			三			四	
月　份		1	2	3	4	5	6	7	8	9	10	11	12	1	2	3	4	5	6	7	8	9	10	…
图例：	100(%)																							
施工准备	90																							
路基填筑	80																							
路面基层	70																							
路面面层	60																							
防护及排水	50																							
涵洞及通道	40																							
桥梁下部工程	30																							
桥梁上部工程	20																							
隧道	10																							

注：1. 应按各标段实际工程内容填写。

2. 各个项目的进程可用线条的长短来表示。

附表三　　工程管理曲线

年度	______年												______年						
季度	一			二			三			四			一			二			……
进度	1	2	3	4	5	6	7	8	9	10	11	12	1	2	3	4	4	6	
工程完成的百分比（%） 100																			
90																			
80																			
70																			
60																			
50																			
40																			
30																			
20																			
10																			

0　10　20　30　40　50　60　70　80　90　100

工期历程的百分比（%）

附表四　　分项工程生产率和施工周期表

序号	工程项目	单位	数量	平均每生产单位规模（______人，各种机械______台）	平均每单位生产率（数量、每周）	每生产单位平均施工时间/周	生产单位总数/个
1	特殊路基处理	公里					
2	路基填筑	万 m^3					
3	路面基层	万 m^2					
4	路面面层	万 m^2					
5	路基防护及排水	km					
6	涵洞	道					
7	通道	道					
8	桥梁基桩	根					
9	桥梁墩台	座					
10	梁体预制安装	片					

注：互通立交、分离立交的匝道、匝道涵洞、通道、桥梁分别归入表中相关的项目内。

附表五　　　　　　　　　　施工总平面图

投标人应递交一份施工总平面图,绘出现场临时设施布置图表并附文字说明,说明施工营地、料场、临时设施、加工车间、现场办公、设备及仓储、供电、供水、卫生、生活、道路、消防等设施的情况和布置。

附表六　　　　　　　　　　劳动力计划表

人

工种	按工程施工阶段投入劳动力情况						

附表七　　　　临时占地计划表

用　途	面积/m^2					需用时间 ____年___月至 ____年___月	用地位置		
	菜地	水田	旱地	果园	荒地		桩号	左侧/m	右侧/m
一、临时工程									
1. 便道									
2. 便桥									
3. ……									
二、生产及生活临时设施									
1. 临时住房									
2. 办公等公用房屋									
3. 料库									
4. 预制场									
……									
租用面积合计									

附表八　　　　外供电力需求计划表

用电位置		计划用电数量/(kW·h)	用　途	需用时间 ____年___月 至____年___月	备　注
桩号	左或右/m				

附表九　　合同用款估算表

<table>
<tr><td rowspan="3">从开工月算起的时间/月</td><td colspan="4">投标人的估算</td></tr>
<tr><td colspan="2">分　期</td><td colspan="2">累　计</td></tr>
<tr><td>金额/元</td><td>(%)</td><td>金额/元</td><td>(%)</td></tr>
<tr><td>第一次开工预付款</td><td></td><td></td><td></td><td></td></tr>
<tr><td>1～3</td><td></td><td></td><td></td><td></td></tr>
<tr><td>4～6</td><td></td><td></td><td></td><td></td></tr>
<tr><td>7～9</td><td></td><td></td><td></td><td></td></tr>
<tr><td>10～12</td><td></td><td></td><td></td><td></td></tr>
<tr><td>13～15</td><td></td><td></td><td></td><td></td></tr>
<tr><td>……</td><td></td><td></td><td></td><td></td></tr>
<tr><td>……</td><td></td><td></td><td></td><td></td></tr>
<tr><td>缺陷责任期</td><td></td><td></td><td></td><td></td></tr>
<tr><td>小　计</td><td></td><td>100.00</td><td></td><td></td></tr>
<tr><td colspan="5">投标价：</td></tr>
<tr><td>说明</td><td colspan="4"></td></tr>
</table>

注：1. 投标人可按附表一的工程进度估算并填写本表。

2. 用款额按所报单价和总额价估算，不包括价格调整和暂列金额、暂估价，但应考虑开工预付款的扣回、质量保证金的扣留以及签发付款证书后到实际支付的时间间隔。

项目管理机构

<table>
<tr><td>拟为承包本标段工程设立的组织机构以框图方式表示。</td></tr>
<tr><td>说明</td></tr>
</table>

拟分包项目情况表

分包人名称		地　址	
法定代表人		电　话	
营业执照号码		资质等级	
拟分包的工程项目	主要内容	预计造价/万元	已经做过的类似工程
			注： 1. 本栏应写明分包人以往做过的类似工程，包括工程名称、地点、造价、工期、交工年份和其发包人与总监理工程师的姓名和地址。 2. 若无分包人，则投标人应填写“无”。
分包值合计/万元			

资格审查资料(适用于已进行资格预审的)

投标人应按通过资格预审后的新情况及第二章“投标人须知”第 3.5.1 项的规定对资格预审材料进行更新或补充，表格格式同资格预审文件规定。

承　诺　函

____________(招标人名称)：

我方参加了____________(项目名称)________标段施工投标，若我方中标，我方在此承诺：

若本项目资格预审文件或招标文件未要求我方在资格预审申请文件或投标文件中填报派驻本标段的其他主要管理人员和技术人员及主要机械设备和试验检测设备，在招标人向我方发出中标通知书之前，我方将按照合同附件提出的最低要求填报派驻本标段的其他主要管理人员和技术人员及主要机械设备和试验检测设备，在经招标人审批后作为派驻本标段的项目管理机构主要人员和主要设备且不进行更换。

若我方已按本项目资格预审文件或招标文件要求在资格预审申请文件或投标文件中填报派驻本标段的其他主要管理人员和技术人员及主要机械设备和试验检测设备，我方将严格按照在资格预审申请文件或投标文件中填报的其他主要管理人员和技术人员及主要机械设备和试验检测设备组织进场施工，且不进行更换。

如我方违背了上述承诺，本项目招标人有权取消我方的中标资格，并由招标人将我方的违约行为上报省级交通主管部门，作为不良记录纳入公路建设市场信息管理系统。

投 标 人：____________________(盖单位章)

法定代表人或其委托代理人：________(签字)

______年______月______日

其 他 材 料

参 考 文 献

[1] 中华人民共和国交通部. JTG G10—2006 公路工程施工监理规范[S]. 北京:人民交通出版社,2006.
[2] 中华人民共和国交通部. JTG F80—2004 公路工程质量检验评定标准[S]. 北京:人民交通出版社,2004.
[3] 中华人民共和国交通部. JTG E42—2005 公路工程集料试验规范[S]. 北京:人民交通出版社,2005.
[4] 中华人民共和国交通部. JTG E40—2007 公路土工试验规程[S]. 北京:人民交通出版社,2007.
[5] 中华人民共和国交通部. JTG E30—2005 公路工程水泥及水泥混凝土试验规程[S]. 北京:人民交通出版社,2005.
[6] 中华人民共和国交通部. JTJ 052—2000 公路工程沥青和沥青混合料试验规程[S]. 北京:人民交通出版社,2000.
[7] 中华人民共和国交通部. JTJ 059—95 公路路基路面现场测试规程[S]. 北京:人民交通出版社,1995.
[8] 潘全祥. 怎样学好资料员[M]. 2 版 . 北京:中国建筑工业出版社,2008.
[9] 陈光. 资料员岗位实务知识[M]. 北京:中国建筑工业出版社,2007.